主　　编　孙晓勇　国家法官学院院长
　　　　　　　　　最高人民法院司法案例研究院院长
副 主 编　彭永和　最高人民法院司法案例研究院副院长
　　　　　刘　畅　最高人民法院司法案例研究院规划部主任
　　　　　黄　斌　国家法官学院科研部负责人
主编助理　边疆戈　国家法官学院科研部编辑
　　　　　赵文轩　最高人民法院司法案例研究院规划部编辑
　　　　　刘丽媛　最高人民法院司法案例研究院规划部编辑

《中国法院年度案例》编辑人员（按姓氏笔画）
刘　畅　朱建伟　朱　琳　李晓果　杨小利
罗胜华　胡　岩　赵文轩　唐世银　袁登明
曹海荣　梁　欣　程　瑛

本书编审人员　曹海荣

中国法院
2021年度案例

国家法官学院
最高人民法院司法案例研究院◎编

房屋买卖合同纠纷

中国法制出版社
CHINA LEGAL PUBLISHING HOUSE

《中国法院年度案例》通讯编辑名单

序

党的十八大以来，以习近平同志为核心的党中央高度重视法治在推进国家治理体系和治理能力现代化中的重要作用，中央全面依法治国工作会议更是明确习近平法治思想在全面依法治国中的指导地位，为全面依法治国提供了根本遵循和行动指南。近年来，人民法院始终将加强司法案例研究作为推进全面依法治国的重要途径，通过发布具有普遍指导意义的典型案例，统一法律适用、提高审判质量，不断推进人民法院严格公正司法。《中国法院年度案例》丛书，旨在完善中国特色案例指导制度，总结提炼典型案例的裁判规则和裁判方法，发挥司法规范、指导、评价、引领的重要作用，大力弘扬社会主义核心价值观，增强全民法治意识和法治素养，展现新时代我国法治建设新成就。

《中国法院年度案例》丛书自2012年编辑出版以来，已连续出版9套，受到读者广泛好评。近年来，为更加全面地反映我国司法审判执行工作的发展进程，顺应审判执行实践需要，响应读者需求，丛书2014年度新增金融纠纷、行政纠纷、刑事案例3个分册，2015年度将刑事案例调整为刑法总则案例、刑法分则案例2个分册，2016年度新增知识产权纠纷分册，2017年度新增执行案例分册，2018年度将刑事案例扩充为4个分册。自2020年起，丛书由国家法官学院与最高人民法院司法案例研究院共同编辑，每年年初定期出版。在全国各级人民法院的大力支持下，丛书编委会现编辑出版《中国法院2021年度案例》系列丛书，共23册。

《中国法院年度案例》丛书以开放务实的态度、简洁明快的风格，在编辑中坚持以下方法，努力把案例书籍变得“好读有用”：一是高度提炼案例内容，控制案例篇幅，每个案例基本在3000字以内；二是突出争议焦点，剔除无效信息，尽可能在有限的篇幅内为读者提供有效、有益的信息；三是注重对裁判文书的再加工，大多数案例由案件的主审法官撰写“法官后语”，高度提炼、总结案例的指导价值，力求引发读者思考，为司法工作提供借鉴，为法学研究提供启迪。

《中国法院年度案例》丛书编辑工作坚持以下原则：一是广泛选编案例。国家法官学院和最高人民法院司法案例研究院每年通过各高级人民法院从全国各地法院汇集上一年度审结的典型案例近万件，使该丛书有广泛的精选基础，优中选优，可提供给读者新近发生的全国各地多种类型的典型性案例。二是方便读者检索。为体现以读者为本，丛书分卷细化，每卷下还将案例主要根据案由分类编排，每个案例用一句话概括裁判规则、裁判思路或焦点问题作为主标题，让读者一目了然，迅速找到目标案例。

中国法制出版社始终全力支持《中国法院年度案例》丛书的出版，给了作者和编辑们巨大的鼓励。2021年，丛书将继续提供数据库增值服务。购买本书，扫描前勒口二维码，即可在本年度免费查阅往年同类案例数据库。我们在此谨表谢忱，并希望通过共同努力，逐步完善，做得更好，真正探索出一条编辑案例书籍、挖掘案例价值的新路，更好地服务社会主义法治国家建设、服务法治社会建设、服务学习研究法律的读者。

《中国法院年度案例》丛书既是法官、检察官、律师等法律工作者的办案参考和司法人员培训的实用教材，也是社会大众学法用法的经典案例读本，同时是教学科研机构案例研究的良好系列素材。当然，案例作者和编辑在编写过程中也难以一步到位实现最初的编写愿望，客观上会存在各种不足甚至错误，欢迎读者批评指正。我们愿听取各方建议，不断扩宽深化司法案例研究领域，实现中国特色案例研究事业的新发展。

国家法官学院

最高人民法院司法案例研究院

2021年2月22日

目　录

Contents

一、商品房预售

二、商品房销售

三、二手房买卖

四、农村房屋买卖

五、拆迁安置房买卖

六、一房多卖合同

七、房屋买卖代理

八、房屋确权纠纷

九、定金与违约金

十、房屋借贷与担保纠纷

十一、其他

一、商品房预售

1

延期付款未达成合意，不影响商品房认购书的法律效力

——郭某婷诉万锦公司商品房预约合同案

【案件基本信息】

1. 裁判书字号

广西壮族自治区高级人民法院（2019）桂民申 1862 号再审裁定书

2. 案由：商品房预约合同纠纷

3. 当事人

原告（被上诉人、再审申请人）：郭某婷

被告（上诉人、再审被申请人）：万锦公司

【基本案情】

万锦公司在西林县开发建设龙御尚城商住小区，2017 年 7 月 9 日，郭某婷与万锦公司签订《龙御尚城物业认购书》购买该小区 6 号楼 7×3 号房，并交付定金 2 万元。郭某婷单方签订了《延期付款协议书》。之后，双方未能签订《商品房买卖合同》。郭某婷向法院起诉，请求万锦公司返还 2 万元。

【案件焦点】

万锦公司应否退还郭某婷购房定金。

【法院裁判要旨】

广西壮族自治区百色市西林县人民法院经审理认为：双方签订的《龙御尚城物业认购书》为商品房预约合同，万锦公司要求郭某婷交付的2万元为立约定金。在《延期付款协议书》上万锦公司并未签字，双方对《延期付款协议书》未达成合意，导致未能签订《商品房买卖合同》。双方未能达成合意属于不可归责于当事人双方的事由，双方都无过错。广西壮族自治区西林县人民法院依照《最高人民法院关于审理商品房买卖合同纠纷案件适用法律若干问题的解释》① 第四条，《中华人民共和国民事诉讼法》第一百四十四条之规定，判决如下：

被告万锦公司在本判决生效之日起10日内退还2万元给原告郭某婷。

万锦公司不服一审判决，提起上诉。

广西壮族自治区百色市中级人民法院经审理认为：郭某婷通过认购的方式向万锦公司交付定金作为订立商品房买卖合同的担保，本案定金的性质为成约定金。郭某婷与万锦公司就《延期付款协议书》未达成合意，郭某婷仍应依约在7日内签订正式的《商品房买卖合同》并支付首付款。郭某婷未履行上述义务，构成违约，应适用定金罚则不予退还定金。一审认定事实清楚，实体处理不当，应予纠正。依照《中华人民共和国民事诉讼法》第一百七十条第一款第二项和第一百七十五条的规定，判决如下：

一、撤销西林县人民法院（2018）桂1030民初355号民事判决；

二、驳回被上诉人郭某婷诉讼请求。

郭某婷不服二审判决，申请再审。

广西壮族自治区高级人民法院经审查认为：本案双方就《延期付款协议书》未达成合意，不影响双方签订《龙御尚城物业认购书》的法律效力。郭某婷在签订《龙御尚城物业认购书》后应依约在7日内到万锦公司处签订正式的《商品房买卖

---

① 《中华人民共和国民法典》于2021年1月1日起实施，《中华人民共和国婚姻法》《中华人民共和国继承法》《中华人民共和国民法通则》《中华人民共和国收养法》《中华人民共和国担保法》《中华人民共和国合同法》《中华人民共和国物权法》《中华人民共和国侵权责任法》《中华人民共和国民法总则》同时废止。最高人民法院对相关司法解释也进行了废止或修改。本书收录的案例均裁判于《中华人民共和国民法典》生效前，适用的是当时有效的法律法规及司法解释，下文将不再对此进行提示。

合同》并支付30%的首付款，但郭某婷并未履行上述义务，构成违约。根据《中华人民共和国合同法》第一百一十五条“给付定金的一方不履行约定的债务的，无权要求返还定金”与《最高人民法院关于审理商品房买卖合同纠纷案件适用法律若干问题的解释》第四条“出卖人通过认购、订购、预订等方式向买受人收受定金作为订立商品房买卖合同担保的，如果因当事人一方原因未能订立商品房买卖合同，应当按照法律关于定金的规定处理”的规定，郭某婷返还定金的请求没有法律依据，二审法院不予支持并无不当。郭某婷称二审法院适用法律和案件性质不符，没有事实依据，再审法院不予支持。

综上，郭某婷的再审申请不符合《中华人民共和国民事诉讼法》第二百条规定的情形。广西壮族自治区高级人民法院依照《中华人民共和国民事诉讼法》第二百零四条第一款、《最高人民法院关于适用〈中华人民共和国民事诉讼法〉的解释》第三百九十五条第二款的规定，裁定如下：

驳回郭某婷的再审申请。

【法官后语】

对于本案定金的性质，一审法院与二审法院认识不一致。一审法院认为是立约定金，而二审法院则认为是成约定金。当事人约定或法律规定以定金的交付作为合同成立或生效的要件，该定金为成约定金。成约定金是当事人约定的合同成立或者生效的要件之一。定金交付后，合同因其他原因不成立或者不生效时，交付定金的一方可以请求返还定金，但不能要求双倍返还定金；收受定金的一方应当返还定金给交付定金的一方，不得以合同未成立或未生效为由将定金据为己有。而立约定金是指为保证合同的正式订立而在主合同订立前交付的定金，给付定金的一方拒绝订立主合同的，无权要求返还已经交付的定金；收受定金的一方拒绝订立合同的，应当将其已收的定金双倍返还给交付定金一方。从本案郭某婷与万锦公司签订《龙御尚城物业认购书》之日同时交付定金的事实来判断，郭某婷所交的定金应属于立约定金。郭某婷未履行签订正式《商品房买卖合同》的义务，构成违约，应适用定金罚则不予退还定金。一审法院认为对本案定金的性质认定是正确的，但是对《龙御尚城物业认购书》的法律效力没有作出认定，裁判理由不当导致判决错误。二审法院经审理纠正了这一问题，认为《延期付款协议书》未达成合意，不影响《龙御尚城物业认购书》作为商品房预约合同的法律效力。郭某婷违反《龙御尚城物业认购书》的约定，构成违约，应适用定金法则进行裁判。二审判决驳回郭某婷返还定金的诉讼请求正确，但对定金性质认定为成约定金不当。再审审查法院回避了对案涉定金性质的认定，以延期付款未达成合意，不影响《龙御尚城物业认购书》的法律效力为由，认定郭某婷违约，驳回其再审申请。

实践中，普通购房者因为知识经验不足，法律意识不强，在购房过程中往往没有足够的判断力和识别法律风险的能力，难以保护自己的合法权益或者避免可能存在的购房陷阱。作为弱势一方的购房者需要更多的倾斜保护，相关部门对房地产市场应严格监管，进一步规范交易程序，保护公平的交易秩序，促进整个房地产市场的健康有序发展。人民法院在审理此类案件时首先应注重调解，以平衡双方的利益关系，达到案结事了的目的。但是，在调解失败之后，亦应严格依照法律规定进行裁判，维护法律权威。本案最终还是依照法律相关规定进行判决，也有积极意义：一是维护了法律的权威；二是进行了普法宣传，教育了群众。

编写人：广西壮族自治区高级人民法院　邓国雄

2

商品房买卖合同中房地产开发商逾期办证的违约认定及规范合同双方的权利义务

——陈某渝等诉粤豪公司房屋买卖合同案

【案件基本信息】

1. 裁判书字号

广西壮族自治区桂林市阳朔县人民法院（2019）桂0321民初1622号民事判决书

2. 案由：房屋买卖合同纠纷

3. 当事人

原告：陈某渝、李某、陈某涵

被告：粤豪公司

【基本案情】

2003年12月2日，陈某渝、李某、陈某涵与粤豪公司签订《商品房买卖合同》，约定陈某渝、李某、陈某涵购买粤豪公司投资开发建设的位于阳朔县阳朔镇观莲路阳朔唐人街B幢7层7×5号房屋，建筑面积共42.96平方米，总价为183302元；合同第十五条约定，出卖人应当在商品房交付使用后200个工作日内，将办理权属登记需由出卖人提供的资料报产权登记机关备案。如因出卖人的责任，买受人不能在规定期限内取得房地产权属证书的，双方同意按下列第1、2项处理：1. 买受人退房，出卖人在买受人提出退房要求之日起10日内将买受人已付房款退还买受人，并按已付房款的1%赔偿买受人损失。2. 买受人不退房，出卖人按已付房款的1%向买受人支付违约金。合同附件三对装饰、设备标准的约定，电气（独立电表，留灯位，安全插座，预留空调机插座），供水（独立水表，配齐上下水管道）；附件四约定：购房契税按国家规定，由买受人承担，并于房屋交付使用时同时付清，为购房总价的3%；房屋维修基金按国家规定，由买受人承担，并于房屋交付使用时同时付清，为购房总价的2%；办证费1000元（按实际金额多退少补）；水电基础设施费、邮电通信费、有线电视入网费合计2000元。合同对其他还作有约定。合同签订后，陈某渝、李某、陈某涵依约支付了购房款给粤豪公司，并于2004年9月21日分别向粤豪公司支付了契税5500元、配套设施费2000元、办证费1000元、维修基金3667元，粤豪公司于2004年9月26日将房屋交付陈某渝、李某、陈某涵管理使用。

另查明，因粤豪公司对该房产开发项目在建设过程中有超审批建筑面积和超出审批容积率的行为，导致案涉房产于2016年7月28日才通过规划竣工验收，至今尚未为陈某渝、李某、陈某涵办理不动产产权证。

【案件焦点】

1. 房屋买卖合同未明确办理房地产权属证书过户手续的时间，如何判断房地产开发商是否存在逾期办证的违约行为；2. 房地产开发商存在逾期办证违约的情况下，其代收购房业主所交纳的契税、公共维修基金、办证费是否应予退还。

【法院裁判要旨】

广西壮族自治区桂林市阳朔县人民法院经审理认为：第一，因粤豪公司在建设过程中有违法建设行为，被阳朔县住房和城乡建设局进行了行政处罚。该房产开发项目在2016年7月28日才通过竣工规划验收，以致粤豪公司未在合同约定的期限内将办理权属登记的相关资料提交产权登记机关备案，致使陈某渝等三人至今不能取得所购房屋的合法权属证书。粤豪公司的行为已经构成违约，其应当承担违约责任。

第二，根据双方签订的《商品房买卖合同》及其附件的约定可见，粤豪公司代陈某渝等三人办理房屋所有权证及陈某渝等三人缴纳契税等税费的行为系双方书面约定的合同内容之一。而陈某渝等三人要求粤豪公司退还上述费用，实际上是对合同附件四约定的内容提出了解除的主张。《中华人民共和国合同法》对合同解除条件有明确规定，即双方当事人协商一致，或者一方当事人根本违约致使合同目的不能实现。本案中，陈某渝等三人与粤豪公司签订《商品房买卖合同》的主要目的系其向粤豪公司购买案涉房屋，并取得该房屋的所有权。经庭审查明，案涉房屋已实际交付给陈某渝等三人使用，虽现阶段陈某渝等三人暂时无法取得产权证书，但粤豪公司已明确表示，若能完善相关手续事宜，即可办理权属证书，陈某渝等三人的购房目的即可实现。现粤豪公司不同意退还上述费用，而陈某渝等三人亦未提供其他证据证明粤豪公司已不能为其办理权属证明而导致其根本无法实现购买案涉房屋的合同目的。故在陈某渝等三人对合同中的其他条款均未提出异议并已接收案涉房屋的情形下，其仅主张解除具有法律效力的《商品房买卖合同》中的一项约定内容，于法无据。另外，根据双方签订的《商品房买卖合同》的约定，陈某渝等三人依约向粤豪公司交付契税等税费，是履行合同义务的表现，至于上述费用的利息，双方并未约定，故陈某渝等三人要求粤豪公司返还契税等税费并支付利息的诉讼请求，无事实和法律依据，法院不予支持。

广西壮族自治区桂林市阳朔县人民法院依照《中华人民共和国合同法》第八条、第九十三条、第九十四条、第一百零七条、第一百一十条，《中华人民共和国民事诉讼法》第六十四条之规定，判决如下：

一、粤豪公司向陈某渝、李某、陈某涵支付逾期办证违约金1833.02元；

二、驳回陈某渝、李某、陈某涵的其他诉讼请求。

【法官后语】

在商品房买卖交易中，由于开发商的不规范操作等多种因素的影响，导致购房业主群体维权的纠纷日益增多，极易出现群体上访和扎堆起诉的现象，如何妥善处理好该类纠纷，保障购房业主群体的合法权益，为规范商品房买卖市场提供司法参考，成为法院当前的一个重要工作。

本案选取同类型系列案中较典型的一个案例展开叙述。造成该案纠纷的主要原因是购房业主与房地产开发商对房屋买卖合同中关于办证期限的内容约定不明，而开发商因为自身和政府行为等多种原因迟迟未将案涉房屋的产权证办理至购房业主名下。在认定开发商是否逾期为业主办理产权证过户手续时，应当从合同约定内容着手，如无约定，依照《最高人民法院关于审理商品房买卖合同纠纷案件适用法律若干问题的解释》第十四条的规定判断。本案中，虽然双方在房屋买卖合同中未明确约定办理产权证过户手续的期限，但是约定了粤豪公司将办理权属登记需由其提供的资料报产权登记机关备案的期限，这里的备案资料应理解为“达到办证条件所需的由开发商提供的资料”，而且应当与办理合同的备案登记相区别。而对于逾期办理产权证的原因，开发商往往从多种因素抗辩，认为并非自身原因造成，办证时间应予顺延。故法院在适用法律条款时，应当将开发商之外的原因排除。这里要分两种情况：如在签订房屋买卖合同时已存在影响办证的政府行为，开发商已知时，可以认为其约定的办证时限，包含了处理政府行为事宜的时间，则法院不支持开发商的延期主张；如在签订房屋买卖合同之后才出现政府行为，属于开发商无法预知的情况，应当扣除政府行为影响办证的期限。本案中，因粤豪公司在项目的建设过程中有超审批建筑面积和超出审批容积率的行为，导致被政府机关行政处罚，系开发商自身原因造成逾期办理产权证的后果。

另外，购房业主与开发商签订《商品房买卖合同》，主要目的就是向开发商购买房屋，并取得该房屋的所有权。本案中，开发商已将房屋交付给购房业主使用多年，只是办理产权过户手续条件未成就，暂时未将产权证办理至购房业主名下，待开发商完善相关材料，即可办理产权过户手续，购房业主的购房目的即可实现。由开发商代购房业主办理产权证过户手续和代交相关税费，系双方在合同附件中约定的内容，对双方均有约束力。购房业主依约向开发商交付相关税费，是履行合同义务的表现，开发商在条件成就时为购房业主办理产权证过户手续，亦为合同约定必须履行的义务。购房业主提出的要求开发商退还代交的税费，实际上是对合同约定的某一项内容提出了解除的主张。我国对合同解除的条件有明确的规定，在合同目的可以实现，而双方就解除合同协商不一致的情况下，不能依据《中华人民共和国合同法》第九十三条、第九十四条的规定，解除双方的房屋买卖合同，双方还应继续按照合同约定履行义务。

编写人：广西壮族自治区阳朔县人民法院 徐磊

3

商品房预售合同中违约金的确定

——黄某文、冯某英诉亿诚公司商品房预售合同案

【案件基本信息】

1. 裁判书字号

广西壮族自治区柳州市柳城县人民法院（2019）桂0222民初390号民事判决书

2. 案由：商品房预售合同纠纷

3. 当事人

原告：黄某文、冯某英

被告：亿诚公司

【基本案情】

2014年9月16日，黄某文、冯某英夫妻二人与亿诚公司签订《商品房买卖合同》，约定黄某文、冯某英购买亿诚公司建设的“江景豪庭”小区房屋一套。房屋面积为123.29平方米，房款为430547元。合同签订后，黄某文、冯某英足额支付了房款。亿诚公司依约定应当于2016年9月30日前交房，逾期交房则应以买受人已交房款的总额按银行活期存款利率计算，期限为商品房交付之日起至通知交付之日止。截至起诉时，亿诚公司尚未交房。黄某文、冯某英认为被告按照合同约定计

算逾期违约金的标准过低，显失公平，遂起诉请求亿诚公司按照日利率万分之二计算并支付违约金 72332 元。

【案件焦点】

1. 亿诚公司逾期交房的天数认定及计算；2. 逾期交房违约金的计算标准。

【法院裁判要旨】

广西壮族自治区柳州市柳城县人民法院经审理认为：根据合同约定，亿诚公司应于 2016 年 9 月 30 日前交房，但至起诉时亿诚公司仍未交房，则亿诚公司应当承担逾期交房的违约责任。诉讼中，亿诚公司认为逾期交房的天数存在中高考、雨水天气等应当扣减违约天数的情形，并顺延交房时间，但却无证据证明工程因雨水、中高考实际停工、顺延工期的情形。根据合同约定，亿诚公司支付的违约金为 3468 元。黄某文、冯某英认为合同约定的违约金过低并请求予以调整，但无证据证明合同约定的违约金过分低于实际损失。黄某文、冯某英认为合同在订立时其责任分配不均，亿诚公司的责任明显过轻，显失公平。合同显失公平，根据规定原告一方有权自知道或应当知道撤销事由之日起一年内行使变更或撤销权利，但期间经过，现撤销权已消灭。法院遂判决亿诚公司应当向黄某文、冯某英支付违约金为 3468 元。

广西壮族自治区柳州市柳城县人民法院根据《中华人民共和国合同法》第八条、第五十四条、第五十五条、第一百零七条、第一百一十四条第一款，《最高人民法院关于适用〈中华人民共和国合同法〉若干问题的解释（一）》第八条之规定，判决如下：

被告亿诚公司于判决生效之日起十日内向原告黄某文、冯某英支付自 2016 年 10 月 1 日起至 2019 年 1 月 20 日止的逾期交房违约金 3468 元。

当事人未上诉，现判决已发生法律效力。

【法官后语】

1. 逾期交房的免责事由

在商品房预售合同纠纷案件中，不可抗力是房地产开发商逾期交房的责任免责事由之一。对于雨天、中高考、市政工程等诸多因素是否能达到不可抗力的情形，根据《中华人民共和国民法典》合同编第五百九十条的规定，当事人一方因不可抗力不能履行合同的，根据不可抗力的影响，部分或者全部免除责任，但法律另有规定的除外。当事人迟延履行后发生不可抗力的，不免除其违约责任。不可抗力是指不能预见，不能避免并不能克服的客观情况。当事人一方因不可抗力不能履行合同的，应当及时通知对方，以减轻可能给对方造成的损失，并应当在合理期限内提供证明。从上述规定可以看出，天气因素对施工确实有影响，但风雨天气均为正常的天气现象，开发商在建设前就应当参考当地的天气记录，根据气象部门的天气预测合理计算工期，在气象数据合理预测的基础上留存足够的工期，故该情形并不构成不可抗力。出卖人将中高考作为不可抗力的免责条款，中高考是按照国家规定时间进行，属于出卖人在开工建设前考虑的内容，是应当在建设过程中承担的风险，开发商以合同的形式将风险转嫁给买受人，免除己方责任的行为是无效的，亦不属于不可抗力的情形。

2. 逾期交房的违约金认定及举证责任分配

根据相关法律规定，当事人可以约定一方违约时应当根据违约情况向对方支付一定数额的违约金，也可以约定因违约产生的损失赔偿额的计算方法；约定的违约金低于造成的损失的，当事人可以请求人民法院予以增加。当事人因违约金过低而请求法院予以调整的，法院应以造成的损失为基础进行调整。根据“谁主张，谁举证”的举证责任基本分配规则，除法律有特别规定外，否则均应当由主张一方承担举证责任。在当事人请求人民法院对约定的违约金进行调整的情况下，仍应当由主张调整违约金的一方承担举证责任。但应注意的是，主张调整违约金一方承担举证责任的范围并非直接是损失的大小，而是双方约定的违约金是否过分高于或低于实际造成的损失，损失的大小只是其承担举证责任范围的一部分。法律赋予当事人对于约定的违约金调整的权利，是为了避免双方约定的违约金过高或者过低而造成当事人权利义务的失衡，体现的是民法上的公平原则。在当事人损失难以衡量的前提下，为维护购房者的合法权益，购房者可以举示证据证明损失存在及其损失的大小。

本案中，买受人与出卖人签订的《商品房买卖合同》，系双方当事人的真实意思表示，合同内容没有违反法律和行政法规的强制性规定，合同合法有效。买受人认为双方约定的违约金低于实际损失，便应当对实际损失大小及约定违约金低于造成的实际损失承担举证责任。因买受人没有相应证据证明合同约定的逾期交房违约金过分低于实际损失，故法院根据双方合同的约定来确定本案出卖人支付逾期交房违约金金额并无不当。

3. 订立合同显失公平的问题

一方面，显失公平是指一方当事人利用自己的优势或者利用对方没有经验等，造成的双方权利与义务明显不对等，违反公平、等价有偿的原则。在订立合同时显失公平的，当事人有权请求人民法院或者仲裁机构变更或撤销；具有撤销权的当事人自知道或应当知道撤销事由之日起一年内没有行使撤销权，撤销权消灭。本案中，买受人与出卖人订立合同后一年内没有行使撤销权，撤销权已经消灭。另一方面，原告认为其违约责任明显重于被告的违约责任，违反了权利义务相一致原则的问题，商品房买卖合同的出卖人之主要义务为按约定向买受人交付房屋，买受人的主要义务为按约定向出卖人支付购房款。综观双方签订的合同，对于双方违反主要义务的约定，双方违约行为的责任负担的轻重基本一致，故本案合同约定并不存在显失公平问题。

编写人：广西壮族自治区柳州市柳城县人民法院　黄茜　杨瑜红

4

预约合同违约救济规则

——李某诉春祥公司房屋买卖合同案

【案件基本信息】

1. 调解书字号

浙江省绍兴市中级人民法院（2019）浙06民终4827号民事调解书

2. 案由：房屋买卖合同纠纷

3. 当事人

原告（被上诉人）：李某

被告（上诉人）：春祥公司

【基本案情】

2019年2月18日，李某与春祥公司签订《珑源一品花园珑庭组团商品房购房协议》一份。协议约定：李某向春祥公司订购珑源一品珑庭组团50幢×号商品房一套，建筑面积为428.05平方米，定购价为11914.5元/平方米，总房价为5100002元；协议签订之日，李某支付春祥公司50万元作为签订《商品房买卖合同》的定金，该款项可以在正式签订《商品房买卖合同》后冲抵等额首付款；春祥公司必须在李某付清首付款后5日内与李某签订《商品房买卖合同》。上述协议签订后，李某依约履行合同义务，分别于2019年2月18日支付定金50万元，2019年3月4日支付购房首付款100万元。春祥公司收到购房首付款后，未通知李某签订正式《商品房买卖合同》，亦未向李某交付商品房住宅质量保证书和商品房住宅使用说明书。李某受邀实地查看珑源一品珑庭50幢×号房屋时，发现该房屋门厅、大厅、卧室、厕所等地方大面积渗水，严重影响正常居住使用。为此，李某认为春祥公司已经构成合同违约，应当返还已付购房款并双倍返还定金。

【案件焦点】

1. 在被告不同意解除《珑源一品花园珑庭组团商品房购房协议》的情况下，原告是否有权解除；2. 被告是否存在违反《珑源一品花园珑庭组团商品房购房协议》约定的行为；3. 原告拒绝按照《珑源一品花园珑庭组团商品房购房协议》约定签订正式《商品房买卖合同》的行为是否构成违约。

【法院裁判要旨】

浙江省绍兴市新昌县人民法院经审理认为：李某与春祥公司签订的《珑源一品花园珑庭组团商品房购房协议》，属双方当事人真实意思表示，且约定内容不违反法律及行政法规的强制性规定，应属合法有效，各方当事人应严格遵照履行。

关于焦点一。李某与春祥公司签订的《珑源一品花园珑庭组团商品房购房协议》，经审查属于双方约定在一定期限内就案涉房屋订立《商品房买卖合同》的协议。况且该协议不具备《商品房销售管理办法》第十六条规定的《商品房买卖合同》应当具备的交付使用条件及日期、公共配套建筑的产权归属、面积处理差异等基本内容的条款。因此，法院认为该协议的法律性质为预约合同，仅对将来缔结正式《商品房买卖合同》为意思表示，而非为交付标的物实现交易。考虑到若强制李某方缔结本约，有违合同意思自治原则。而从执行方法角度观之，直接强制、间接强制、代替执行、行为及不行为之强制执行均无对预约合同适用之余地，所以，对于一方拒绝依预约合同之约定签订本约合同的，在法律上和事实上都不能强制其继续履行。换言之，继续履行的违约责任形式不适用于预约合同。故本案原、被告签订的《珑源一品花园珑庭组团商品房购房协议》依法因原告主张解除而终止合同效力，对被告要求继续履行合同的抗辩依法不予采信。

关于焦点二。根据当前商品房交易流程及操作习惯，房地产开发商与买受方签订商品房买卖合同均适用网签。考虑到网签合同需要房地产销售商在网签系统中录入合同相关信息，经合同双方确认后引入网签系统申请合同备案，完成网上备案方能生成合同编号，然后由销售商打印网签合同文本，交由买受方签字盖章。故其与传统购房合同在签订流程上存在一定区别，买受方负有向房产销售商提供信息以及配合确认电子合同内容的协助、配合义务。本案双方在 2019 年 2 月 18 日签订的购房协议中明确约定，双方签订正式《商品房买卖合同》的时间为李某支付首付款后 5 天之内。李某于 2019 年 3 月 4 日支付了首付款，其应于 2019 年 3 月 9 日前协助、配合春祥公司网签正式的《商品房买卖合同》属于应当明知的事项。实践中，考虑到网签合同操作的现实需要，买受方履行协助、配合义务的场所均在房地产开发商指定的场所（一般为售楼处）。现李某主张春祥公司未履行通知其签订合同或者将合同纸质文本送交其签字盖章，构成合同违约，缺乏事实及法律依据，不予采信。另外，原告主张被告未在双方签订预购合同之时或之后向其交付商品房住宅质量保证书与说明书构成合同违约，法院认为交付前述材料并非预约合同约定被告应当履行的合同义务，现原告据此主张被告违约缺乏事实及法律依据，依法不予采信。综上，对原告要求被告双倍返还定金 100 万元的主张，法院不予支持。

关于焦点三。案涉交易标的系价值 5100002 元的住宅商品房，即便其出现房屋渗水、漏水不构成房产质量问题，但仍属于严重影响买受人居住、生活较为严重的标的物瑕疵。虽然，原告在与被告签订预约合同即《珑源一品花园珑庭组团商品房购房协议》时，对房屋现状进行过查看，且同意被告对其进行修理。但原告作为买受方看房时的查看行为属于对房屋内、外现状的了解，即便其当时对房屋瑕疵系明知，购房协议签订后，原告以“房屋存在渗水、漏水问题，被告尚未修理完毕”为由拒绝签订正式的《商品房买卖合同》亦系事出有因，不能据此认定原告构成合同违约。因此，对被告提出的没收原告定金50万元的主张，法院不予支持。

综上，浙江省绍兴市新昌县人民法院依照《中华人民共和国合同法》第六十条、第九十一条、第九十四条第五项、第一百一十条之规定，判决如下：

一、原告李某与被告春祥公司签订的《珑源一品花园珑庭组团商品房购房协议》终止；

二、被告春祥公司返还原告李某预付购房款及定金合计150万元，限于本判决生效后十日内付清；

三、驳回原告李某的其他诉讼请求。

春祥公司不服原审判决，提起上诉。浙江省绍兴市中级人民法院立案后进行调解，双方达成调解协议：

一、解除上诉人春祥公司与被上诉人李某于2019年2月18日签订的《珑源一品花园珑庭组团商品房购房协议》；

二、上诉人春祥公司返还被上诉人李某预付购房款100万元及购房定金35万元，合计135万元，此款于2020年5月1日前一次性付清，若逾期未付，则被上诉人李某有权自逾期次日起按照原审判决确定的金额向法院申请执行；

三、被上诉人李某自愿放弃原审其余诉讼请求，款清后双方无其他争议。

【法官后语】

房屋买卖，特别是在商品房预售的交易实践中，交易双方通常会先签订认购书、订购书等形式的协议，以此作为签订房屋买卖合同的预约合同，然后再签订作为本约合同的房屋买卖合同。这就涉及预约与本约的问题。

1. 预约与本约的识别

从法理上说，预约合同与本约合同无论在订约目的、合同内容、违约责任上都可说是泾渭分明，不存在识别问题。但在实际操作中，部分交易者为了确保未来交易的安全性和确定性，预约合同的内容比较详细，甚至仅通过预约合同就让交易双方负有本约合同的履约义务，这在一定程度上模糊了预约合同和本约合同的界限。判断商品房买卖中的认购、订购、预订等协议究竟是预约合同还是本约合同，最主要的是看此类协议是否具备《商品房销售管理办法》第十六条规定的商品房买卖合同的主要内容，即只要具备了双方当事人的姓名或名称，商品房的基本情况、总价或单价、付款时间、方式、交付条件及日期，同时出卖人已经按照约定收受购房款的，就可以认定此类协议已经具备了商品房买卖合同本约的条件；反之，则应认定为预约合同。如果双方当事人在协议中明确约定在具备商品房预售条件时还需要重新签订商品房买卖合同的，则该协议应认定为预约合同。

2. 预约合同违约责任，依具体情形作出实际履行

2012年颁布的《最高人民法院关于审理买卖合同纠纷案件适用法律问题的解释》第二条首次在法律上正式承认了预约合同作为独立合同的地位，但未明确预约合同能否适用继续履行。

针对这一问题，有“否定说”和“肯定说”两种观点。“否定说”认为预约合同违约时不能适用继续履行的责任承当方式。第一，根据法律规定，公民享有完全依据自己的意志决定是否订立合同的自由，若法院强制要求当事人缔结本约，将剥夺当事人的意思自治，属于《中华人民共和国民法典》第五百八十条第一项规定的“法律上或者事实上不能履行”；第二，法院的强制执行只能针对有具体执行内容的物或行为，预约合同以订立本约为履行标的，不存在具体的执行内容，且当事人的意志给付也无法成为强制履行的对象；第三，合同违约情况的发生，常常是由于客观因素的限制或者法律上的阻碍导致履行不能，继续履行的适用范围极其受限。“肯定说”认为，预约合同可以适用继续履行的责任方式。第一，既然承认预约是独立的合同，就应当适用《中华人民共和国民法典》合同编关于违约责任的一般规定，而《最高人民法院关于审理买卖合同纠纷案件适用法律问题的解释》第二条并没有排除继续履行的适用；第二，双方当事人订立预约的过程系双方真实的意思表示，完全合乎合同自由，既然个人可以“自主决定”，就应当对自己的行为“自我负责”，并需对他人的信赖以及交易安全兼筹并顾。

两种观点侧重不一，肯定说重在追求有约必守、诚实信用的合同法则，否定说强调合同自由的铁律。关于预约合同的履行应辩证地理解和适用，就审判实践而言，两种观点都有重要的指导意义，但对于预约合同是否应当强制履行，不能一概而论。第一，依约履行是前提，应当作为预约合同违约责任的一种首选方式。预约本就是一种合同，对双方当事人都具有约束力，在一方违约的情况下，应当认定强制履行时守约方的正当权利。只要预约合同没有合同无效或合同内容部分无效的法定情形，合同双方就应依照合同约定履行自己的义务，不得擅自变更或者解除合

同。第二，要全面履行，既包括订立本约合同，又要在本约合同中承认预约合同约定的内容。但是继续履行可适用并不是必然适用。肯定继续履行在预约合同中的适用并不意味着所有预约合同的违约责任都以继续履行的方式承担。法律不能要求预约合同当事人必须订立本约，是否要求其订立本约合同应当依据具体情形判断。

在选择以何种形式承担违约责任时，应首先考虑个案合同在法理上或事实上是否能够继续履行，并充分尊重当事人的自由选择。在一些案件中，合同无法实际履行，法院也不能要求当事人继续订立合同。一方面，如果要求当事人实际订约，则使得当事人负有强制缔约的义务，而预约与强制缔约应当存在明显差异，另一方面，在合同相关法律中，实际履行本身在法律上也受到限制，并非在所有的情况下都可以请求实际履行。《中华人民共和国民法典》第五百八十条所规定的继续履行的除外情形，对预约合同同样适用。预约合同可使当事人产生缔约请求权，但在一方违约时，并非一概产生强制缔约的效果，是否实际履行应视具体情形而定。

编写人：浙江省绍兴市新昌县人民法院　何赛丽

5

原判商品房预约合同解除，买受人请求适用定金罚则被驳回，可重新起诉要求赔偿损失

——黄某诉东方伟业公司商品房预约合同案

【案件基本信息】

1. 裁判书字号

福建省宁德市霞浦县人民法院（2019）闽0921民初1906号民事判决书

2. 案由：商品房预约合同纠纷

3. 当事人

原告：黄某

被告：东方伟业公司

【基本案情】

2014年9月，黄某向东方伟业公司预约购买位于霞浦县松港街道东方伟业城市广场4号楼××号商铺，总价为5527334元。黄某于2014年9月30日向东方伟业公司支付购房款100万元，2015年9月16日，又支付购房款40万元，合计140万元。2015年9月25日生效的法院判决书确认，双方当事人解除商品房预约合同，东方伟业公司应向黄某返还购房款140万元，但东方伟业公司未归还。现黄某诉讼请求判令东方伟业公司向黄某赔偿资金被占用利息损失（按年利率6%计算至购房款实际偿还之日止，其中100万元自2014年9月30日起计算，40万元自2015年9月30日起计算）。

【案件焦点】

本案是否违反“一事不再理”原则。

【法院裁判要旨】

福建省宁德市霞浦县人民法院经审理认为：民事主体从事民事活动，应当遵循公平原则。在黄某与东方伟业公司的商品房预约合同关系中，黄某支付购房款140万元，存在资金被占用的利息损失，而东方伟业公司收取购房款，存在资金利息收益，应对黄某的损失予以补偿。黄某诉请东方伟业公司自购房款支付之日起按年利率6%向其支付资金被占用的利息损失，符合法律规定，予以支持。黄某在本案中的诉讼请求是要求东方伟业公司支付资金被占用的利息损失，前案诉讼请求是要求东方伟业公司按140万元适用定金罚则，后诉与前诉的诉讼请求不相同，不构成重复起诉。东方伟业公司答辩本案黄某为重复起诉，法院不予采纳。《中华人民共和国民事诉讼法》第二百五十三条规定的加倍支付迟延履行期间的债务利息，是对被执行人未按判决书指定的期间履行债务的法定处罚，与东方伟业公司应向黄某返还的资金利息收益并不重复，东方伟业公司答辩前案判决生效后已须加倍支付迟延履行期间的债务利息，不应再返还资金收益，法院不予认可。福建省宁德市霞浦县人民法院依照《中华人民共和国民法总则》第六条、《中华人民共和国合同法》九十七条之规定，判决如下：

东方伟业公司应于本判决生效之日起十日内向黄某支付按年利率6%计算至购房款140万元实际偿还之日止的资金占用利息（其中100万元自2014年9月30日

起计算，40万元自2015年9月30日起计算）。

【法官后语】

黄某与东方伟业公司订立商品房预约合同，后因商品房预约合同的标的房产被查封，黄某在前案中起诉请求解除双方订立的商品房预约合同，并主张适用定金罚则，要求东方伟业公司双倍返还购房定金，原审判决虽判决解除双方的预约合同，但认为东方伟业公司在收取黄某购房款时不存在过错，不应适用定金罚则，故驳回了黄某双倍返还定金的诉讼请求。现黄某在本案中再次请求东方伟业公司承担违约责任即赔偿其资金占用期间的利息损失，是否属于“一事不再理”的范畴。

定金罚则是合同一方当事人预先给付定金作为债权的担保，在收取定金一方不履行合同义务时，收取方应将定金双倍返还的违约责任承担方式。赔偿损失是合同一方当事人因不履行合同义务或履行合同义务不符合约定，使对方造成的财产损失，由违约方对该财产损失予以赔偿的违约责任承担方式。

定金罚则与赔偿损失均属于违约责任的范畴，但属于不同的责任形式，定金罚则具有担保和惩罚的功能，其不以当事人造成的实际损失为前提，具有相对独立性，而赔偿损失则需以守约方蒙受的实际损失为前提。在预约合同解除后，产生的法律效果就是恢复原状即恢复到订立合同之前的状态。本案的商品房买受人在支付完购房款后未达到其购买房屋居住的目的，在支出购房款的同时还产生了大额资金的利息损失，商品房买受人在不存在过错的情况下其损失并未得到救济。原审虽东方伟业公司认定不适用定金罚则，但在该交易的过程中，东方伟业公司收取资金取得了利息的收益，一方受损另一方获益，根据损失填平原则和公平原则，理应进行利益均衡。黄某虽以同一事实起诉，但诉讼请求是不同的违约责任，不应构成重复起诉。

编写人：福建省宁德市霞浦县人民法院　王瑾

6

逾期交房责任应有合同明确约定，而不能由推定产生

——黄某诉中德红谷公司商品房预售合同案

【案件基本信息】

1. 裁判书字号

四川省成都高新技术产业开发区人民法院（2019）川0191民初9209号民事判决书

2. 案由：商品房预售合同纠纷

3. 当事人

原告：黄某

被告：中德红谷公司

【基本案情】

原告黄某从被告中德红谷公司处购买房屋，双方签订了《商品房买卖合同》及《补充协议》，约定了商品房交付的条件，但双方在合同中并没有对交房时间进行约定，也没有对逾期交房违约责任进行约定。原告按约付清了全部房款，被告中德红谷公司于2016年3月21日向原告黄某交付了商品房，但经原告黄某调查发现，被告中德红谷公司于2017年1月24日才取得该商品房的《建设工程规划合格证》。因此，直至2017年1月24日，被告中德红谷公司才具备交付商品房的条件，原告认为被告中德红谷公司应按照逾期交付使用房屋期间有关主管部门公布或者有资格的房地产评估机构评定的同地段同类房屋租金标准，向原告黄某支付从2016年3月21日起至2017年1月24日止的逾期交房违约金。

【案件焦点】

原告黄某与被告中德红谷公司签订的《商品房买卖合同》及《补充协议》中，

并没有对商品房交付时间及逾期交房违约责任的约定，但约定了交付条件，被告实际交付房屋的时间在房屋符合合同约定的交付条件之前，被告是否应当承担逾期交房责任。

【法院裁判要旨】

四川省成都高新技术产业开发区人民法院经审理认为：按照《中华人民共和国合同法》第六十二条第四款之规定，合同履行期限不明确的，债务人可以随时履行，债权人也可以随时要求履行，但应当给对方必要的准备时间。本案中，被告公司可以随时履行房屋交付义务，原告黄某没有证据证明其行使了合同履行的催告。因此，虽然被告中德红谷公司作为开发企业向原告黄某提供了合同文本，存在一定的过失，但原告黄某作为完全民事行为能力人，在合同签订时没有尽到合理的审慎的合同审查义务，双方共同的过失导致了案涉合同中没有对交房时间及逾期交房违约责任的约定。虽然被告公司交付房屋的时间在房屋符合合同约定的交付条件之前，但被告中德红谷公司的交房行为并没有违反合同对交房时间的约定，也没有违约行为的产生，且合同中也没有约定逾期交房违约责任的计算方式。同时，被告公司的交房行为也没有给原告带来实际损失。据此，原告要求被告承担这段时间的逾期交房违约责任没有合同和法律依据。因此，双方提前完成房屋交接的行为是在履行过程中达成的一种新的合意，该合意并未损害各方当事人的利益，故原告按照一般推定要求被告承担逾期交房责任的请求不应成立。

四川省成都高新技术产业开发区人民法院依照《中华人民共和国合同法》第六十条第一款、第六十二条第四款，《中华人民共和国民事诉讼法》第六十四条第一款之规定，判决如下：

驳回原告黄某的全部诉讼请求。

【法官后语】

合同是当事人为了实现一定的经济目的或者其他目的，明确相互之间权利义务关系而订立的协议。当事人通过订立和履行合同，以实现其获取利益或者满足生产经营、工作生活等方面的需要。而违约是“不履行合同义务或者履行合同义务不符合约定”，使得当事人订立合同的目的不能实现，或者得不到充分实现，从而损害了当事人的利益，甚至造成严重的损失。因此，法律上必须对违约行为予以规制，建立违约责任制度，明确当事人实施违约行为必须承担相应的法律责任，以切实维护守约当事人的合法权益，进而达到保护交易安全、维护经济秩序的目的。

所谓违约责任，又称违反合同的责任，是指合同当事人一方或者双方不履行合同义务或者履行合同义务不符合约定时所承担的法律责任。或者更确切一点说，是指合同当事人不按照合同的约定或者法律的规定履行义务所应承受的法律后果。因为合同当事人除应当全面履行合同约定的义务外，还应当遵循诚实信用原则，根据合同的性质、目的和交易习惯，履行通知、协助、保密等法定义务，不履行这些法定义务同不履行合同约定义务一样，也要承担民事责任。违约责任是一种民事法律责任，即以损失补偿为主的责任。

本案是一起发生在商品房预售合同履行过程中比较常见的一类违约责任承担问题。按照通常的商品房预售合同的签订内容，都有关于交房时间、交房条件、逾期交房责任等条款的约定，本案的特殊性就在于案涉合同没有交房时间和逾期交房责任的约定。

基于合同的意思自治原则，合同双方权利义务平等，笔者认为，不应当对合同其中一方苛以更重的合同义务，双方均应当尽到合同重要条款的审查义务，原告主张按照《最高人民法院关于审理商品房买卖合同纠纷案件适用法律若干问题的解释》(2003 年) 第十七条“商品房买卖合同没有约定违约金数额或者损失赔偿额计算方法，违约金数额或者损失赔偿额可以参照一下标准确定……逾期交付使用房屋的，按照逾期交付使用房屋期间有关主管部门公布或者有资格的房地产评估机构评定的同地段同类房屋租金标准确定”的规定计算违约金的标准。本案中，在双方没有对履行期限进行约定的情况下，被告的房屋交付时间虽然发生在房屋符合合同约定的交付条件之前，符合一般案件中逾期交房责任的认定标准，但本案中双方没有对交房时间进行约定，被告的交房行为实际上没有违约的事实，也没有给原告带来实际损失，逾期违约责任没有产生，不宜按照通常的交易习惯进行推定，故不宜突破合同违约责任的法理基础，在没有违约责任事实和法律基础的情况下，不应当适用《最高人民法院关于审理商品房买卖合同纠纷案件适用法律若干问题的解释》(2003 年) 第十七条的规定计算违约金数额。本院驳回了原告的诉讼请求。宣判后，双方均没有上诉，达到了服判息诉的社会效果。

本案的处理，尊重了合同双方当事人的意思自治，维护了交易安全，在合同双方地位平等的基础上，不应当苛责任何一方更重的合同审查义务。同时，该案的处理，也有利于警示普通大众在重要合同签订的过程中，一定要严格行使好自身的合同权利和合同审查义务，在重要的交易缔约行为履行过程中仔细阅读合同条款，对签约行为负责，不要盲目签约。

编写人：四川省成都高新技术产业开发区人民法院　黄珊珊

7

严重影响正常居住使用的房产可以成为买受人拒绝收房及要求支付逾期交房违约金的理由

——南安市总工会诉陶然一品公司商品房预售合同案

【案件基本信息】

1. 裁判书字号

福建省泉州市中级人民法院（2019）闽05民终3087号民事判决书

2. 案由：商品房预售合同纠纷

3. 当事人

原告（被上诉人）：南安市总工会

被告（上诉人）：陶然一品公司

【基本案情】

2015年5月20日，南安市总工会与陶然一品公司签订《商品房买卖合同》4份。4份合同约定，南安市总工会购买陶然一品公司开发的址在南安市金淘镇金淘街1号陶然·金溪吉祥第3幢×2号、×3号、×4号、×5号店面。4份合同第八条均约定，出卖人应当在2016年6月30日前，依照国家和地方人民政府的有关规定，将同时符合下列各项约定条件的商品房交付买受人使用：（1）该商品房经建设单位依法组织勘察、设计、施工、监理等单位竣工验收合格和消防验收合格；

（2）该商品房所在建筑物生活给排水、用电、管道燃气、电信、有线电视、消防、邮政信报箱等设施达到设计要求条件……如果在规定日期内未达到上述条件，双方同意按以下第1种方式处理：（1）买受人有权拒绝交接，按逾期交房由出卖人承担违约责任。但如遇下列特殊原因，除双方协商同意解除合同或变更合同外，出卖人可据实予以延期……第九条约定：除本合同第八条规定的特殊情况外，出卖人如未按本合同规定的期限将该商品房交付买受人使用，按下列第1种方式处理：（1）按逾期时间，分别处理（不作累加）。（2）逾期不超过90日，自本合同第八条规定的最后交付期限的第二天起至实际交付之日止，出卖人按日向买受人支付已付款万分之一的违约金，合同继续履行……合同签订后，南安市总工会支付了×2号店面的购房款。建设工程于2016年3月15日经建设单位等单位验收合格。本案四间店面的交房日期顺延至2016年11月4日。陶然一品公司先后三次发函通知南安市总工会来办理本案四间店面的交房手续，但南安市总工会没有办理交房手续。2018年4月4日，南安市总工会向陶然一品公司发出《整改要求函》，对本案四间店面提出整改要求。陶然一品公司又于2018年6月20日、2018年10月8日发函通知南安市总工会交房。2018年11月1日，陶然一品公司作出《关于南安市总工会店面整改到位质保承诺书》，承诺书内容为"根据南安市总工会2018年4月4日对我公司提出的以下整改要求：其中第4项：×2号、×3号、×5号店面无下水管道，要求安装下水管道并能防臭利泄；第5项：×4号店面排污管道位置太高不合理，要求改装至合理高度。我单位均已按照要求进行整改，并已整改到位等。若出现与上述整改不符合造成的损失，我公司承担质量安全、维修及损失赔偿、返工责任"。南安市总工会、陶然一品公司尚未就本案四间店面办理交房手续。审理中，南安市总工会与陶然一品公司就交房时间、交房条件均选择适用《商品房买卖合同》第八条约定。

【案件焦点】

商品房交付时存在严重影响正常居住使用质量问题，买受人能否拒绝办理交房手续并要求支付逾期交房违约金。

【法院裁判要旨】

福建省南安市人民法院经审理认为：南安市总工会与陶然一品公司签订的4份

《商品房买卖合同》合法有效。4份合同均约定陶然一品公司应当在2016年6月30日前，将符合合同第八条各项约定条件的商品房交付南安市总工会，本案工程可顺延127天，交房日期应为2016年11月4日。本案建设工程虽然经验收合格，但因“×2号、×3号、×5号店面无下水管道”，实际上仍不符合《商品房买卖合同》第八条约定的“该商品房所在建筑物生活给排水等设施达到设计要求”的条件，而陶然一品公司直至2018年11月1日才将上述三间店面所存在的生活给排水问题整改到位，故第×2号、×3号、×5号店面至此才符合交房条件。陶然一品公司虽5次书面通知南安市总工会交房，但因通知时尚不符合交房条件，故5次通知均不构成有效通知，陶然一品公司已构成逾期交房。现南安市总工会请求陶然一品公司赔偿上述三间店面自2016年7月1日起至2018年11月1日止的逾期交房违约金，对于符合法律规定的部分予以支持；超出法律规定的其他部分，不予支持。第×4号店面虽然也存在部分问题，但仅是质量瑕疵，对此，陶然一品公司应承担房屋质量瑕疵担保责任，并不影响交房，故第×4号店面于2016年5月16日已符合交房条件，陶然一品公司于2016年9月17日通知南安市总工会交房，其已在应交房日2016年11月5日前履行完交房通知义务，故陶然一品公司无须支付该店面的逾期交房违约金，南安市总工会请求赔偿该店面的逾期交房违约金，不予支持。陶然一品公司虽辩称第×2号、×3号、×5号店面有给排水设施，但其提供的证据不足以推翻其在《关于南安市总工会店面整改到位质保承诺书》中的自认，故对该辩称，不予采纳。

福建省南安市人民法院依照《中华人民共和国合同法》第八条、第六十条、第一百零七条、第一百一十四条，《中华人民共和国民事诉讼法》第十三条、第六十四条和《最高人民法院关于适用〈中华人民共和国民事诉讼法〉的解释》第九十条规定，判决如下：

一、陶然一品公司应于本判决生效后三十日内支付南安市总工会址在南安市金淘镇金淘街1号陶然·金溪吉祥第3幢×2号、×3号、×5号店面自2016年11月5日起至2018年11月1日止的逾期交房违约金228684元；

二、驳回南安市总工会的其他诉讼请求。

陶然一品公司不服一审判决，提出上诉。

福建省泉州市中级人民法院经审理同意一审法院裁判意见，依照《中华人民共和国民事诉讼法》第一百七十条第一款第一项的规定，判决如下：

驳回上诉，维持原判。

【法官后语】

本案系因商品房存在无下水管道、下水管道位置不合理等质量问题引起的商品房预售合同纠纷，争议焦点是商品房交付时存在质量问题，买受人能否拒绝办理交房手续并要求支付逾期交房违约金。

何种程度的质量问题可以成为买受人拒绝交房的合理理由，我们需先探究预售的商品房在交付时需要符合什么条件。依据《中华人民共和国城市房地产管理法》第二十七条第二款“房地产开发项目竣工，经验收合格后，方可交付使用”的规定，如果没有经过竣工验收的建筑工程交付使用，出卖人就违反了法律的强制性规定。对此，《最高人民法院关于审理商品房买卖合同纠纷案件适用法律若干问题的解释》（2003 年）第十二条规定“因房屋主体结构质量不合格不能交付使用，或者房屋交付使用后，房屋主体结构质量经核验确属不合格，买受人请求解除合同和赔偿损失的，应予支持”，这种情况下买受人可以拒绝收房。本案建设工程于 2016 年 3 月 15 日经建设单位、勘察单位、设计单位、施工单位、监理单位验收合格，于 2016 年 5 月 16 日经消防验收合格，并不属于该类情况。

此外，商品房交付还要符合法律的其他规定和合同约定，依照《商品房销售管理办法》第三十条第一款“房地产开发企业应当按照合同约定，将符合交付使用条件的商品房按期交付给买受人”的规定，出卖人交付的商品房既要符合交付条件，也要符合使用条件。《最高人民法院关于审理商品房买卖合同纠纷案件适用法律若干问题的解释》（2003 年）第十三条第一款规定：“因房屋质量问题严重影响正常居住使用，买受人请求解除合同和赔偿损失的，应予支持。”这种情况下买受人也可以拒绝收房。本案商品房存在的质量问题则需区分是否符合“因房屋质量问题严重影响正常居住使用”这一标准。

影响居住使用的程度必须是“严重”的，这显然包含一定的自由裁量权，结合审判实践，笔者认为，主要有以下几个标准：一是危害居住人的程度。如果确实危害居住人的生命安全、身体健康，应认定为严重影响居住使用。此外，给居住人生产、生活带来严重不便的，也应认定为严重影响居住使用。例如，因设计结构不合理，导致房屋地基下沉，房屋存在重大安全隐患的；精装房室内空气质量经检测不合格，长期居住严重影响人体健康安全的；缺乏基本的配套设施与公共设施，给居住人带来严重不便的。二是修复的次数。如果多次修复仍未果，也应认定为严重影响居住人享有房屋的正常使用。例如，房屋严重漏水且多次修复仍未果的；房屋墙体多处开裂，难以修复的。本案中第×2号、×3号、×5号店面因无下水管道这一基本的生活需要，已严重影响到买受人的正常居住使用，而陶然一品公司直至2018年11月1日才将上述三间店面所存在的生活给排水问题整改到位，故第×2号、×3号、×5号店面至此才符合交房条件。第×4号店面虽然也存在部分问题，但对居住不构成严重影响，仅是质量瑕疵，对此，陶然一品公司应承担房屋质量瑕疵担保责任，并不影响交房，买受人不能因此拒绝收房，出卖人也不因此承担逾期交房的违约责任。

买受人不能拒绝接收房屋，但这并不是说出卖人交付这样质量瑕疵的商品房就无须承担责任，依照《最高人民法院关于审理商品房买卖合同纠纷案件适用法律若干问题的解释》(2003年) 第十三条第二款“交付使用的房屋存在质量问题，在保修期内，出卖人应当承担修复责任；出卖人拒绝修复或者在合理期限内拖延修复的，买受人可以自行或者委托他人修复。修复费用及修复期间造成的其他损失由出卖人承担”的规定，出卖人对于交付质量瑕疵的商品房，应承担修复责任，对此给买受人造成损失的，还需向买受人赔偿损失。

综上，房屋主体结构质量不合格和房屋质量问题严重影响正常居住使用的可以成为买受人拒绝交房的合理理由，业主不得以一般质量瑕疵为由拒绝办理交房手续。

编写人：福建省南安市人民法院　李晓琳

8

宣传广告需满足一定条件方可作为合同解除依据

——王某、张某娇诉天鸿铭基公司商品房预售合同案

【案件基本信息】

1. 裁判书字号

北京市第一中级人民法院（2019）京01民终3374号民事判决书

2. 案由：商品房预售合同纠纷

3. 当事人

原告（上诉人）：王某、张某娇

被告（被上诉人）：天鸿铭基公司

【基本案情】

2015年8月21日，天鸿铭基公司（出卖人）与王某、张某娇（买受人）签订《北京市商品房预售合同》，约定买受人购买天鸿铭基公司开发的位于石景山区苹果园交通枢纽商务区Ⅰ地块商业金融项目用地嘉行广场商业金融项目-2层-2×4，该商品房的用途为商业，房屋总价款为1909427元。合同约定该商品房交付时应达到市政基础设施和其他设施的承诺的条件，即上水、下水、供电、供暖于2016年12月31日达到使用条件，电话通信线、有线电视线于2016年12月31日交付，敷设到户。如属出卖人原因造成在约定期限内未达到条件，出卖人应当承担完善义务及相应的违约责任。当日，双方签订《补充协议》，约定了贷款的办理、贷款的偿还、房屋交付的补充约定、产权办理和抵押登记、合同解除等内容。2015年8月21日，天鸿铭基公司收取王某、张某娇交付的房款959427元。2016年12月19日，天鸿铭基公司将案涉房屋交付给王某、张某娇，王某接收房屋时签署了《业主接房验收表》，房屋验收结果：门、窗、墙面及顶棚、水暖、机电、装饰及其他均无问题。

王某、张某娇取得的案涉房屋不动产权证载明的房屋坐落于北京市石景山区苹果园南路××号院1号楼-2层-2×4；用途为商业。

诉讼中，王某、张某娇主张其购买案涉房屋用于餐饮，由于政策限制不能经营餐饮，合同目的无法实现，要求解除《北京市商品房预售合同》并主张天鸿铭基公司返还购房款、赔偿损失、支付违约金，其提供以下证据支持其主张的事实：(1)销售涉案房地产项目的宣传材料及苹果汇售楼处张贴该宣传材料的照片，该宣传资料载明："苹果汇定位为美食娱乐中心，业态分布地下二层：美食城。"(2)北京市燕京公证处的公证书，证明2017年9月28日下午公证员与申请人至案涉房屋处取证，照片显示楼层指示牌为"B2轻餐饮小吃、特色小吃、快餐、水吧"。

诉讼过程中，王某、张某娇主张涉案项目未办理排水许可证，房屋不具备约定的使用功能。天鸿铭基公司认可涉案项目未取得排水许可证，但不影响房屋的使用。为此，法院联系北京城市排水集团有限责任公司并至石景山区水务局就排水许可证办理进度及是否影响业主排水进行调查，北京城市排水集团有限责任公司答复称：苹果园南路××号院排水许可证已提出申请，但因设施不合格未通过审批；虽然无排水许可证不影响排水，但会受到执法部门的处罚。石景山区水务局执法大队答复称：嘉行中心确实因为没有排水许可证受到处罚，处罚措施系罚款及整改，处罚对象系房屋的实际管理人即物业，不影响排水。

【案件焦点】

原告提供的宣传资料是否能作为合同解除的依据。

【法院裁判要旨】

北京市石景山区人民法院经审理认为：王某、张某娇与天鸿铭基公司签订的《北京市商品房预售合同》及《补充协议》，系当事人真实意思表示，内容不违反法律、行政法规的效力性强制性规定，合法有效。双方应按约定履行各自的权利和义务。王某、张某娇依约交付了房款，天鸿铭基公司依约交付了房屋，并协助王某、张某娇办理了案涉房屋的房屋所有权证，合同约定的主要权利义务已履行完毕。

王某、张某娇以案涉房屋不能经营餐饮，其购房目的无法实现为由主张解除合同。对此，法院认为，王某、张某娇与天鸿铭基公司签订的《北京市商品房预售合同》及《补充协议》约定的房屋用途为商业，与王某、张某娇取得的案涉房屋不动产权证一致，但并未具体到餐饮业。因此，就合同内容看，不能确定王某、张某娇购房目的为经营餐饮。而王某、张某娇向法庭提交的涉案房地产项目的销售宣传资料，虽然天鸿铭基公司对真实性予以否认，但不能提供其销售时使用的宣传资料，综合涉案房地产项目的设计图纸，法院确认王某、张某娇提交的宣传资料系天鸿铭基公司为销售涉案项目制作的，向意欲购买该项目商品房的客户发放的宣传资料。宣传资料上明确注明地下二层为美食城。根据《最高人民法院关于审理商品房买卖合同纠纷案件适用法律若干问题的解释》第三条“商品房的销售广告和宣传资料为要约邀请，但是出卖人就商品房开发规划范围内的房屋及相关设施所作的说明和允诺具体确定，并对商品房买卖合同的订立以及房屋价格的确定有重大影响的，应当视为要约。该说明和允诺即使未载入商品房买卖合同，亦应当视为合同内容，当事人违反的，应当承担违约责任”的规定，房屋销售宣传资料载明的地下二层定位的经营业态属于要约还是要约邀请，决定了当事人应当承担的民事责任。本案中，案涉房屋按照经营餐饮而设计建设，宣传资料显示的“美食城”对于购房人产生房屋用途的心理确认。但是，房地产的价格受到建设及融资成本、市场行情、周边商业环境及配套设施等多种因素影响，并非单纯由可以经营餐饮场所决定。况且，王某、张某娇也不能举证证明宣传资料对合同订立以及案涉房屋价格的确定有重大影响。因此，宣传资料对于买受人来说应为要约邀请，而非要约，出卖人不履行要约邀请依法应当承担的民事责任并非违约责任。诉讼中，王某、张某娇主张涉案房地产项目至今未能办理排污许可证，鉴于排污许可证是否办理并不影响业主正常使用房屋，亦不影响房屋的商业用途。因此，王某、张某娇主张解除合同，缺乏事实和法律依据，法院不予支持。二人基于解除合同而要求的返还购房款及利息、支付违约金、赔偿税费、物业管理费等其他损失的诉求，法院均不予支持。

北京市石景山区人民法院依据《中华人民共和国合同法》第六十条、第九十四条、《最高人民法院关于审理商品房买卖合同纠纷案件适用法律若干问题的解释》第三条的规定，判决如下：

驳回原告王某、张某娇的诉讼请求。

王某、张某娇提起上诉。

北京市第一中级人民法院经审理认为：依法成立的合同，对当事人具有法律约束力。当事人应当按照约定履行自己的义务，不得擅自变更或者解除合同。本案中，王某、张某娇与天鸿铭基公司签订的《北京市商品房预售合同》及《补充协议》系当事人真实意思表示，内容不违反法律、行政法规的强制性规定，应属有效。王某、张某娇上诉主张天鸿铭基公司存在违约行为，其出售的案涉房屋无法办理排污许可证不能用于经营餐饮用途，导致王某、张某娇购买案涉房屋的合同目的无法实现要求解除合同并赔偿损失。法院认为，就双方签署的《北京市商品房预售合同》及《补充协议》的内容看，房屋用途仅列明为“商业”，与王某、张某娇取得的房屋产权证书上所载明的用途一致，并未明确具体到餐饮用途。一审中，王某、张某娇虽提交天鸿铭基公司网站的宣传资料以证明案涉房屋所在楼层应用于餐饮经营，但上述内容并不构成要约，王某、张某娇基于宣传内容要求天鸿铭基公司承担违约责任缺乏事实和法律依据，法院不予支持。王某、张某娇上诉主张办理排污许可证是天鸿铭基公司的约定及法定义务，依据双方合同及补充协议约定，案涉房屋实际用水已达到合同约定的标准，办理排污许可证并未在双方合同约定为天鸿铭基公司应履行的义务，故王某、张某娇该项上诉主张缺乏事实及法律依据，法院亦不予支持。因案涉房屋能够正常使用，无法办理排污许可证亦不影响房屋的商业用途，故王某、张某娇主张的事由未构成合同目的无法实现的情形，一审法院判决驳回其二人的诉讼请求并无不当，法院予以维持。

综上所述，王某、张某娇的上诉请求不能成立，应予驳回；一审判决认定事实清楚，适用法律正确，应予维持。北京市第一中级人民法院依照《中华人民共和国民事诉讼法》第一百七十条第一款第一项之规定，判决如下：

驳回上诉，维持原判。

【法官后语】

在我国，房地产行业蓬勃发展，为防止房地产开发商夸大宣传、虚假宣传，消费者除根据《中华人民共和国民法典》合同编的相关规定，请求变更、撤销合同或要求开发商承担缔约过失责任外，《最高人民法院关于审理商品房买卖合同纠纷案件适用法律若干问题的解释》（以下简称《解释》）第三条为购买者的权利救济提供法律依据。该条规定，商品房的销售广告和宣传资料为要约邀请，但是出卖人就商品房开发规划范围内的房屋及相关设施所作的说明和允诺具体确定，并对商品房买卖合同的订立以及房屋价格的确定有重大影响的，构成要约。该说明和允诺即使未载入商品房买卖合同，亦应当视为合同内容，当事人违反的，应当承担违约责任。按照这一解释，商品房的销售广告和宣传资料原则上为要约邀请，但同时具备以下条件的则为要约：(1) 对商品房开发规划范围内的房屋及相关设施所作的说明和允诺；(2) 内容具体确定；(3) 对商品房买卖合同的订立和价格的确定具有重大影响。

本案中，原告主张解除合同的原因是合同目的无法实现，而合同目的无法实现的原因有二：一是地下二层无法经营餐饮项目；二是因开发商未办理排污许可证致使案涉房屋无法正常使用。排污许可证事宜经查不影响商户正常使用房屋，故此处只讨论涉及宣传广告的第一个原因。笔者认为，将宣传广告作为合同解除的依据需满足以下三个条件：

一是宣传广告同时具备《解释》第三条规定的条件，缺一不可。本案中，案涉房屋系开发商开发范围内的房屋，提供的宣传资料中称涉案项目的定位是美食城，对外宣传中亦没有排除地下二层，故该内容应属具体明确。法院亦确认宣传资料显示的“美食城”对于购房人产生房屋用途的心理确认，但能否经营餐饮项目是否对该房屋价格的确定有重大影响，即可经营餐饮的房屋价格是否高于不可经营餐饮的房屋价格，原告未提供证据证明。实践中，房地产的价格受到建设及融资成本、市场行情、周边商业环境及配套设施等多种因素影响，并非单纯由可以经营餐饮所决定。故本案中，宣传资料对于买受人应为要约邀请，而非要约，出卖人不履行要约邀请依法应当承担的民事责任并非违约责任。

二是合同条款不应与宣传广告相矛盾，或者合同条款不应排除宣传广告的内容。作为合同解除的法定条件之一，合同目的无法实现中的“合同目的”即为审查的重点，若宣传广告中宣传的合同目的和合同中明确约定的合同目的不一致或者相矛盾，则笔者认为应当以合同中的明确约定为准。虽然本案中的宣传广告不属于要约，但进一步思考一下，可经营餐饮与商业用途是否一致值得商榷。经查，案涉房屋确实符合商业用途，根据现场调查，同位置的地下二层已有各种商铺依法经营，故按照合同和补充协议的约定，案涉房屋不存在合同目的无法实现的问题。

三是宣传广告应合法合规。依法成立的合同，对当事人具有法律约束力。依法成立的合同，受法律保护。本案中，案涉房屋位于涉案项目地下二层，根据《中华人民共和国人民防空法》的规定，城市的地下交通干线以及其他地下工程的建设，应当兼顾人民防空需要；根据《北京市人民防空工程和普通地下室安全使用管理规范（试行)》［京民防发〔2006〕16号，2014年6月27日新规范发布同时废止］和《北京市人民防空工程和普通地下室安全使用管理规范》（京建发〔2014〕236号）（现已失效）的规定，地下空间禁止利用负二层及其以下设置文化娱乐场所和餐饮场所。在本案中所涉的宣传广告将整个项目定位为美食城，而未将地下二层排除在宣传之外，故天鸿铭基公司对地下二层的宣传不合法合规，此种宣传若被视为要约，并作为合同内容考虑，则讨论的不应是合同解除而是合同效力的问题。若合同无效，则双方根据过错各自承担相应的法律责任。在此，需要指出的是，开发商对宣传内容应遵循诚实守信的原则，依法进行宣传；而买受人亦应该对宣传内容尽到合理审慎的注意义务。

编写人：北京市石景山区人民法院　王洁如

9

文义解释——合同解释的通常原则

——宝瞻公司诉坤煌公司商品房预售合同案

【案件基本信息】

1. 裁判书字号

福建省厦门市中级人民法院（2019）闽02民终1242号民事判决书

2. 案由：商品房预售合同纠纷

3. 当事人

原告（上诉人）：宝瞻公司

被告（被上诉人）：坤煌公司

【基本案情】

2014年7月17日，以坤煌公司作为出卖人，以宝瞻公司作为买受人，双方签订了一份《商品房买卖合同》及《补充协议》，其中《商品房买卖合同》约定：买受人购买的商品房：翔安企业总部会馆启动示范区5号地块地下室地下一层06号车库，建筑面积为1778.46平方米，总价款为4753416元。出卖人应当在2015年10月31日前将符合各项约定条件的商品房交付买受人使用。上述规定如与本合同补充协议的相关约定不一致，则按补充协议的约定执行。第十四条约定，出卖人应当在商品房交付使用后60日内，向当地房屋权属登记机构办理房屋所有权初始预登记，并将办理权属登记需由出卖人提供的资料交付买受人。如因出卖人的原因，买受人不能在商品房交付后90日内取得房屋所有权证书，出卖人自逾期之日起每日按照买受人已付款的0.01%向买受人支付违约金。《补充协议》第十条约定，买受人同意将原合同第十四条约定的期限延长至240日。第十七条约定，买受人在完成年度纳税额和连续纳税年限或者缴纳足额的违约金或保证金之前，出卖人可不予办理所购买商品房的土地房屋权属证明，且相关购房发票、银行按揭抵押贷款合同等凭证原件需交由翔安区工业开发建设与管理委员会保管。在完成年度纳税额和连续纳税年限或者缴纳足额的违约金或保证金之后，凭翔安区投资促进局出具的证明，买受人可取回上述凭证原件，由出卖人为其办理所购商品房的权属证明。合同签订后，宝瞻公司向坤煌公司支付了购房款。2014年6月16日，宝瞻公司向厦门市翔安区投资促进局出具一份《购买企业总部会馆启动示范区办公楼履约保证书》，承诺：自2014年1月1日起，连续五个会计年度，每年缴纳的区地方级税收的基本税档须达到243.548万元……宝瞻公司与坤煌公司确认本案房产实际交付的时间为2016年10月19日，该房产至今还未办理权属登记。

【案件焦点】

1. 案涉合同中约定的权属证明是否为权属证书；2. 本案所涉《补充协议》第十七条是否为格式条款；3. 坤煌公司是否存在违约情形，是否应向宝瞻公司支付违约金。

【法院裁判要旨】

福建省厦门市翔安区人民法院经审理认为：宝瞻公司认为，《补充协议》中有相关权属证书的描述，坤煌公司为了限制宝瞻公司取得产权证后对房屋转让或者进行抵押，才会约定这些产权证明。坤煌公司则认为，权属证明包括权属证书，依据为厦门市规划局、厦门市国土资源与房产管理局《关于工业、仓储国有建设用地自行改造相关审批流程的通知》第二条对土地房屋权属证明的材料作出的规定，该材料包括土地权证及附有条形码和坐标的宗地图。法院认为，《中华人民共和国物权法》第十七条规定，不动产权属证书是权利人享有该不动产物权的证明。从语义上看，权属证明是可以证明不动产产权的一切证明文件或资料。可见，不动产权属证书属于不动产权属证明。《商品房买卖合同》第十四条中约定的“房屋所有权证书”亦属于权属证明。因此，宝瞻公司认为权属证书不同于《补充协议》第十七条约定的权属证明的观点不能成立。

宝瞻公司认为，《补充协议》第十七条属于坤煌公司为了重复使用而预先拟定的格式条款，应属无效；办理房屋权属证明是出卖方的主要义务，买受人在税务方面的义务与房屋买卖并无关联，也不是办理房屋权属证明所必需的，该条款免除了被告的主要责任、加重了原告的责任、排除了原告的主要权利，属于《中华人民共和国合同法》第四十条规定的无效的格式条款。法院认为，双方在《商品房买卖合同》中约定合同规定如与本合同补充协议的相关约定不一致，则按补充协议的约定执行。且双方已另行签订《补充协议》，并针对买受人完成年度纳税额和纳税年限等事宜进行了约定，宝瞻公司亦向厦门市翔安区投资促进局出具保证书，承诺自2014年1月1日起连续五个会计年度每年缴纳的区地方级税收的基本税档须达到243.548万元。应认为宝瞻公司已自愿接受《补充协议》的约束，其对于应符合完成年度纳税额和纳税年限等约定是知悉的。因此，该合同条款不属于格式条款。

双方约定出卖人应当在商品房交付使用后60日内向当地房屋权属登记机构办理房屋所有权初始预登记，双方在《补充协议》中将上述约定的期限延长至240日。《补充协议》第十七条约定，买受人在完成年度纳税额和连续纳税年限或者缴纳足额的违约金或保证金之前，出卖人可不予办理所购买商品房的土地房屋权属证明，在完成年度纳税额和连续纳税年限或者缴纳足额的违约金或保证金之后，凭翔安区投资促进局出具的证明，买受人可取回上述凭证原件，由出卖人为其办理所购商品房的权属证明。宝瞻公司未举证证明其已完成年度纳税额和连续纳税年限或者已缴纳足额的违约金或保证金，其未能取得房屋所有权证书是由于自身原因造成的，坤煌公司并不存在违反合同约定的情形，因此无须支付违约金。

综上所述，宝瞻公司与坤煌公司签订的《商品房买卖合同》系双方当事人真实意思表示，内容不违反法律法规的强制性规定，合法有效。双方当事人均应依约定履行合同。双方签订的《补充协议》已约定宝瞻公司在完成年度纳税额和连续纳税年限或者缴纳足额的违约金或保证金之前，出卖人可不予办理所购买商品房的土地房屋权属证明，因此坤煌公司并不存在违约行为，无须向宝瞻公司支付违约金。宝瞻公司诉请坤煌公司支付逾期办证违约金缺乏依据。

福建省厦门市翔安区人民法院依照《中华人民共和国合同法》第六十条，《中华人民共和国民事诉讼法》第六十四条，《最高人民法院关于适用〈中华人民共和国民事诉讼法〉的解释》第九十条之规定，判决如下：

驳回宝瞻公司的诉讼请求。

宝瞻公司不服原审判决，提起上诉。

福建省厦门市中级人民法院经审理认为：宝瞻公司在与坤煌公司签订《商品房买卖合同》及《补充协议》前，即向厦门市翔安区投资促进局出具了《购买企业总部会馆启动示范区办公楼履约保证书》，承诺自2014年1月1日起连续五个会计年度，每年缴纳的区地方级税收的基本税档须达到243.548万元。此后双方在《补充协议》第十七条对宝瞻公司应履行该义务以及未完成该义务产生的法律后果进行约定，并约定《商品房买卖合同》与《补充协议》约定不一致的，按《补充协议》的约定履行。故宝瞻公司在签订协议前即清楚其应履行的年度纳税额和连续纳税年限等义务，亦自愿接受《补充协议》第十七条的约束，该条款约定的相关义务与宝瞻公司出具的保证书内容相符，宝瞻公司主张该条款系格式条款、属无效的依据不足，法院不予采纳。

根据《中华人民共和国物权法》第十七条的规定，不动产权属证书是权利人享有该不动产物权的证明。可见，权属证书系证明权属状况的形式之一，系权属证明的一种类型，权属证明系包含权属证书在内的证明权属状况的材料。《补充协议》第十条亦约定该条关于办理房屋权属证书的内容与第十七条第四项关于办理房屋权属证明的内容不一致的，以后者为准。故宝瞻公司二审主张权属证明是指证明权属的除产权证外的其他证明文件或书面证明不能成立。根据《补充协议》第十七条的约定，坤煌公司在宝瞻公司完成年度纳税额和连续纳税年限或者缴纳足额的违约金或保证金之前，可不予办理讼争房屋的土地房屋权属证明。宝瞻公司无证据证明其已履行《补充协议》第十七条约定的义务，其以坤煌公司未办理讼争房屋的权属证书为由请求坤煌公司支付逾期办证违约金的主张不能成立。

综上所述，宝瞻公司的上诉请求不能成立，应予驳回。一审判决认定事实清楚，适用法律正确，应予维持。福建省厦门市中级人民法院依照《中华人民共和国民事诉讼法》第一百七十条第一款第一项之规定，判决如下：

驳回上诉，维持原判。

【法官后语】

该案例涉及合同的解释问题。《中华人民共和国合同法》第一百二十五条第一款规定，当事人对合同条款的理解有争议的，应当按照合同所使用的词句、合同的有关条款、合同的目的、交易习惯以及诚实信用原则，确定该条款的真实意思。该条确立了合同解释的基本规则和方法，主要包括如下几种：(1) 以合同文义为出发点（文义解释）；(2) 通观合同全文（体系解释）；(3) 斟酌订立合同时的情形及资料，如协商过程、往来文件和合同草案等（目的解释）；(4) 交易惯例。其中文义解释是法官优先考虑的一种解释方法，当大家想要表达些什么，通常会以一般能理解的方式来运用语词。但语言的多义性和开放性可能造成语言本身具有多种理解。因此，法官在解释条款的时候应当按照通常理解予以解释，也就是应采取客观解释的原则，同时必须依据合同的逻辑脉络、合同所涉及的事务本身或订立过程中相关的情境分析该争议条款或内容所指究竟为何。

本案中，关于案涉合同中约定的权属证明是否为权属证书的问题，《中华人民共和国物权法》第十七条规定，不动产权属证书是权利人享有该不动产物权的证明。不动产权属证书，是指不动产登记机关颁发给不动产权利人、以证明其权利的证书。不动产登记机关根据不动产登记簿中的记载，向权利人发放不动产权属证书，用以证明权利人享有的不动产物权，即不动产的所有权证、使用权证等，是登记机关颁发给权利人作为其享有权利的证明。根据物权公示原则，完成不动产物权公示的是不动产登记，不动产物权的归属和内容应以不动产登记簿为根据。不动产物权证书只是不动产登记簿所记载内容的外在表现形式。在社会生活和交易过程中，不动产权利人为了证明自己的权利状况，可以出示权属文书。不动产权属证书和其他证书的显著不同在于：(1) 它是国家颁发的证书，具有官方承认和保护的公信力；(2) 它是财产权利证书；(3) 权属证书只对基础性权利颁发，如对所有权颁发。在我国，民众对于权属证书的法律实践非常熟悉。我国社会存在数千年的“地契”“房契”，就是政府颁发给民众的不动产权属证书。当前典型的不动产权属证书有房屋所有权证和建设用地使用权证等。权属证书是用于证明相关登记事项的证据。从语义看，本案合同条款中约定的权属证明是可以证明不动产产权的一切证明文件或资料。可见，不动产权属证书属于不动产权属证明。本案《商品房买卖合同》第十四条中约定的“房屋所有权证书”亦属于权属证明。因此，宝瞻公司认为权属证书不同于《补充协议》第十七条约定的权属证明的观点不能成立。据此认定坤煌公司并不存在违约行为。

编写人：福建省厦门市翔安区人民法院　王瑛

10

对房屋交付错误均有过错的购房者与出卖人应按责任大小分担损失

——毛甲诉保利公司商品房预售合同案

【案件基本信息】

1. 裁判书字号

四川省成都市中级人民法院（2019）川01民终17132号民事判决书

2. 案由：商品房预售合同纠纷

3. 当事人

原告（反诉被告、上诉人）：毛甲

被告（反诉原告、上诉人）：保利公司

【基本案情】

2017年11月29日，毛甲与保利公司签订《四川省商品房买卖合同（预售）》及其附件，约定毛甲（买受人）购买保利公司（出卖人）开发的成都市新都区三河街道预售许可证2186号项下第××号楼1层×1号商业用房，预测建筑面积为33.25平方米。合同第四条第一款尾部载明："关于该商品房在所在楼栋的平面位置示意图的具体说明，见附件一。"合同附件一保利·拉斐云邸项目21号楼一层平面图标注了商铺的具体位置，毛甲在案涉×1号房屋处签名，保利公司在该处加盖房屋销售合同专用章，该图显示×0号房屋的宽度是3.7米，×1号房屋的宽度是4.3米，×2号房屋的宽度是5.4米。

之后，保利公司将商品房买卖合同附件一中标注的×2号房屋交付给毛甲，毛甲予以接收。接收房屋当日，毛甲、宋某珍（甲方）与张某之（乙方）签订《房屋租赁合同》，约定将所接收房屋出租给乙方，每月租金为4000元，租赁时间自2018年7月1日起至2021年6月30日止。当日，将房屋交给承租人，承租人开始对×2号商铺进行装修。2018年4月4日，物业服务中心向毛甲和承租人发出《停工告知书》，要求暂停对商铺进行装修。之后，承租方停止装修，毛甲就后续问题的处理与保利公司进行协商，但一直未达成一致意见。毛甲也未与承租人就租赁合同后续事宜的处理达成一致意见。毛甲于2018年6月21日将承租人支付的半年房屋租金和押金共计2.8万元退还给张某之。

2018年8月14日，毛甲、宋某珍以张某之作为被告，保利公司作为第三人向法院提起诉讼，毛甲、宋某珍与张某之在法院的主持下，达成以下调解协议：

（1）解除双方签订的《房屋租赁合同》；（2）毛甲、宋某珍一次性赔偿张某之因解除合同造成的装修损失及其他违约责任合计4.25万元。2018年11月2日，毛甲将上述调解协议确定的赔偿金4.25万元支付给张某之，张某之将×2号房屋返还给毛甲。毛甲请求判令：保利公司支付因房屋交付错误造成的损失［包括：解除租赁合同所支付的赔偿款4.25万元，房屋租金损失（从2018年3月14日起，按照每月4000元的标准，计算至房屋实际交付之日止），维权产生的误工费、交通费等费用1万元］。

法院于2019年4月18日组织双方对房屋现场进行查看，×2号房屋上方搭建有钢结构，毛甲未当场向保利公司接收其购买的×1号房屋，也未将×2号房屋返还给保利公司。

2019年4月17日，保利公司向毛甲邮寄了要求接收×1号房屋的通知书，毛甲于2019年4月19日签收了该通知书。

另查明：1. 2017 年 6 月 19 日出具的案涉房屋所在的××号楼《面积实测报告》显示：×0 号的建筑面积为 31.5 平方米，×1 号的建筑面积为 33.25 平方米，×2 号的建筑面积为 61.83 平方米。

2. 毛乙系毛甲之女。毛乙与保利公司签订了购买相邻的×0 号商业用房（预测建筑面积为 31.5 平方米），毛乙接收了与×0 号相邻的×1 号房屋，并将该房屋出租给张某之，张某之将×1 号房屋和×2 号房屋中间的墙拆除，在两房屋上空一起搭建了钢构平台。

【案件焦点】

1. 一审判决对房屋交付错误的责任划分是否正确；2. 房屋交付错误产生的各项损失应当由谁来承担。

【法院裁判要旨】

四川省成都市新都区人民法院经审理认为：2018 年 3 月 14 日，保利公司误将与合同约定交易的×1 号房屋相邻的×2 号房屋交付给毛甲。毛甲对房屋的交付错误存在一定过错，原因如下：毛甲购买的房屋预测面积和实测面积均为 33.25 平方米，但其从保利处接收的×2 号房屋的实测面积为 61.83 平方米，凭日常生活经验，并尽合理注意义务，毛甲知道或应当知道保利公司交付的房屋存在错误。但是，毛甲并未充分合理注意该问题，也并未向保利公司提出该问题，而是直接与第三人签订了房屋租赁合同，将房屋交付给承租人进行经营，导致了诸多损失的产生。

关于毛甲主张的各项损失问题。毛甲要求保利公司按照每月 4000 元的标准，支付从 2019 年 3 月 14 日起至实际交房之日止的房租，根据毛甲与承租人签订的房屋租赁合同的约定，租赁费为每月 4000 元，双方实际成交的系实测面积为 61.83 平方米的×2 号房屋，毛乙与承租人实际成交的×1 号房屋的租金为 3000 元/月，该租金金额真实客观，符合市场行情，法院予以确认，×1 号房屋的租金损失为 3000 元/月。关于租赁损失的起算时间，毛甲、宋某珍与承租人签订的房屋租赁合同约定的租期从 2018 年 7 月 1 日起，租金的起算时间也从 2018 年 7 月 1 日起，故法院确定毛甲的租金损失的起算时间为 2018 年 7 月 1 日。《中华人民共和国合同法》第一百一十九条第一款规定："当事人一方违约后，对方应当采取适当措施防止损失的扩大；没有采取适当措施致使损失扩大的，不得就扩大的损失要求赔偿。"

2019年4月19日，毛甲收到保利公司发出的接收×1号房屋的通知后，并未及时前往接收房屋，此时×1号房屋已经符合合同约定的交付标准，对于房屋租金损失扩大，毛甲对扩大部分的房屋租金损失自行承担责任。考虑为毛甲办理接房手续的合理期间，毛甲的房屋租金损失计算至2019年4月30日止，2019年4月30日后的租金损失由毛甲自行承担。毛甲的租金损失的金额为3万元（3000元/月×10个月）。交付房屋系保利公司的主要合同义务，其对上述情形的发生存在明显过错，毛甲对错误交付后的损失也应承担一定责任，法院酌定该损失由保利公司承担1.5万元，其余部分由毛甲自行承担。2018年11月2日，法院（2018）川0114民初8140号民事调解书确定的毛甲、宋某珍向承租人支付的4.25万元赔偿款应视为毛甲的损失，法院酌定该损失由保利公司承担21250元。毛甲主张维权产生的误工费、交通费等费用1万元，但并未向法院提供相应的证据加以证明，法院不予支持。综上，保利公司应向毛甲支付的损失金额为36250元（15000元+21250元）。

关于毛甲主张的保利公司拆除×1号房屋装修、恢复原状的诉讼请求。由于该装修系由保利公司错误交付给毛乙而产生的添附，应由保利公司进行拆除和恢复，对于该项诉讼请求予以支持。关于保利公司要求毛甲对×2号房屋拆除装修、恢复原状并承担相关费用的诉讼请求。毛甲应将拆除装修并已恢复原状的房屋退还给保利公司，但拆除装修及恢复原状的费用应视为毛甲的损失，相关费用也应该由保利公司承担或分担。本案中，结合损失造成的原因、纠纷的及时化解、减少诉累等因素综合考虑，确定由毛甲向保利公司返还房屋后由保利公司进行拆除和恢复。关于保利公司要求毛甲支付×2号房屋的占用损失的诉讼请求。毛甲对×2号的占有系保利公司的错误交付引起，综合考虑双方的过错程度，该损失由保利公司自行承担，对保利公司的该项诉讼请求不予支持。

四川省成都市新都区人民法院依照《中华人民共和国合同法》第六十条第一款、第一百零七条、第一百一十九条第一款和《中华人民共和国民事诉讼法》第一百三十四条第一款、第一百四十二条的规定，判决如下：

一、保利公司在本判决发生法律效力之日起七日内将商品房预售许可证2186号下第21幢1层×1号房屋的装修拆除并恢复原状；

二、保利公司在本判决发生法律效力之日起七日内将商品房预售许可证2186号下第21幢1层×1号房屋交付给毛甲；

三、毛甲在本判决发生法律效力之日起七日内将商品房预售许可证2186号下第21幢1层×2号房屋退还给保利公司；

四、保利公司在本判决发生法律效力之日起七日内向毛甲赔偿损失36250元。

毛甲与保利公司均提起上诉。

四川省成都市中级人民法院经审理认为：上诉人毛甲和保利公司的上诉理由均不能成立。一审判决认定事实清楚，适用法律正确，应予维持。据此，四川省成都市中级人民法院依照《中华人民共和国民事诉讼法》第一百七十条第一款第一项之规定，判决如下：

驳回上诉，维持原判。

【法官后语】

在日常生活中，交错房的事情屡有发生，在司法实践中，也多判令由出卖人承担所有责任。本案的特殊情形在于，交付的房屋的面积（61.83平方米）远远大于购房者所实际购买的面积（33.25平方米），且所购房屋为商铺，只有一个空间结构，作为普通人只需凭肉眼便可看出和作出判断，该房屋的长和宽均远超出合同中约定的房屋长和宽。但是购房者在接收时未提出异议，并且将该房屋出租他人使用，造成了后期的一系列装修损失、房屋租金损失和其他一些损失。出卖人和购房者之间因为错误交付的责任问题矛盾非常尖锐，购房者坚持认为自己对房屋的错误交付没有责任，在案件的处理过程中，承办人也一直在思考问题的处理和解决途径。从双方提交的证据和常识进行判断，购房者在交付时对交付错误是知道或者应当知道的，但是基于其认为交错是出卖人的责任，自己不承担责任的错误理解和对错误问题的放任和听之任之，才造成了本案后期的一系列实际损失和损失的扩大。承办人从主观方面和客观方面作出判断，认为购房者在错误交付的过程中有过错。

接下来就要解决过错大小和责任承担的问题。《中华人民共和国民法总则》第一百七十七条规定："二人以上依法承担按份责任，能够确定责任大小的，各自承担相应的责任；难以确定责任大小的，平均承担责任。"因保利公司和毛甲对房屋交付错误均负有责任，故损失承担应按照各自的责任大小进行分担。保利公司作为商品房买卖合同的出售方，交付房屋系保利公司的主要合同义务，交付错误的起因是保利公司工作人员因工作疏忽将与毛甲购买的×1号房屋相邻的×2号房屋交付给毛甲，保利公司的疏忽行为是导致错误交付的重要原因。毛甲知道或应当知道交付错误，但未尽到合理注意和告知义务是造成错误交付的另一个原因。从原因力上看，保利公司的行为是在先行为，对错误交付应该承担较大过错，毛甲应承担较小过错。认定了损失数额后再对损失数额进行了分担。虽然在毛甲主张的×1号房屋的租金损失和向承租人支付的赔偿款的承担上，作出了平均承担的判决，但也让保利公司承担了×2号房屋装修的拆除和恢复工作，同时对于保利公司主张的×2号房屋的租金由毛甲承担的反诉请求，作出了不予支持的判决。从各项损失的综合认定和分担上，坚持了按过错大小承担责任的法律原则。

该判决公平、公正解决了案件纠纷，产生了较好的法律效果和社会效果。判决结果对于社会公众的行为有很好的指引作用，提醒社会公众在遇到类似问题时，也要注意尽到合理的注意义务，做一个善良正义、诚实守信的公民，避免和减少各项损失的产生。同时，也可以减少该类纠纷的产生。

编写人：四川省成都市新都区人民法院　王瑜

11

法定合同撤销情形的认定

——闵某、胡某先诉汇鑫源公司房屋买卖合同案

【案件基本信息】

1. 裁判书字号

新疆生产建设兵团第八师中级人民法院（2019）兵08民终547号民事裁定书

2. 案由：房屋买卖合同纠纷

3. 当事人

原告（上诉人）：闵某、胡某先

被告（被上诉人）：汇鑫源公司

【基本案情】

2018年1月22日，闵某、胡某先与汇鑫源公司签订《商品房买卖合同》。约定两原告购买被告开发的石河子市某小区××栋××号房屋，规划用途住宅，综合单价1.8万元，总价1287720元。付款方式为分期付款：签订合同时，房款抵尹某华供该小区1号楼至3号楼陶粒砖（38.57万元），欧某伶供该小区及其他小区隔墙板材料款（20万元），帮欧某伶另抵闵某水泥款（20万元），剩余房款2019年12月30日付502020元。2018年6月，被告向两原告交付房屋，两原告遂将房屋装修。闵某、胡某先认为被告用住宅房当作商服房销售给原告，属于欺诈行为，故诉至法院，请求撤销预售合同。

【案件焦点】

双方于2018年1月22日签订的商品房预售合同是否存在法定撤销的情形。

【法院裁判要旨】

新疆维吾尔自治区石河子市人民法院经审理认为：《中华人民共和国合同法》第五十四条规定："下列合同，当事人一方有权请求人民法院或者仲裁机构变更或者撤销：（一）因重大误解订立的；（二）在订立合同时显失公平的。一方以欺诈、胁迫的手段或者乘人之危，使对方在违背真实意思的情况下订立的合同，受损害方有权请求人民法院或者仲裁机构变更或者撤销。当事人请求变更的，人民法院或者仲裁机构不得撤销。"

两原告主张在订立合同时对于房屋价款的约定显失公平，因合同是双方当事人的意思，两原告经过实地查看房屋、签订合同，后又对房屋进行装修，其对房屋状况已充分了解，合同的内容是其自己的意志，并且未违反法律和社会公共利益，如果其认为房屋价款显失公平可以拒绝签订合同，故该主张不成立。

两原告主张被告出售的房屋应当是商服房，被告存在欺诈行为。欺诈是指一方故意陈述虚假情况或故意隐瞒真实情况，并诱使对方订立合同。双方签订的合同中明确约定案涉房屋的性质为住宅，原告陈述未看清合同内容，该房屋价值100余万元，原告该陈述与常理不符，故该主张不成立。

综上所述，对原告诉讼请求，法院不予支持。

新疆维吾尔自治区石河子市人民法院依照《中华人民共和国合同法》第五十

四条之规定，判决如下：

驳回原告闵某、胡某先的诉讼请求。

原告闵某、胡某先不服一审判决，提起上诉。

上诉人闵某、胡某先在本案二审审理期间提出撤回上诉的请求，不违反法律规定，法院予以准许。新疆生产建设兵团第八师中级人民法院依照《中华人民共和国民事诉讼法》第一百七十三条之规定，裁定如下：

准许上诉人闵某、胡某先撤回上诉。一审判决自之日起发生法律效力。

【法官后语】

根据《中华人民共和国合同法》第五十四条的规定，当事人一方有权请求法院或者仲裁机构变更或者撤销的合同有：（1）因重大误解订立的合同；（2）显失公平的合同；（3）因欺诈、胁迫或者乘人之危订立的合同。本案中，原告主张撤销合同有两点理由，分别为显失公平和欺诈。

显失公平的合同，是指一方利用优势或者利用对方没有经验，致使双方的权利和义务明显违反公平、等价有偿原则的合同。这里指的不公平分为两部分：一方面，一方利用其经济上的优越地位，使对方难以拒绝对其明显不利的合同条件。在本案中，二原告是货币拥有人，被告汇鑫源公司是房屋所有权人，双方地位平等，被告汇鑫源公司并未拥有经济上的优越地位，使原告难以拒绝签订合同，故该部分不存在不公平。另一方面，一方利用对方没有生活经验或交易经验。在日常生活中，买卖房屋属普通生活经验和交易经验，并非特殊的技能。即便原告缺乏该部分经验，亦可咨询有经验人士之后再行签订合同，故该部分亦不存在不公平。

欺诈的合同是指一方故意陈述虚假情况或故意隐瞒真实情况，并诱使对方订立合同。本案中，被告汇鑫源公司并未实施欺诈行为而使原告自己作出非真实的意思表示。合同中明确约定房屋规划用途为住宅，且原告多次实地查看房屋、对房屋进行装修，其对于房屋状况是明知的，被告汇鑫源公司并未实施欺诈行为。

本案中，二原告主张在订立合同时对房屋价款的约定显失公平，因合同是双方当事人的意思，二原告经过实地查看房屋、签订合同，后又对房屋进行装修，其对房屋状况已充分了解，合同内容是其自己的意志，并且未违反法律和社会公共利益，如果其认为房屋价款显失公平可以拒绝签订合同，其认为显失公平的主张不成立。二原告主张被告出售的房屋应当是商服房，被告存在欺诈行为。欺诈是指一方故意陈述虚假情况或故意隐瞒真实情况，并诱使对方订立合同。双方签订合同中明确约定了案涉房屋性质为住宅，原告陈述未看清合同内容的主张有悖常理，其认为被告存在欺诈行为的主张亦不成立。

随着市场经济的不断发展，市场交易日益多样化，规范合同有利于维护当事人意思自治和市场交易秩序。可撤销合同具有违背当事人真实意思表示，合同内容合法的特点，所以法律允许一方自由决定是否撤销该合同，以决定合同是否具有法律效力。在审判实践中，应当保持谨慎态度，正确掌握宽严尺度，维护合同的稳定性。在当事人未就变更达成合意的情形下，法院不得撤销合同。

编写人：新疆生产建设兵团第十二师中级人民法院　王建敏
新疆维吾尔自治区石河子市人民法院　花蔺

12

对违约金请求权的定性及民法总则施行后对新旧诉讼时效制度的法律适用

——邱某仪诉宏都公司商品房预售合同案

【案件基本信息】

1. 裁判书字号

广东省广州市从化区人民法院（2019）粤 0117 民初 2498 号民事判决书

2. 案由：商品房预售合同纠纷

3. 当事人

原告：邱某仪

被告：宏都公司

【基本案情】

2013年4月30日，原告邱某仪（乙方）与被告宏都公司（甲方）签订《广州市商品房买卖合同（预售）》及《补充协议》，合同就房屋标的物、价款、付款方式、房屋交付、产权登记、违约责任等进行了约定。房屋坐落于从化市江埔街海塱村地段欣荣宏国际商贸城B区×栋×××号；房屋价款为1555701元；付款方式为分期付款。其中合同第二十一条产权登记约定：双方同意选择以下方式为乙方办理房地产权证：乙方委托甲方办理，甲方应当在商品房交付之日起210个工作日内（不超过210个工作日）到房地产登记机构为乙方办妥产权登记，并将以乙方为产权人的房地产权证交付乙方。合同第二十二条约定：如因甲方未履行相关义务造成乙方不能按合同第二十一条约定期限办理并取得《房地产权证》，则甲方应自逾期之日的次日开始，每日的按该商品房总价款0.05%的标准向乙方支付违约金。

合同附件七《补充协议》第五条约定：本合同所有0.05%的违约金比例均调整为0.01%。第十一条约定：宏都公司应当在该商品房项目交付使用之日起420个工作日内协助邱某仪到房地产登记机构办理房地产权证，且房地产权证登记时间视为邱某仪取得房地产权证时间。

上述合同签订后，原告邱某仪向被告宏都公司支付了全部购房款。双方于庭审中确认，案涉房屋实际交付时间为2013年6月30日，约定案涉房屋应取得房地产权证的日期为2015年3月5日前，实际取得房地产权证的时间为2018年6月6日。同时被告确认不能按时办证是其自身原因所造成。

【案件焦点】

1. 在是否适用诉讼时效制度的问题上，应首先区分当事人提出的诉讼请求的请求权基础；2. 适用诉讼时效制度，对于约定为按日计付的违约金等继续性债权，以按日形成的每个个别债权分别单独适用诉讼时效。

【法院裁判要旨】

广东省广州市从化区人民法院经审理认为：原告邱某仪与被告宏都公司签订的《广州市商品房买卖合同（预售）》及《补充协议》是双方当事人的真实意思表示，内容未违反法律行政法规的强制性规定，应为合法有效。

原告邱某仪诉请要求被告宏都公司支付逾期办证违约金，宏都公司对于逾期办证的事实无异议，但认为邱某仪主张的逾期办证违约金部分已过诉讼时效。法院认为，邱某仪的主张为逾期办证违约金，该请求权为债权性质，应适用诉讼时效的规定。双方合同明确约定逾期办证违约金按日计算，故诉讼时效也应按日分别推算。《中华人民共和国民法总则》第一百八十八条规定："向人民法院请求保护民事权利的诉讼时效期间为三年。法律另有规定的，依照其规定。诉讼时效期间自权利人知道或者应当知道权利受到损害以及义务人之日起计算……"《中华人民共和国民法通则》第一百三十五条规定："向人民法院请求保护民事权利的诉讼时效期间为二年，法律另有规定的除外。"《中华人民共和国民法总则》于2017年10月1日起实施，当权利人之权利受到损害的事实发生在2015年9月30日之前，且未在2017年9月30日之前主张的，该诉讼时效期间已届满，义务人已经确定取得了不履行义务的诉讼时效抗辩，该抗辩权不因民法总则施行而消灭；当权利人之权利受到损害的事实发生在2015年10月1日之后，在2017年10月1日后起诉的，义务人的诉讼时效抗辩权系在民法总则施行后产生，基于新法优于旧法原则，诉讼时效因民法总则的施行而变更，适用三年的诉讼时效期间。因此，对于原告邱某仪主张从2015年3月5日至2018年6月6日的逾期办证违约金，其诉讼时效应分段考虑，2015年3月5日至2015年9月30日的逾期办证违约金应适用民法通则关于两年普通诉讼时效的规定，被告宏都公司抗辩已超过法定诉讼时效，法院予以采纳；2015年10月1日至2018年6月6日的逾期办证违约金应适用民法总则关于三年诉讼时效的规定，原告邱某仪于2019年6月4日起诉，被告宏都公司抗辩原告邱某仪主张的2015年10月1日至2016年6月3日的逾期违约金已过三年诉讼时效，法院予以采纳。因此，本案逾期办证违约金应以总房价1555701元为基数，从2016年6月4日起计至2018年6月6日止，共732天，按照每日0.01%的标准计算，共计113877.31元（1555701元×0.01%×732天=113877.31元）。

综上，广东省广州市从化区人民法院依照《中华人民共和国民法总则》第一百八十八条，《中华人民共和国民法通则》第一百三十五条，《中华人民共和国合同法》第六十条、第一百零七条、第一百一十四条第一款，《中华人民共和国民事诉讼法》第六十四条之规定，判决如下：

一、被告宏都公司于本判决发生法律效力之日起十日内向原告邱某仪支付逾期办证违约金113877.31元；

二、驳回原告邱某仪的其他诉讼请求。

【法官后语】

本案被告宏都公司对原告邱某仪主张的逾期办证违约金提出抗辩意见，认为原告主张的逾期办证违约金部分已过诉讼时效不应支持。是否适用诉讼时效制度，应先审查权利人提出诉讼请求的请求权基础。原告邱某仪对被告宏都公司所提出的未能按期办理和交付所购房屋的转移登记手续而产生的支付违约金请求，其产生违约金诉请的原因虽然与案涉所购房屋的所有权状态有关，但是其权利基础系出卖人逾期办证的不作为行为所产生的要求合同相对人为合同约定或法律规定的特定给付，是债权请求权的一种，且不属于法律规定的不适用诉讼时效制度的情形，应当依法适用诉讼时效制度。最高人民法院发布的《第八次全国法院民事商事审判工作会议（民事部分）纪要》中第四部分第十八条第一款规定：“买受人请求出卖人支付逾期办证的违约金，从合同约定或者法定期限届满之次日起计算诉讼时效期间。”裁判是否适用诉讼时效制度时应注意将逾期办证违约金之债权请求权与逾期办理和交付房产证之物权请求权区分开来。

合同明确约定逾期办证违约金按日计算，故诉讼时效也应按日分别推算，并依据《中华人民共和国民法总则》第一百八十八条及《中华人民共和国民法通则》第一百三十五条的规定进行审查。《中华人民共和国民法总则》于2017年10月1日起实施，当权利人之权利受到损害的事实发生在2015年9月30日之前，且未在2017年9月30日之前主张的，该诉讼时效期间已届满，义务人已经确定取得了不履行义务的诉讼时效抗辩，该抗辩权不因《中华人民共和国民法总则》施行而消灭；当权利人之权利受到损害的事实发生在2015年10月1日之后，在2017年10月1日后起诉的，义务人的诉讼时效抗辩权系在《中华人民共和国民法总则》施行后产生，基于新法优于旧法原则，诉讼时效因《中华人民共和国民法总则》的施行而变更，适用三年的诉讼时效期间。因此，对于原告邱某仪主张从2015年3月5日至2018年6月6日的逾期办证违约金，其诉讼时效应分段考虑，2015年3月5日至2015年9月30日的逾期办证违约金应适用民法通则关于两年普通诉讼时效的规定，已超过法定诉讼时效；2015年10月1日至2018年6月6日的逾期办证违约金应适用民法总则关于三年诉讼时效的规定，原告邱某仪于2019年6月4日起诉，2015年10月1日至2016年6月3日的逾期违约金已过三年诉讼时效。

编写人：广东省广州市从化区人民法院　岳素萍

13

开发商未履行书面通知义务是否应承担逾期交房违约责任

——严某裕诉城建南沙公司商品房预售合同案

【案件基本信息】

1. 裁判书字号

广东省广州市中级人民法院（2019）粤01民终13921号民事判决书

2. 案由：商品房预售合同纠纷

3. 当事人

原告（反诉被告、被上诉人）：严某裕

被告（反诉原告、上诉人）：城建南沙公司

【基本案情】

2015年5月2日，严某裕与城建南沙公司签订《商品房买卖合同》约定购买商品房一套，总房价为1413707元，通过首期加按揭贷款方式付款，交房时间为2015年11月1日，逾期交房的每日按总房价款0.05%的标准支付违约金。严某裕依约履行了合同义务，过了合同约定的收房日期却一直未接到收房通知。2017年5月27日，严某裕前往涉案楼盘询问得知，因开发商寄送的收房通知所载的收件地址、收件电话错误致快递被退回。严某裕认为开发商未履行通知收房义务致使其未依时收房构成违约，请求法院判令城建南沙公司向其支付从2015年11月2日起计算至2017年5月27日的延期交房违约金405027元。

【案件焦点】

开发商未履行书面通知义务是否应承担逾期交房违约责任。

【法院裁判要旨】

广东省广州市南沙区人民法院经审理认为：严某裕与城建南沙公司之间的合同

有效。案涉房屋在约定的交付时间2015年11月1日前已经具备了交楼条件，根据涉案合同约定向严某裕发出收房通知书是城建南沙公司的合同义务，其迟延履行该义务需按合同承担责任，城建南沙公司邮寄的通知地址、电话与双方在合同中约定的严某裕的电话、地址不符，因城建南沙公司过错，导致严某裕未收到上述通知，故可以认定城建南沙公司未履行通知义务，城建南沙公司因自身过错行为未履行通知义务，导致案涉房屋迟延交付，应承担违约责任。广东省广州市南沙区人民法院依照《中华人民共和国合同法》第六条、第八条、第一百零七条，《中华人民共和国民事诉讼法》第六十四条第一款之规定，判决如下：

一、城建南沙公司应于本判决发生法律效力之日起十日内向严某裕支付迟延交房违约金405027元；

二、驳回严某裕的其他诉讼请求；

三、驳回城建南沙公司的反诉请求。

城建南沙公司不服一审判决，提起上诉。

广东省广州市中级人民法院法院经审理认为：根据《最高人民法院关于适用〈中华人民共和国民事诉讼法〉的解释》第三百二十三条“第二审人民法院应当围绕当事人的上诉请求进行审理。当事人没有提出请求的，不予审理，但一审判决违反法律禁止性规定，或者损害国家利益、社会公共利益、他人合法权益的除外”的规定，依当事人的上诉请求范围，本案二审需要处理的问题是：城建公司是否需要承担逾期交房的违约责任。

案件事实表明，城建公司分别于2015年10月30日和2015年12月16日向严某裕发出过收房通知，但最终因城建南沙公司填写的收件人联系电话与涉案《广州市商品房买卖合同（预售）》中载明的联系电话不符，导致收房通知最终未能实际到达严某裕。城建南沙公司向严某裕发出收房通知的这一行为，表明城建南沙公司自身也认可案涉房屋的接收需要由城建南沙公司向严某裕发出收房通知。在正常的商品房交易过程中，商品房交付需由开发商向购房人发出收房通知，已是惯例。因此，本案一审法院认定城建南沙公司因自身过错行为未能履行收房通知义务，导致案涉房屋迟延交付，判决城建南沙公司向严某裕支付迟延交房的违约金，并无不当。由于案涉房屋的迟延交付责任在于城建南沙公司，而非严某裕，因此城建南沙公司上诉要求严某裕承担延期收房的违约责任，缺乏事实依据和法律依据；一审判决驳回城建南沙公司的反诉请求，处理并无不妥。一审法院依照双方在合同中明确约定的城建南沙公司迟延交房违约金标准的约定，判决城建南沙公司支付迟延交房违约金，合法有据。需要指出的是，城建南沙公司本案反诉要求严某裕承担延期收房违约金标准也是主张每日按总房价0.05%计算，其要求对自身承担迟延交房的违约金标准应予调整，缺乏正当性。

综上所述，城建南沙公司的上诉请求不能成立，应予驳回；一审判决认定事实清楚，适用法律正确，应予维持。广东省广州市中级人民法院依照《中华人民共和国民事诉讼法》第一百七十条第一款第一项的规定，判决如下：

驳回上诉，维持原判。

【法官后语】

本案是商品房预售合同纠纷，因开发商延迟逾期交房而导致本案纠纷。从司法裁判的角度看，本案值得探讨的是开发商未履行书面通知义务是否应承担逾期交房的违约责任问题。

房屋的交付是商品房预售合同履行中的重要环节，交房不同于普通买卖合同中的交货，是具有显著的合同程序性和专业技术性的活动。交房具体落实在开发商按照约定通知购房者，且将房屋交与购房者初步验收的行为。在合同约定的交房时间前涉案房屋已符合法定交房条件时，需要重点审查开发商是否违反了合同对交房期限、程序的细节约定，且是否有免责事由。

本案中，案涉房屋在合同约定的交房期限前已符合法定的交房条件，虽然合同已明确约定交房时间，但是仍无法免除开发商的通知交房的义务，结合本案一、二审的裁判文书，开发商的通知义务的来源主要表现在：一方面，源于合同约定。合同约定购房者无论是否收到城建南沙公司的收房通知书，均应去办理交付手续，并不构成对双方约定“甲方向乙方交付房屋时，应当向乙方发出收房通知书”的变更，故向购房者发出收房通知书仍是开发商的合同义务；另一方面，是一种惯例。开发商向购房者发出收房通知的这一行为，表明开发商自身也认可案涉房屋的接收需要由开发商发出收房通知。在正常的商品房交易过程中，商品房交付需由开发商向购房者发出收房通知，已是惯例。

开发商在交房前的一定期限内书面通知书购房者，并由购房者预留送达地址，这一程序是为了保障购房者的知情权和准备期限。因此，开发商按期交房，首先应当是以书面形式及合同约定的送达方式向购房者告知，若开发商未完整履行合同所约定的通知书义务，如未以书面形式、未按购房者预留的地址或未在规定期限内告知购房者，购房者可相应延后或不收房，逾期责任由开发商承担。反之，如开发商履行了书面通知书义务，收房通知按期到达预留地址，因购房者自身的原因未能及时办理收房，则应自行承担风险和相应责任。开发商对其履行通知义务的行为以及是否存在免责事由进行举证。

编写人：广东省广州市南沙区人民法院　邓小春　周书宇

二、商品房销售

14

商品房买卖合同中买受人解除权合理行使期间

——任某博诉海晨公司房屋买卖合同案

【案件基本信息】

1. 裁判书字号

河北省秦皇岛市山海关区人民法院（2018）冀0303民初2959号民事判决书

2. 案由：房屋买卖合同纠纷

3. 当事人

原告：任某博

被告：海晨公司

【基本案情】

2012年12月11日，原告任某博与被告海晨公司签订了一份《商品房买卖合同》，约定原告任某博购买被告海晨公司开发的山海关兴华中心商务区商业2号××号商业用房一套，建筑面积为55.78平方米，单价为24500元/平方米，总房款1366610元一次性付清；商品房交付期限为2013年12月30日前。协议签订后，原告任某博依约交付了全部房款，被告海晨公司却没有按照约定的时间交付房屋，且原告于2016年6月24日收到律师函一份，告知原告任某博尚欠房款214130元。原告找被告海晨公司询问，方知被告海晨公司交付的房屋，如果按照协议约定的单价计算，超出约定面积8.74平方米，超出了约定面积的15.7%，原告任某博无法接受，曾多次找被告海晨公司交涉要求退房，虽然被告海晨公司口头答应，但是至今拖而不办，故起诉至法院。

【案件焦点】

1. 被告交付的房屋建筑面积超过合同约定建筑面积的 3% 及原告是否因此而取得合同解除权；2. 合同解除权的行使期间。

【法院裁判要旨】

河北省秦皇岛市山海关区人民法院经审理认为：原告任某博与被告海晨公司签订了《商品房买卖合同》，由此形成合法有效的房屋买卖合同关系，双方应按合同约定履行各自义务。原、被告双方争议的焦点为被交付的房屋建筑面积超合同约定建筑面积的 3% 及被告延期交房，原告任某博是否因此而取得合同解除权。现原、被告双方对于房屋实际面积超过约定的 3% 没有争议。依照《最高人民法院关于审理商品房买卖合同纠纷案件适用法律若干问题的解释》第十四条第二项之规定，原告任某博因此而取得法定解除权。被告海晨公司同时认为，原告任某博即使取得解除权，也因超过一年除斥期间而致解除权消灭。对此，法院认为，依照《中华人民共和国合同法》第九十五条之规定，法律规定或者当事人约定解除权行使期限，期限届满当事人不行使的，该权利消灭。法律没有规定或当事人没有约定解除权行使期限，经对方催告后在合理期限内不行使的，该权利消灭。当事人须在一定期限内行使合同解除权，逾期不行使解除权，其该项权利消灭。依照《最高人民法院关于审理商品房买卖合同纠纷案件适用法律若干问题的解释》第十五条第二款“法律没有规定或者当事人没有约定，经对方当事人催告后，解除权行使的合理期限为三个月。对方当事人没有催告的，解除权应当在解除权发生之日起一年内行使；逾期不行使的，解除权消灭”的规定，本案中，原告任某博提交的证据可证明其收到被告海晨公司催告其收房律师函，并通过该律师函知晓房屋建筑面积超过合同约定建筑面积 3% 的事实，但原告任某博未能提交证据证明其在合同约定期间和法定解除权行使期限内提出解除合同，因此其解除权因超除斥期间而消灭。同时，当事人订立、履行合同，应当遵守法律、行政法规，尊重社会公德，不得扰乱社会经济秩序，损害社会公共利益。虽然被告海晨公司向原告任某博交付的商品房实测建筑面积的误差比超出 3%，但被告海晨公司已明确放弃原告任某博支付房屋建筑面积误差的差价款的要求，原告任某博为购房者，系房屋面积增加的受益人，房屋面积增加不影响原告任某博实现购买房产的目的，其自身权益未受影响，亦未损害社会公共利益。综上所述，驳回原告任某博的诉讼请求。

河北省秦皇岛市山海关区人民法院依照《中华人民共和国合同法》第七条、第八条、第六十条、第九十五条，《最高人民法院关于审理商品房买卖合同纠纷案件适用法律若干问题的解释》第十五条，《中华人民共和国民事诉讼法》第六十四条的规定，判决如下：

驳回原告任某博的诉讼请求。

【法官后语】

本案是涉及解除权成立的条件及行使合理期限问题的典型案例。解除权是一种形成权，权利人依自己单方意思表示就可以行使民事法律发生、变更或者消灭的权利。《中华人民共和国合同法》第九十三条和第九十四条的规定，双方当事人可以协商解除合同，也可以约定一方解除合同的条件，待条件成就时行使解除权，或者存在合同法定解除的情形时，解除权人亦可以行使解除权。根据《中华人民共和国合同法》的基本原则和理念，依法成立的合同，对当事人具有法律约束力，当事人应当按照约定履行自己的义务，不得擅自变更和解除合同。本案中，原告任某博与被告海晨公司在自愿、公平的条件下签订了《商品房买卖合同》，是合同双方的真实意思表示，内容不违反法律的强制性规定，是有效合同，双方均应积极履行合同约定的义务。被告海晨公司交付的房屋面积误差虽然超过了3%，但被告海晨公司已明确放弃原告任某博支付房屋建筑面积误差的差价款，被告海晨公司作为合同的一方没有加重原告任某博的负担，原告任某博作为受益方，房屋面积增加不影响原告任某博实现合同的目的，其自身权益未受影响，亦未损害社会公共利益，根据《中华人民共和国合同法》的基本原则，合同双方应当遵守诚实信用原则，积极的履行合同约定的义务，以达成合同成就的目的。

《中华人民共和国合同法》第九十五条第二款规定："法律没有规定或者当事人没有约定解除权行使期限，经对方催告后在合理期限内不行使的，该权利消灭。"解除权的行使，是法律赋予当事人保护自己合法权益的手段，但该权利的行使不能毫无限制，行使解除权会引起合同关系的重大变化，如果享有解除权的当事人长期不行使解除合同的权利，就会使合同处于不确定状态，影响当事人权利的享有和义务的履行。因此，解除权应当在合理期限内行使。按照该条规定，行使解除权分为两种情况：

一是按照法律规定或者当事人约定的解除权的行使期限，法律规定或者当事人约定解除权行使期限的，期限届满当事人不行使的，该权利消灭。二是在对方当事人催告后的合理期限内行使，法律没有规定或者当事人没有约定解除权行使期限的，非受不可抗力影响的当事人或者违约一方当事人明确自己义务是否还需要履行，可以催告享有解除权的当事人行使解除权，享有解除权的当事人超过合理期限不行使解除权的，解除权消灭，合同关系仍然存在，当事人仍要按照合同约定履行义务。所谓催告后的合理期限，根据个案的不同情况，作为享有解除权的当事人应本着诚实信用原则，在收到催告后尽早通知对方是否解除合同。当事人对催告的合理期间有异议的，由人民法院或者仲裁机构确定。依照《最高人民法院关于审理商品房买卖合同纠纷案件适用法律若干问题的解释》(2003年）第十五条第二款“法律没有规定或者当事人没有约定，经对方当事人催告后，解除权行使的合理期限为三个月。对方当事人没有催告，解除权应当在解除权发生之日起一年内行使；逾期不行使的，解除权消灭”的规定，本案中，2016年6月24日，被告海晨公司向原告任某博寄送了律师函一份，原告任某博直至起诉时仍没有行使其合法解除权，违反了3个月的合理期限的范畴，因此法院不支持原告任某博行使合同解除权的诉讼请求是有充分的法理基础和法律依据的。

编写人：河北省秦皇岛市山海关区人民法院　王振

15

当事人提出的受行政因素干预能否构成法律上的免责事由

——李某、张某君诉东兴公司房屋买卖合同案

【案件基本信息】

1. 裁判书字号

四川省巴中市巴州区人民法院（2020）川1902民初60号民事判决书

2. 案由：房屋买卖合同纠纷

3. 当事人

原告：李某、张某君

被告：东兴公司

【基本案情】

2015年5月7日，原告李某、张某君与被告东兴公司签订《商品房买卖合同》，合同约定购买被告东兴公司位于巴中市巴州区桑园坝蓝湾国际B4幢×单元××号商铺一处，合同价款为734445元（19002.46元/平方米×建筑面积38.65平方米）。该合同第十九条约定："因出卖人的原因，买受人未能在该商品房交付之日起1095日内取得该商品房的房屋所有权证书的，双方同意按照下列第2种方式处理……（2）双方另行协商约定。"合同签订后，原告李某、张某君向被告东兴公司交纳购房款并补交购房款共计734445元。被告东兴公司至本案庭审时未给原告李某、张某君办理不动产权登记证书。

【案件焦点】

被告东兴公司辩称的因案件涉诉导致国土局一直未给被告办理土地使用权证等行政因素的干预能否构成法律上的免责事由。

【法院裁判要旨】

四川省巴中市巴州区人民法院经审理认为：该案涉及合同履行问题，《中华人民共和国合同法》第四十四条规定："依法成立的合同，自成立时生效。法律、行政法规规定应当办理批准、登记等手续生效的，依照其规定。"原、被告于2015年5月27日签订的《商品房买卖合同》是双方的真实意思表示，且不违反法律、行政法规的强制性规定，应属合法有效。有效的合同对双方当事人均有约束力，当事人应当按照合同约定履行义务。根据《中华人民共和国合同法》第一百零七条"当事人一方不履行合同义务或者履行合同义务不符合约定的，应当承担继续履行、采取补救措施或者赔偿损失等违约责任"和《最高人民法院关于审理商品房买卖合同纠纷案件适用法律若干问题的解释》第十八条之规定，被告未按合同约定期限为原告办理产权登记应承担违约责任。

四川省巴中市巴州区人民法院依照《中华人民共和国合同法》第四十四条、第六十条第一款、第一百零七条、第一百一十四条、第一百二十一条，《最高人民法院关于适用中华人民共和国合同法若干问题的解释（二）》第二十九条，《最高人民法院关于审理商品房买卖合同纠纷案件适用法律若干问题的解释》第十八条之规定，判决如下：

一、由被告东兴公司在本判决生效后十日内向原告李某、张某君支付未按期办理房屋权属证书的违约金9364.17元；

二、由被告东兴公司在本判决生效后九十日内给原告李某、张某君办理所购买的位于巴中市巴州区桑园坝蓝湾国际B4幢×单元××商铺的不动产权登记证。

【法官后语】

不动产权登记证是房产登记机关发放的证明房屋所有权归属的书面凭证，如果买受人不能如期取得房产证，不仅会造成房屋权属关系不明、秩序紊乱，而且无法行使转让、租赁、抵押等权利。根据有关法律的规定，商品房买卖合同中的出卖人不仅应当按期交付符合合同约定的商品房，而且应当自行或协助买受人办理产权证。现实生活中，办证逾期问题频频出现，而买卖双方往往对预期原因、责任主体或责任形式产生纠纷。

本案主要是关于办理房屋权属证书的义务承担问题。在出卖人不按时提供不动产权登记证书，或者不提供相应的证明文件的情况下，买受人房屋的不动产权登记证书就无法办理。所以，在买受人与出卖人两者之间互有协助履行之义务。为解决购房人在入住后，长期拿不到房屋产权证书，购房人无法行使房屋所有权，合法权益遭受侵害的情况，《最高人民法院关于审理商品房买卖合同纠纷案件适用法律若干问题的解释》（2003 年）明确规定了不及时办理房屋产权证的法律责任。被告东兴公司未在合同约定的时间内取得该商品房所在楼栋的权属证明，已构成违约。

被告东兴公司虽辩称迟延办证并非被告的问题，2016 年因其他案件涉诉导致国土局一直未给被告办理土地使用权证，至 2016 年年底案件由四川省高级人民法院判决后才最终完结，故上述系不可预测的行政因素干预，并非被告公司的主观过错导致。但该情形不构成法律上的免责事由，不能对抗合同约定的义务，仍应当承担相应的违约责任。

对于此类案件，还应注意关于违约金的标准判付不统一的问题。按照上述司法解释的规定，可以按照已付购房款的总额，参照中国人民银行规定的金融机构收逾期贷款利息的标准计算，但在大部分的买卖合同中没有约定不能按期办理不动产权登记证书的违约金，应以实际损失为基础，兼顾合同的履行情况、当事人违约的过错程度以及预期利益等综合因素，根据公平原则和诚实信用原则，并参照人民法院生效判决对同一楼盘、类似情形的处理原则，对原约定的违约金进行调整。

编写人：四川省巴中市巴州区人民法院　肖爱民

16

抵销权与先履行抗辩权规则之适用

——沈某扬诉锦程公司房屋买卖合同案

【案件基本信息】

1. 裁判书字号

湖北省恩施土家族苗族自治州中级人民法院（2019）鄂 28 民终 747 号民事

判决书

2. 案由：房屋买卖合同纠纷

3. 当事人

原告（上诉人）：沈某扬

被告（被上诉人）：锦程公司

【基本案情】

湖北金桥公司于2011年7月20日由恩施金桥公司变更登记设立，朱某燕为公司股东、法定代表人。原告沈某扬系朱某燕之子。贡水河公司签约投资贡水河旅游开发项目，被告锦程公司系贡水河旅游开发项目中“宣恩县民族风情街”房地产项目的开发商。2010年3月28日，恩施金桥公司与贡水河公司签订《恩施贡水河旅游景区〈民族风情街〉项目策划与销售代理合同》，约定由恩施金桥公司代理民族风情街的相关房屋销售及策划，具体范围包括营销推广策划、开盘销售的全部服务内容、签约到入住的全部服务内容。2011年10月25日，朱某燕代理原告沈某扬与被告锦程公司签订《商品房买卖合同》，该合同由湖北金桥公司拟定内容，制成文本，朱某燕和锦程公司的法定代表人分别签名，锦程公司签章。合同约定，锦程公司将“宣恩县民族风情街”第×幢×单元××号房屋以240155元的价格出卖给沈某扬，房款支付时间为2011年10月24日，房屋交付时间为2011年11月30日。合同附件四之四约定：“买受人未按合同约定缴清房款或按揭尚未完成审批的，出卖人将不予交付房屋。”此后，原告居住管理房屋至今。因被告拒绝提供办理案涉房屋产权登记所需资料，原告申请办理房屋登记不成，遂起诉。

【案件焦点】

原告是否已经履行了付款义务及锦程公司是否放弃要求沈某扬支付购房款的权利。

【法院裁判要旨】

湖北省恩施土家族苗族自治州宣恩县人民法院经审理认为：当事人所提供的《商品房买卖合同》其合同形式规范，内容明确，已经成立，且该合同不违反法律的禁止性规定，为有效合同。有限责任公司具有独立民事权利能力，独立于其股东及其他民事主体享有权利和承担义务。若本案湖北金桥公司因代理合同关系，对被告锦程公司享有债权，并不能推及其法定代表人对被告享有债权，亦不能推及其法定代表人的亲属对被告享有债权，原告主张以其应付被告的房款与被告欠湖北金桥公司相同数额佣金抵销，不符合债务抵销的法定情形，原告亦无证据证明各方有抵销债务的合意以及实施了债务抵销行为，故对原告主张以债务抵销方式支付房款的事实不予认定，原告无证据证明其履行了支付购房款的合同义务，被告依照约定可以不予交付房屋，故在尚未支付房款的情形下，原告要求被告协助办理房屋不动产权证的请求，理由不成立。

湖北省恩施土家族苗族自治州宣恩县人民法院依照《中华人民共和国合同法》第三十二条、第六十七条、第九十九条《中华人民共和国物权法》第九条的规定，判决如下：

驳回原告沈某扬的诉讼请求。

原告沈某扬不服，提起上诉。

湖北省恩施土家族苗族自治州中级人民法院经审理认为：本案双方当事人争议的焦点为，锦程公司是否放弃要求沈某扬支付购房款的权利。《中华人民共和国民法总则》第一百四十条规定："行为人可以明示或者默示作出意思表示。沉默只有在有法律规定、当事人约定或者符合当事人之间的交易习惯时，才可以视为意思表示。"本案中，沈某扬未按照合同约定支付房款，已经违约，锦程公司有权不交付房屋。锦程公司一直不协助沈某扬办理房屋过户手续，本身就是在行使先履行抗辩权。双方当事人在《商品房买卖合同》中并没有约定锦程公司未要求沈某扬支付购房款即视为其放弃了要求沈某扬支付购房款的权利。因此，上诉人沈某扬主张锦程公司放弃了要求其支付房款的权利，缺乏合同依据，亦与法律规定相悖。上诉人沈某扬的上诉请求不能成立，应予驳回；一审判决认定事实清楚，适用法律正确，应予维持。

湖北省恩施土家族苗族自治州中级人民法院依照《中华人民共和国民事诉讼法》第一百七十条第一款第一项之规定，判决如下：

驳回上诉，维持原判。

【法官后语】

关于原、被告签订的《商品房买卖合同》效力问题。朱某燕系恩施金桥公司的法定代表人，但其以儿子的名义与自己担任法定代表人的公司代理被告签订《商品房买卖合同》，是否适用《中华人民共和国民法总则》第一百六十八条第二款规定，即代理人不得以被代理人的名义与自己同时代理的其他人实施民事法律行为，但是被代理的双方同意或者追认的除外。自然人的法律行为和法人的法律行为不能混为一谈，金桥公司作为有限责任公司具有独立民事权利能力，独立于其股东及其他民事主体享有权利和承担义务。金桥公司才是被告公司的销售代理，不能推定朱某燕的个人行为是公司行为，朱某燕没有代理被告公司实施销售房屋行为。亦不能反推朱某燕以被告金桥公司名义与自己同时代理的其他人（沈某扬）实施民事法律行为。故朱某燕实施的代理行为不适用《中华人民共和国民法总则》第一百六十八条第二款规定。但朱某燕其以儿子的名义与被告公司签订《商品房买卖合同》，经锦程公司的法定代表人在上述合同上签名，加盖锦程公司公章予以确认，且不违反法律的禁止性规定，符合《中华人民共和国民法总则》第一百四十三条之规定，系民事法律行为，该合同为有效合同。

原告是否已经履行了付款义务及锦程公司是否放弃要求沈某扬支付购房款的权利。法定抵销，是指依法律规定的抵销条件而抵销。《中华人民共和国合同法》第九十九条规定："当事人互负到期债务，该债务的标的物种类、品质相同的，任何一方可以将自己的债务与对方的债务抵销，但依照法律规定或者按照合同性质不得抵销的除外。当事人主张抵销的，应当通知对方。通知自到达对方时生效。抵销不得附条件或者附期限。"本案中，即便金桥公司与被告公司形成代理合同关系，对其享有债权，但是这并不能推定金桥公司的法定代表人及法定代表人的亲属对被告享有债权。且原告在一、二审都没有证据证实其对被告享有到期债权，不符合债务抵销的法定情形，故对原告主张以债务抵销方式支付房款的事实不予认定。

另外，根据《中华人民共和国合同法》第六十七条之规定，当事人互负债务，有先后履行顺序的，先履行一方未履行的，后履行一方有权拒绝其履行请求，先履行一方履行债务不符合约定的，后履行一方有权拒绝其相应的履行请求。本案中，沈某扬未按照合同约定支付房款，已经违约，依照原、被告签订的合同附件四第四条的规定，被告公司有权不交付房屋。被告公司一直不协助沈某扬办理房屋过户手续，本身就是在行使先履行抗辩权。双方当事人在《商品房买卖合同》中并没有约定锦程公司未要求沈某扬支付购房款即视为其放弃了要求沈某扬支付购房款的权利。因此，原告主张被告放弃了要求其支付房款的权利，缺乏合同依据，亦与法律规定相悖。

编写人：湖北省恩施土家族苗族自治州宣恩县人民法院　孟小俊

17

第三人撤销之诉中当事人不享有民事权益的属于主体不适格

——银座银行诉东亚信安公司第三人撤销之诉案

【案件基本信息】

1. 裁判书字号

北京市第三中级人民法院（2019）京03民终4991号民事裁定书

2. 案由：第三人撤销之诉

3. 当事人

原告（上诉人）：银座银行

被告（被上诉人）：东亚信安公司

第三人（被上诉人）：黄某清

【基本案情】

2013年5月13日，东亚信安公司与黄某清签订《北京市商品房预售合同》，约定黄某清购买位于顺义区的一处房屋，总价款为1059062元。上述合同签订后，双方办理了商品房预售合同网签登记。黄某清支付了首付款539062元，并通过银行贷款的方式支付了剩余房款52万元。因黄某清未按期偿还银行贷款，东亚信安公司代为偿还贷款本息49万余元。2016年7月，东亚信安公司以商品房预售合同纠纷为由将黄某清诉至法院，法院审理查明了上述事实，同时确认黄某清未予收房。法院于2016年12月26日作出（2016）京0113民初9933号民事判决，确认东亚信安公司与黄某清签订的《北京市商品房预售合同》于判决生效之日解除，东亚信安公司返还黄某清购房款，黄某清配合办理注销该预售合同备案登记及房屋预告登记，黄某清给付东亚信安公司违约金、代垫贷款等。该判决送达后，双方均未上诉，现已生效。

银座银行于2015年12月2日申请诉前财产保全，法院受理后于2015年12月

4日作出（2015）顺民（商）保字第19715号民事裁定，对黄某清所购买的涉诉房屋查封，期限三年。后银座银行以金融借款合同纠纷为由将黄某清等人起诉，2017年4月1日法院作出生效判决：黄某国偿还银座银行借款本金979671.46元，并支付利息、罚息、复利；黄某清等人对黄某国的上述债务向银座银行承担连带保证责任，并有权向黄某国进行追偿等。2017年5月15日，银座银行依据该生效判决申请强制执行，案号为（2017）京0113执3314号。该案执行过程中，东亚信安公司提出执行异议，法院2018年1月18日作出（2018）京0113执异14号执行裁定：驳回东亚信安公司的异议请求。银座银行表示其在2018年1月执行异议案件审查过程中才得知（2016）京0113民初9933号民事判决书相关事项，该案的处理结果实质上将归属于黄某清的房产转移至东亚信安公司所有，损害了黄某清及银座银行的合法权益，故起诉。东亚信安公司对此不予认同，并认为银座银行不具备适格的“第三人”主体资格。黄某清下落不明。

【案件焦点】

第三人撤销之诉中原告主体适格问题。

【法院裁判要旨】

北京市顺义区人民法院经审理认为：当事人有答辩并对对方当事人提交的证据进行质证的权利。本案第三人黄某清经法院合法传唤，无正当理由拒不出庭应诉，视为其放弃了答辩和质证的权利。人民法院受理的案件应当是由适格当事人依法提起的诉讼。依据《中华人民共和国民事诉讼法》第五十六条的规定，对当事人双方的诉讼标的有独立请求权的第三人，或虽对当事人双方的诉讼标的无独立请求权但案件处理结果同其有法律上利害关系的第三人，因不能归责本人的事由未参加诉讼，但有证据证明发生法律效力的判决、裁定、调解书的部分或全部内容有错误，损害其民事权益的，可以提起诉讼。本案中，银座银行申请撤销的（2016）京0113民初9933号案件之诉讼标的系东亚信安公司与黄某清之间就涉诉房屋形成的商品房预售合同纠纷，而银座银行提起本案第三人撤销之诉系基于其与黄某清之间的金融借款合同纠纷，二者分属不同的法律关系，银座银行对东亚信安公司与黄某清之间的商品房预售合同法律关系既不享有独立请求权，亦不具有法律上之利害关系，故银座银行并非本案之适格原告。

北京市顺义区人民法院依照《中华人民共和国民事诉讼法》第五十六条、第一百四十四条之规定，裁定如下：

驳回原告银座银行的起诉。

银座银行不服判决，提起上诉。北京市第三中级人民法院同意一审意见，认为一审裁定认定事实清楚，适用法律正确。依照《中华人民共和国民事诉讼法》第一百七十条第一款第一项、第一百七十一条之规定，裁定如下：

驳回上诉，维持原裁定。

【法官后语】

第三人撤销之诉，是指在法律上有利害关系的第三人，因不可归责于己的事由未能参加前案审理，但前案生效判决使其权利受到损害或者损害威胁且无其他救济手段，可以请求法院撤销或改变原案生效裁判中对其不利部分的诉讼程序。

根据《中华人民共和国民事诉讼法》的相关规定，提起第三人撤销之诉必须符合以下条件：(1) 主体合法。第三人撤销之诉的原告应为有独立请求权的第三人和无独立请求权的第三人。(2) 客体合法。第三人撤销之诉的客体必须是已经发生法律效力的判决、裁定、调解书。(3) 原因合法。第三人撤销之诉提起的原因条件有：该第三人因不能归责于本人的事由导致未能参加诉讼；有证据证明已经发生法律效力的判决、裁定、调解书部分或全部内容错误，并损害其民事权益。(4) 时间合法。第三人必须自知道或应当知道其民事权益受损之日起6个月内提起撤销之诉，以避免对交易秩序和法律关系的稳定构成长期潜在的威胁。(5) 管辖合法。第三人撤销之诉应当向作出生效判决、裁定、调解书的人民法院提起。

原告主体适格问题在司法实践裁判文书中出现频率最高，超过50%。可见，原告主体要件认定对第三人撤销之诉适用有重要影响。为了平衡既判力及第三人权利保护问题，法律对撤销之诉的原告作出较为严格的规定，即有权提起撤销之诉的原告，是前诉案件的第三人。这里的第三人，是指民事诉讼法意义上的第三人，包括有独立请求权和无独立请求权的第三人。有独立请求权第三人一般是指对他人的诉讼标的能以独立的实体权利人资格提起诉讼。在司法实践中，“独立实体权利”一般被认定为民法中的物上请求权和债权请求权。无独立请求权第三人虽然没有独立请求权，但案件结果与其有法律上的利害关系。无论是有独立请求权的第三人还是无独立请求权的第三人，在很多情况下往往不知道前案的存在，尤其是当事人以恶意串通、虚假自认等方式损害第三人合法权益的，第三人更是无从知道，也就很难以独立请求权或者无独立请求权的第三人身份参加到前案中。为了解决该问题，民事诉讼法创设第三人撤销制度给予救济。第三人提起撤销之诉的撤销事由主要有以下几类：（1）当事人恶意串通进行诉讼，损害其利益；（2）第三人对原判决、裁定、调解书所处分的财产拥有物上请求权；（3）原诉遗漏了必要的共同诉讼当事人，损害了其利益。

（2016）京0113民初9933号案件所处理的问题系东亚信安公司与黄某清之间的商品房预售合同纠纷，银座银行对涉诉房屋并不享有所有权、用益物权和担保物权、股权等民事权益。银座银行亦未能提供充足证据证明东亚信安公司、黄某清有利用诉讼转移财产、逃避执行以致享有金钱债权的第三人无法行使撤销权的行为，故银座银行的主张缺乏依据，主体并不适格，最终法院裁定驳回银座银行的起诉。

编写人：北京市顺义区人民法院　棋其格　程珊珊

18

未取得预售许可证明的商品房销售合同无效时赔偿责任的认定

——大众兴公司诉张某馨商品房销售合同案

【案件基本信息】

1. 裁判书字号

江苏省连云港市中级人民法院（2019）苏07民终3869号民事判决书

2. 案由：商品房销售合同纠纷

3. 当事人

原告（反诉被告、被上诉人）：大众兴公司

被告（反诉原告、上诉人）：张某馨

【基本案情】

2004年7月30日，大众兴公司（甲方）与张某馨（乙方，曾用名张某梅）签订认购书。至起诉时，大众兴公司未取得商品房预售许可证，且案涉房屋尚未建成。审理中，张某馨申请对众兴华庭楼盘内与案涉房产相同区域、坐落位置最接近的类似楼房从2005年12月31日至2018年7月13日的售价增值进行价格鉴定，后经法院委托鉴定，鉴定结果为103.7万元。

2003年10月22日，大众兴公司与鹊桥公司签订《合同书》，约定鹊桥公司代理销售大众兴公司在众兴华庭项目中可销售的房屋。2004年4月23日，大众兴公司与鹊桥公司签订《关于众兴华庭工作流程及相关问题的约定》。张某馨所购案涉房屋包含在鹊桥公司统计的众兴华庭1号楼销售统计表内。2004年8月2日，大众兴公司向张某馨出具2.6万元左右的收据。2014年11月，张某馨等购买众兴华庭房屋的30余人到市行政中心门前就购买众兴华庭的房产不能开工、大众兴公司要求涨价等问题集访。

大众兴公司于2018年1月诉至法院，请求判令解除与张某馨签订的认购书，后变更诉求为确认其与张某馨签订的认购书无效。张某馨提起反诉，请求判令大众兴公司赔偿损失120万元，后变更诉求金额为857387元。

【案件焦点】

房地产开发公司未取得商品房预售许可证导致的商品房销售合同无效的赔偿责任应当如何认定。

【法院裁判要旨】

江苏省东海县人民法院经审理认为：案涉认购书对《商品房销售管理办法》第十六条规定的主要内容作了明确约定，出卖人大众兴公司也按约收受部分购房款，故案涉认购书应当认定为商品房预售合同。因截至起诉前大众兴公司未办理商品房预售许可证，违反了国家法律及行政法规的强制性规定，故该认购书应属无效。因认购书无效，大众兴公司应将其收取的2.6万元购房款返还给张某馨；大众兴公司未取得预售许可证时即对尚未开工建设的商品房进行销售，违反了有关的法律法规，其行为具有违法性，且其签订合同时对影响其建设的因素估计不足，现工程尚未开工，无法在本案诉前取得预售许可证以补正合同效力，对由此造成的合同无效承担主要过错责任。张某馨在与大众兴公司签订认购书时对于大众兴公司是否取得预售许可证应当进行必要的查询，其也负有一定的注意义务，故张某馨对合同无效亦有过错。考虑双方的过错程度、多年来房价上涨的现实情况、被告参与本案诉讼的支出情况、大众兴公司占有使用2.6万元购房款多年等，综合本案的具体情况，酌定大众兴公司退还张某馨的购房款参照民间借贷利率中较高的利率水平年息24%的标准计算利息给张某馨，以补偿张某馨的损失。

江苏省东海县人民法院依照《中华人民共和国合同法》第五十八条，《最高人民法院关于审理商品房买卖合同纠纷案件适用法律若干问题的解释》第二条、第五条，《中华人民共和国民事诉讼法》第一百四十二条之规定，判决如下：

一、大众兴公司与张某馨于2004年7月30日签订的认购书无效；

二、大众兴公司返还张某馨购房款2.6万元及利息。

张某馨不服一审判决，提起上诉。

江苏省连云港市中级人民法院经审理认为：大众兴公司的赔偿责任应结合谁具有过错、张某馨所受到的损失金额进行认定。本案中，张某馨已经按照认购书的约定支付了购房款2.6万元，其余房款均未支付。对于未支付购房款剩余的原因，二审法院认为非因张某馨原因未能交纳，而大众兴公司未取得案涉房屋的商品房预售许可证，剩余房款亦非因张某馨原因无法办理贷款，故张某馨对于剩余房款未能支付不存在过错。

本案中，大众兴公司明知其未取得案涉房屋的商品房预售许可证，即委托鹊桥公司销售众兴华庭的房产，其具有主观过错，并导致其与张某馨签订的认购书无效，张某馨作为普通购房者，不具有主观过错，故大众兴公司应赔偿张某馨因认购书无效造成的全部损失。大众兴公司应当赔偿张某馨案涉房产从2005年12月31日至2018年7月13日的房价增值部分为857387元。

江苏省连云港市中级人民法院依照《中华人民共和国民事诉讼法》第一百七十条第一款第二项之规定，判决如下：

一、大众兴公司与张某馨于2004年7月30日签订的认购书无效；

二、大众兴公司赔偿张某馨损失857387元。

【法官后语】

房地产是重要的民生资源，与人民的生活息息相关，特别是随着城市化进程的加速，住房需求不断升温。但我国目前的商品房销售市场仍然是卖方市场，买方明显处于弱势地位。开发商经常会在开发手续不完备的情况下，通过与买方先行签订所谓的认购书等方式就房屋买卖有关事宜进行初步确认，并收取一定数量的定金作为订立商品房买卖合同的担保。

本案中，大众兴公司与张某馨签订的认购书明确了当事人的姓名、商品房的基本状况、商品房的价款、付款方式和付款时间、交付使用时间、违约责任等内容，具备了商品房买卖合同的主要内容，并且大众兴公司已经按照约定收受了2.6万元购房款，故该认购书应当认定为商品房买卖合同。因大众兴公司在起诉前未取得商品房预售许可证，故案涉认购书应当认定为无效合同。

关于认购书无效的过错认定问题。案涉认购书签订于2004年7月30日，彼时我国的房地产市场处于发育阶段，市场管理体制尚不健全，商品房交易行为很不规范，特别是出卖人借机违法经营，如无证销售，严重扰乱了房地产市场秩序，损害了广大买受人的利益。买受人作为普通的民众，不能苛求其完全知晓和熟悉国家关于房地产管理的法律法规，而大众兴公司作为专业的房地产开发企业，其经营行为不仅应当符合房地产管理的法律法规，亦应当遵循诚实信用原则。大众兴公在未取得商品房预售许可证的情况下，即委托鹊桥公司以签订认购书的方式向社会不特定主体代理销售众兴华庭小区的商品房，大众兴公司主观故意明显。从认购书签订之日至大众兴公司提起本案诉讼已长达13年之久，大众兴公司在此期间不仅不积极完善其开发行为，取得相应的预售许可证，反而在房价大幅上涨后以未取得商品房预售许可证为由，诉至法院要求确认认购书无效，显然违背诚实信用原则，故应由大众兴公司承担合同无效的全部过错。

关于合同无效造成的损失金额认定问题。《中华人民共和国合同法》第五十八条规定，合同无效或者被撤销后，因该合同取得的财产，应当予以返还；不能返还或者没有必要返还的，应当折价补偿。有过错的一方应当赔偿对方因此所受到的损失，双方都有过错的，应当各自承担相应的责任。对于认购书无效给张某馨造成的损失，本案中有两种计算方式，一种为一审法院采用的利息损失计算法，即以张某馨已交付的购房款2.6万元按照一定的利息标准（年息24%）计算至给付之日；

另一种为张某馨主张的房屋增值损失计算法，即鉴定出认购房屋时至申请鉴定时的房屋增值，该增值经法院依法委托鉴定，经计算为857387元。这两种计算结果有着较大的差额，如果以张某馨已付购房款2.6万元计算的利息作为张某馨的损失，无疑使大众兴公司因认购书无效和不诚信行为获取了巨大利益，此种计算损失的方式显然不公平，也不符合社会大众的认知，故二审法院认定大众兴公司应赔偿张某馨相应的房屋增值差价损失。

编写人：江苏省连云港市中级人民法院　程晨

19

未成功购房，开发商、经销商、团购平台对退还购房团购费承担连带责任

——徐某健诉伟特公司等房屋买卖合同案

【案件基本信息】

1. 裁判书字号

北京市第三中级人民法院（2019）京03民终4285号民事判决书

2. 案由：房屋买卖合同纠纷

3. 当事人

原告（被上诉人）：徐某健

被告（上诉人）：伟特公司

被告（被上诉人）：望天树资产公司、望天树装饰公司、嗨楼科技公司

【基本案情】

伟特公司开发了包括案涉房屋在内的房地产项目并于2016年9月25日取得《北京市商品房预售许可证》。伟特公司与望天树资产公司达成一致，由望天树资产公司销售该房地产项目。望天树资产公司与望天树装饰公司系关联公司，共同预售

案涉房地产项目，由望天树资产公司与购房人签订购房协议，望天树装饰公司负责精装修，房款和装修款由望天树资产公司收取。望天树装饰公司称其按照房款价格向购房人收取房款，扣除装修费后按照建委备案的价格向伟特公司支付房款，望天树装饰公司通过装修赚钱，如购房人不同意由其装修，便不会与之签订购房协议。在销售过程中，望天树装饰公司与嗨楼科技公司合作，嗨楼科技公司通过向购房人承诺团购费可抵双倍房费收取数额不等的团购费。

2017 年 2 月 25 日，徐某健与望天树资产公司签订定购协议，购买案涉房屋，总价为 2905385 元，徐某健交纳房款 2045385 元。同日，徐某健与嗨楼科技公司签订《会员团购优惠服务说明书》，其中载明："嗨楼科技公司为徐某健争取到团购费 7 万元抵房款 14 万元的独家优惠。当徐某健没有成功购房，或取消了购房计划，或因任何原因放弃购房，徐某健可随时联系嗨楼科技公司申请退还已支付的服务费。"

2017 年 12 月 12 日，徐某健与望天树装饰公司达成协议，约定因北京市出台房屋限购政策导致徐某健不具有购房资格，望天树装饰公司将分期最晚于 2018 年 3 月 15 日前退还徐某健已支付的房款 2045385 元。同日，嗨楼科技公司向徐某健出具承诺书，载明在望天树装饰公司退还徐某健已支付的房款 2045385 元后 30 日内，嗨楼科技公司将退还徐某健团购费 7 万元。之后，嗨楼科技公司未依约退还团购费 7 万元，徐某健诉至法院要求伟特公司、望天树资产公司、望天树装饰公司及嗨楼科技公司共同退还徐某健 7 万元团购费。伟特公司、望天树装饰公司辩称团购费由嗨楼科技公司收取，与其无关。诉讼中，嗨楼科技公司未到庭，望天树装饰公司称嗨楼科技公司以介绍客户收取团购费的方式盈利，团购费抵房费为促销手段，实际无法抵房费，嗨楼科技公司在与客户洽谈时会抬高房价再将团购费和所抵房费扣除。

【案件焦点】

伟特公司、望天树资产公司、望天树装饰公司、嗨楼科技公司是否应共同返还徐某健 7 万元团购费。

【法院裁判要旨】

北京市顺义区人民法院经审理认为：嗨楼科技公司与徐某健签订团购协议，约定如未能购买楼盘可退团购费，现徐某健已无法继续购买案涉房屋并办理了退款手续，嗨楼科技公司应按约将团购费退还徐某健。嗨楼科技公司与望天树装饰公司系合作关系，嗨楼科技公司与徐某健的约定亦同时约束望天树装饰公司，故望天树装饰公司应对退还团购费承担连带责任。团购费具有抵扣房款的性质，应属房款的一部分，伟特公司作为销售案涉房屋的委托方，对团购费亦有退还责任。

北京市顺义区人民法院依照《中华人民共和国合同法》第三百九十六条及《中华人民共和国民事诉讼法》第一百四十四条之规定，判决如下：

伟特公司、望天树资产公司、望天树装饰公司、嗨楼科技公司共同退还徐某健团购费7万元，于判决生效后七日内执行。

伟特公司不服一审判决，提出上诉。

北京市第三中级人民法院经审理认为：伟特公司作为案涉房屋的开发商委托望天树资产公司销售案涉房屋，其与望天树资产公司成立委托合同关系。鉴于案涉房屋的开发商为伟特公司、伟特公司取得商品房预售许可证、伟特公司与望天树资产公司之间的委托合同关系，徐某健与望天树资产公司签订定购协议时有理由相信该协议效力及于伟特公司，望天树资产公司销售房屋产生的法律后果应由伟特公司承担。在徐某健因限购政策无法购买房屋时，伟特公司应当承担向徐某健退还房款的义务，而无论望天树资产公司是否将房款实际转给伟特公司。

关于团购费，《会员团购优惠服务说明书》虽将团购费记载为服务费，但该说明书并未载明该笔服务费所对应的服务，且从该说明书的其他条款看，该笔服务费可抵扣房款，在购房人因任何原因放弃购房时，购房人均能要求退还该笔款项，而无论嗨楼科技公司是否提供了“服务”，由此可知团购费具有房款的性质。团购费属于徐某健支付房款的一部分，未超出伟特公司委托望天树资产公司销售房屋的授权范围，伟特公司作为委托人，依法应承担退还团购费的责任。

北京市第三中级人民法院依照《中华人民共和国民事诉讼法》第一百七十条第一款第一项之规定，判决如下：

驳回上诉，维持原判。

【法官后语】

伴随经济的飞速发展，房市持续火热，各类新颖的房屋销售方式层出不穷，越来越多的企业希望进场“分一杯羹”。而房款一直在居民支出中占较大比重的支出，一旦发生纠纷，因涉及金额较大、商业利益关系复杂，各个主体之间矛盾往往较深。本案有较多主体参与到房屋买卖关系中，争议焦点涉及购房团购费的性质认定和购房不成时团购费的退还责任主体的认定等问题，对于厘清涉及团购费的房屋买卖关系中各方的关系具有一定的典型意义。

本案中，四被告基于商业利益考量建立了较为复杂的商业合作关系，在房屋销售过程中，以房款、装修款、团购费等各种名义从购房人处收取了款项，并从中获得各自收益。但从购房人的角度看，购房人无从知晓四公司之间复杂的商业合作模式，亦不关心四公司在收取款项后如何分配收益，其订立合同的目的即通过支付相应款项以取得房屋所有权。在无法对购房人支付的款项予以清晰界定的情况下，购房人有理由相信其支付的款项均为房款的一部分，故本案将团购费认定为房款的一部分。同样，在房屋买卖关系中，当其他主体主张其收取的是其他名目的款项而非房款时，除非有证据显示确实提供了相应服务且该款项可与房款分离，否则一般应视为房款的一部分。

开发商伟特公司委托望天树资产公司销售案涉房屋，双方之间成立委托合同关系。《中华人民共和国合同法》第四百零二条规定：“受托人以自己的名义，在委托人的授权范围内与第三人订立的合同，第三人在订立合同时知道受托人与委托人之间的代理关系的，该合同直接约束委托人和第三人，但有确切证据证明该合同只约束受托人和第三人的除外。”本条隐名代理的法律效果为合同直接约束委托人和第三人，直接约束效果即为代理归属效果，虽然合同由受托人以自己的名义独立与第三人订立，但合同的法律效果依该条由委托人承受，就如合同是由委托人自己订立的一样。鉴于案涉房屋由伟特公司开发，伟特公司取得商品房预售许可证，购房人与望天树资产公司签订协议时知道望天树资产公司与伟特公司之间的代理关系，则购房人与望天树资产公司签订的协议对伟特公司具有约束力。对于协议解除，伟特公司应承担退还房款的义务，团购费作为房款的一部分其亦应对退还团购费承担责任。

嗨楼科技公司实际收取团购费后并未将团购费支付给伟特公司，且其自愿出具承诺书承诺退还徐某健团购费，故其应信守承诺承担退还团购费的责任。望天树装饰公司与嗨楼科技公司合作售房，共同对外，处于弱势地位的购房人并不清楚其各自关系和利益分配方案，望天树装饰公司应当与嗨楼科技公司共同承担退还团购费的责任，望天树装饰公司抗辩称团购费由嗨楼公司收取并不构成免除望天树装饰公司责任的理由。

编写人：北京市第三中级人民法院 龚勇超 郭妍子

20

认定商品房销售广告和宣传资料为要约的要件

——杨某诉大商汇公司房屋买卖合同案

【案件基本信息】

1. 裁判书字号

云南省昆明市中级人民法院（2019）云01民终2629号民事判决书

2. 案由：房屋买卖合同纠纷

3. 当事人

原告（上诉人）：杨某

被告（被上诉人）：大商汇公司

【基本案情】

2015年，杨某向大商汇公司购买昆明大商汇商贸中心·希望花园Ⅲ项目×号楼2××4号房，并签订了《商品房购销合同》。案涉项目开盘销售前，大商汇公司通过互联网发布视频及网页宣传资料称：项目建成后将拥有一线滨江品质华宅、希尔顿花园酒店、地标甲级写字楼、“水岸天街”休闲商业街、一站式全方位购物商场，项目打造1.4万平方米的中庭美景。所附设计效果图中有项目整体夜景、篮球场、植物绿化、景观小品、室内房间布置等内容。大商汇公司制作的宣传广告载明案涉房屋户型建筑面积为110.63平方米、赠送面积为11.56平方米、实得面积为122.19平方米。被告售楼部悬挂的D户型的户型图载明建筑面积约110.63平方米、赠送面积约11.56平方米、实得面积约122.19平方米，本户型图所标尺寸仅供参考，交房尺寸以合同约定为准。双方签订的《商品房购销合同补充协议》约定，所有广告和宣传中的效果会和实际有差别，应以实际交房为准；《商品房购销合同》及《商品房购销合同补充协议》是界定双方权利、义务之最终有效依据，除此之外的任何要约、要约邀请，均不对合同双方产生约束力；在房屋修建过程中，出卖人有权根据具体情况对整个项目的规划、设计方案，以及对买受人所购买的具体房屋进行优化调整和合理变动，出卖人不是必须通知买受人，买受人不得据此拒绝收房、主张解除合同或者要求出卖人承担违约责任。

房屋交房验收后，小区内并无大型水景、篮球场、希尔顿酒店，仅有健身设施、园林绿化及名为“耍街”的商业街一条。案涉房屋经精正公司测量，套内建筑面积为79.76平方米，建筑面积为110.63平方米，且无合同所附户型图左上及中下房间中虚线标示的隔墙。杨某起诉要求大商汇公司承担实际交付房屋与宣传资料相比设施不符、功能不符、面积不符等的违约责任。

【案件焦点】

1. 大商汇公司是否应受其销售广告和宣传资料的约束；2. 案涉销售广告和宣传资料应如何定性。

【法院裁判要旨】

云南省昆明市西山区人民法院经审理认为：杨某购买的房屋系住宅，小区内是否拥有酒店、写字楼等设施并不足以对商品房买卖合同的订立以及房屋价格的确定产生重大影响。双方签订买卖合同时案涉项目尚处在建状态，商业的招商、发展、运营也处在不断变化中，实际过程中产生以上差异不能据此视为违反合同约定。依据双方合同约定，所有广告和宣传中的效果会和实际有差别，应以实际交房为准，且大商汇公司为整体综合需要，有权在本项目的场地内选址、建设、调整公建配套设施。附户型图左上及中下房间中虽无隔墙，但杨某在接房时并未提出异议。杨某称下水管道不合理、电梯不合格、公摊面积过大应以鉴定结论为证。杨某提交的售楼部悬挂的户型图已注明所标尺寸仅供参考，交房尺寸以合同约定为准。关于阳台封窗费，双方合同中未作约定，云南省昆明市西山区人民法院遂判决：

驳回杨某的全部诉讼请求。

杨某不服一审判决，提出上诉。

云南省昆明市中级人民法院经审理认为：本案的争议焦点是大商汇公司是否应当承担杨某主张的违约责任。首先，大商汇公司有权对整个项目的规划、设计方案进行优化调整、合理变动，合同外任何要约或要约邀请均不对双方具备约束力，杨某主张的前述酒店、写字楼、中庭美景等周边设施并未纳入合同条款，并非双方合意的具有合同约束力的内容。其次，从广告宣传内容看，虽提及“希尔顿花园酒店”“希望水岸天街”“绿色水景园林”等，但对是否在其开发规划范围内及具体坐落、面积等均未作明确，且大商汇公司已提示“仅供参考，最终以政府批文为准”“最终交付结果以政府部门核准文件以及双方合同约定内容为准”，表明其不受广告宣传内容约束的意思，故相关广告宣传不构成要约。最后，案涉项目经建设单位组织验收合格，配套设施的调整也经主管部门审核通过。关于隔墙问题，杨某在接房时并未提出异议。关于赠送面积和阳台封窗内容并未反映在双方据以界定各自权利义务的《商品房购销合同》《商品房购销合同补充协议》及其附件中，且户型图中的文字部分标注“交房尺寸以合同约定为准”，大商汇公司解释所谓赠送面积系因报规要求未封闭阳台的一半面积不计入建筑面积，其对未计价部分作为赠送面积，该解释不违背房屋销售时建筑面积计算规范，亦符合常理。有关下水管道不合理、电梯不合格、房屋设计不合理、公摊面积过大等问题，杨某一审中并未在法院指定举证期限内提交相应质量鉴定结果。云南省昆明市中级人民法院遂作出如下判决：

驳回上诉，维持原判。

【法官后语】

近年来，商品房销售市场竞争日趋激烈，开发商为了销售业绩和吸引眼球，在广告宣传和策划上下重金，宣传内容五花八门、别具一格，直击消费者的心理需求，甚至直接在宣传广告中作许多允诺，不乏消费者冲着商业广告而购买商品房的实例，当出现纠纷时，开发商是否要受其商业广告的约束是案件审理的焦点，也即认定商业广告构成要约还是仅为要约邀请。要约邀请和要约都是与订立合同有关的意思表示，但要约以邀请对方和自己订立合同为目的，要约邀请则以邀请对方向自己发出要约为目的，对要约的接受构成承诺，对要约邀请的接受只构成要约。

依据《最高人民法院关于审理商品房买卖合同纠纷案件适用法律若干问题的解

释》第三条的规定，商品房的销售广告和宣传资料为要约邀请，但是出卖人就商品房开发规划范围内的房屋及相关设施所作的说明和允诺具体确定，并对商品房买卖合同的订立以及房屋价格的确定有重大影响的，应当视为要约。该说明和允诺即使未载入商品房买卖合同，亦应当视为合同内容，当事人违反的，应当承担违约责任。商品房的销售广告和宣传资料一般情况下仅为要约邀请，构成要约必须同时满足两个条件：一是对房屋及相关设施所作的说明和允诺具体确定；二是对合同的订立及房屋价格的确定有重大影响。房屋及相关设施的内容已列入规划，且名称具体、位置具体的，一般可认定为具体确定。本案中，关于第一个条件，商业广告中虽明确了“希尔顿花园酒店”“希望水岸天街”“绿色水景园林”等，但对是否在其开发规划范围内及具体坐落、面积等均未作明确。关于第二个条件，一般来说，买受人选择一个房屋，主要考虑的是房屋使用性质、所处区位、建筑结构、材料、外观、质量、开发商品牌和商誉等综合因素，其最终由市场供求关系决定。杨某购买的是居住房，开发商承诺的酒店、商业街等内容并不足以对商品房买卖合同的订立以及房屋价格的确定产生重大影响。本案的关键之处还在于双方签订的购房合同中明确：购销合同和补充协议是界定双方权利、义务之最终有效依据，除此之外的任何要约、要约邀请，均不对合同双方具备约束力。故本案中即便商业广告的内容满足构成要约的两个条件，但因发送商业广告在先，签订购销合同和补充协议在后，杨某签订合同的行为也可视为双方对合同内容的变更，故最终合同记载的内容才是界定双方权利义务的基础。

消费者在购买商品房时，应审慎了解合同条款，特别是基于商业广告或宣传资料中所做的某一允诺或某一特质而订立合同的，在签订合同时应当与开发商进行充分商谈，并列入合同条款。

编写人：云南省昆明市西山区人民法院　郭春利

21

商品房销售合同中的供水供电条款“一户一表”的理解与适用

——明某杰诉汉融公司商品房销售合同案

【案件基本信息】

1. 裁判书字号

重庆市第五中级人民法院（2019）渝05民终881号民事判决书

2. 案由：商品房销售合同纠纷

3. 当事人

原告（上诉人）：明某杰

被告（被上诉人）：汉融公司

【基本案情】

2017年3月21日，原告明某杰（乙方、买方）、被告汉融公司（甲方、卖方）签订《重庆市商品房销售合同》。该合同约定：乙方购买甲方开发的位于重庆市九龙坡区石杨路的×号房屋，房屋用途为非住宅。该合同附件三“陈家坪枢纽项目公寓交房标准”载明：“……3.1供电：一户一表；3.2供水：一户一表……”合同签订后，原告按约定支付了购房款。2017年8月10日，国网重庆市电力公司市区供电分公司出具《受电工程竣工验收单》，涉案小区受电工程通过验收。2018年1月15日，案涉房屋所在小区取得重庆市建设工程竣工验收备案登记证。2018年1月24日，重庆市自来水公司九龙坡营业管网所出具《汉融公司“陈家坪枢纽D325管道及水表安装”项目实施情况说明》，载明涉案小区管道及水表安装工程通过验收并通水。原、被告双方对合同约定的“供电：一户一表；供水：一户一表”的理解问题发生争议。原告认为合同中约定的供水供电条款一户一表应理解为“一户一表甲”，即用户与市政供电部门及供水企业直接建立供电、供水关系并由用户自行向供电部门及供水企业交纳电费、水费的模式。被告汉融公司认为合同约定的一户一表是“一户一表乙”模式，即用户向物业公司交纳电费、水费，再由物业公司向供电部门及供水企业交纳电费、水费的模式。虽然从形式上看，两种模式每一户均安装了一个电表和一个水表，但是由于各用户向物业公司交纳的电费、水费与物业公司向市政供电部门及供水企业所交纳的电费、水费存在用电用水损失，物业公司会对该用电用水损失向各用户进行分摊。故原告向重庆市九龙坡区人民法院提起诉讼，请求判令被告为原告安装的能够自行单独到供电局交费的电表（一户一表甲）；判令被告为原告安装能自行单独到自来水公司交费的水表（一户一表甲）；判令被告承担本案诉讼费用。

【案件焦点】

明某杰与汉融公司签订的商品房销售合同中约定的供水供电条款“一户一表”的实质含义。

【法院裁判要旨】

重庆市九龙坡区人民法院经审理认为：条款中“供电：一户一表；供水：一户一表”指的是房屋设施的硬件配置而不涉及供电供水方式，双方争议的两种供电供水方式均不违反合同约定。从现行相关法规及政府文件看，并未对非住宅应当安装何种形式的“一户一表”作出强制性规定，原告没有证据证明现行“一户一表乙”为法律法规所禁止。据此，重庆市九龙坡区人民法院遂判决如下：

驳回原告明某杰的全部诉讼请求。

明某杰不服法院一审判决，提起上诉。

重庆市第五中级人民法院经审理认为：双方对合同约定的“供水：一户一表；供电：一户一表”的理解发生分歧并导致争议。依据《城市供水价格管理办法》第二十七条和《供电营业规则》第七十五条的规定，明确要求供水供电企业应实行“一户一表甲”的模式，即供水供电企业应以直接使用对象为户安表并收费。此外，《关于印发22件民生实事工作实施方案的通知》等政府文件明确要求将居民住宅小区原有的总分表供水供电模式改造为“一户一表甲”的模式。因此，行业主管部门在实际操作中也明确“一户一表”指的就是用户直接向供水供电企业缴费，不同于总分表模式。综上，“一户一表”称谓在政府的政策指引及舆论宣传的背景下，在社会大众的普遍认知中也形成明确具体的内涵，即区别于“总分表制”供水供电模式，由供水供电企业直接与水、电的终端用户建立供水供电合同。故上诉人对合同中“一户一表”内涵的理解正确，重庆市第五中级人民法院予以支持。对于上诉人要求履行安装“一户一表”的请求应否主张的问题。鉴于该安装行为涉及合同外的第三方，即供水供电企业，涉及供水供电企业的意见，对此，上诉人未举示相关证据，其要求安装“一户一表”，证据不足。

综上所述，明某杰的上诉请求证据不足，应予驳回；一审判决认定事实清楚，判决结果正确，但判决理由不当，予以纠正。重庆市第五中级人民法院依照《中华人民共和国民事诉讼法》第一百七十条第一款第一项之规定，判决如下：

驳回上诉，维持原判。

【法官后语】

本案处理重点主要在于对合同中约定的“供水，一户一表；供电，一户一表”的含义理解。一、二审的裁判思路分别代表了实务界中两种截然不同且颇具代表性的观点。通过类案检索发现，由于对商品房销售合同中供水供电“一户一表”条款的理解不同，从而容易导致同案不同判的现象。厘清其正确含义，有助于统一裁判标准，实现“同案同判”。

1. 争议合同条款“一户一表”是否构成格式条款

对于此问题的认识，实践中存在两种观点。第一种观点认为，不构成格式条款。因为合同中约定的每户独立设表，仅是对计量用电、用水的设施设备进行的约定，并没有对用电、用水的权利和义务进行约定。每户独立设表无法确定供电供水合同的内容，而业主要求与供电供水公司进行直接结算，本质上属于业主欲与供电供水公司产生供用水电权利义务关系，需要由每个业主与供水公司单独订立另一合同。但本案合同双方对供用水的权利义务并未约定，仅仅约定了“一户一表”。开发商已经为每户业主安装了电表和水表，已经履行了合同义务，不需要对该合同进行解释。

第二种观点认为，需要对合同的约定进行解释。由于双方对每户独立设表存在理解分歧，则应当按照《中华人民共和国合同法》第四十一条之规定，作出不利于提供格式条款一方的解释。

笔者赞同第二种观点。格式条款是指当事人为了重复使用而预先拟定、并在订立合同时未与对方协商的条款。“一户一表”指的不仅是房屋设施的硬件配置，更涉及供电供水方式，这是从体系解释的角度看合同文本的当然意义，对于买房用户而言，对权利义务影响更加实质的方面恰恰是供水供电的具体方式；从假设推理的角度看，若合同关于供水供电的条款约定不涉及供水供电的具体方式，该条款的设计无任何的实质意义，这当然不会是合同签约主体双方的本意。案涉商品房销售合同系被告提供并在商业实践中重复使用，且在缔约之时未与原告进行充分的协商的合同文本，符合格式合同的定义与特征，应该认定为格式合同条款，从而适用《中华人民共和国合同法》第四十一条的规定，对格式条款有两种以上解释的，应作出不利于格式条款提出一方的解释。故从《中华人民共和国合同法》第四十一条的角度来理解本案争议，亦应将供水电条款的“一户一表”理解为“一户一表甲”模式，即由用户直接与供水供电单位建立供水供电关系。

2. 从国家供水供电法律法规政策背景、合同缔结目的、诉源治理的角度看，宜将供水供电合同中的“一户一表”理解为用户与供水供电企业直接建立联系

首先，从争议条款背后的国家供水供电法律法规政策背景的角度看，宜将“一户一表”的含义解释为“供水到户，住户直接和供水企业建立供水关系”。对合同条款的解释适用应参照法律规范的解释适用方法，须联系格式合同条文背后的立法价值及其所要实现的规范意旨。《城市供水价格管理办法》第二十七条以及《供电营业规则》第七十五条背后的立法本意都在于倡导和推动装表到户、抄表到户并直接计量收费。

其次，合同缔约的目的在于建立商品房买卖关系，业主方购买商品房的目的在于居住使用，对房屋的正常合理使用，当然就包含了对相应的舒适便捷的用电用水的使用，“一户一表甲”与“一户一表乙”模式相比，“一户一表甲”当然更符合舒适便捷的用电用水的使用需求。业主方签约时肯定不希望自己的用水用电情况是极其不便捷的“一户一表乙”模式，鉴于“一户一表乙”模式不可避免地会给业主带来“电损”“水损”等不合理损失，故从合同缔约的目的角度看，宜将“一户一表”解释为“一户一表甲”模式。

最后，从诉源治理，减少业主与开发商、物业服务企业之间的矛盾纠纷的角度

看，宜将“一户一表”解释为“一户一表甲”模式。因为若将“一户一表”解释为“一户一表乙”模式，必然会导致业主方无法直接向供水供电企业缴纳相关费用，业主只能被迫选择通过物业服务企业代缴供水、供电费用，这就造成了相应的不合理电损、水损，由此引发公摊水电的纠纷，业主常会以公摊水电费的缴纳不合理而拒绝缴纳物管费，从而引发“案生案”现象，甚至很多业主会因为对“一户一表”理解分歧引发连环诉讼，当商品房销售合同纠纷中“一户一表”被判决为“一户一表乙”模式后，业主往往会拒绝缴纳物管费，从而引发更多的诉讼。这显然不符合诉源治理的价值取向。

编写人：重庆市九龙坡区人民法院　王朝辉　胡广南

22

当事人不享有诉的利益时法院应当驳回起诉

——靳某清诉远大公司商品房销售合同案

【案件基本信息】

1. 裁判书字号

河南省焦作市中级人民法院（2019）豫08民终2536号民事裁定书

2. 案由：商品房销售合同纠纷

3. 当事人

原告（被上诉人）：靳某清

被告（上诉人）：远大公司

【基本案情】

2014年下半年，原告靳某清看到被告远大公司发放的《贵族派·皇家风范》（12号、14号、15号户型欣赏）的宣传资料彩页，该宣传资料以字体大小相对明显的文字宣称其远大未来城15号楼之凡尔赛宫（即2~25F）：“贵族宅邸特有的半封闭式入户玄关设计，移步通幽，渐趋佳境。一层一户，360°全景视野，饱览无边秀色。主仆分设入口，各行其道，动线完全独立，互不干扰。睡眠区与休闲区左右分立，皇室寝宫级主卧风情万种。星级卫浴空间，储衣间、洗面台双双对对，书房阳台一应俱全。明快丰富的空间层次感，呈现人性与艺术的极致。”同时，该宣传资料在其最后一页右下角的边框处采用区别于主文的竖版方式，以字体大小明显较小的文字标注“本图文仅作项目介绍之用，不是开发商的要约，亦不是构成商品房买卖合同的内容，以上一切资料以政府批文之法律文件为准”。

2015年9月15日，原告靳某清与被告远公司业签订合同编号为HNJZYS00054123的《商品房买卖合同》，约定，原告靳某清购买远大公司建设的远大未来小区（即远大未来城）第15号楼×单元×层××号预售商品房，该商品房合同约定建筑面积共348.29平方米；总金额为2071727元。合同签订后，靳某清分别于2015年7月29日交付621727元，2015年10月30日交付145万元，履行了合同约定的付款义务，远大公司交房后靳某清装修入住。深圳市建筑设计研究总院在2017年7月26日出具的《设计更改通知单》中载明：“根据甲方7月26日来函要求，二期15号楼的大平层户型分割为2户，本次修改只涉及内部分隔的修改，外墙及外门窗等均未改动，节能设计维持原设计不变。”远大公司未就该规划、设计变更通知原告靳某清。原远大公司经规划部门批准的远大未来小区15号楼，共计25套住宅，其中1F为架空层，2~25F住宅面积均为348.29平方米，26F和27F为面积702.48平方米的复式住宅。2017年8月，靳某清发现远大公司将该栋楼8楼以上的楼层住宅分割拆零，变为2户，并再次发放远大未来小区14号至15号楼的宣传资料，宣称：远大未来城A户型（2+1室两厅一卫）建筑面积为94.76平方米，B户型（3+1室一厅两卫）建筑面积为260.53平方米。

焦作市山阳区人民法院于2018年6月25日组织双方诉讼参与人共同进行勘验时，远大公司之分割拆零仍在进行中，其售楼工作人员将已完成分割拆零并已装修的住宅作为样板间进行推销。远大公司开发的15号楼不同楼层的房屋其装修有多种结构，已经销售的5套房屋均是按照一层一套、对外整体出售，并在房管局进行了合同备案，房产专门测绘单位也按照一层一套进行了测绘。

【案件焦点】

商品房出售后，开发商擅自改变房屋结构的，是否侵犯原房屋买受人对房屋尊享期待，是否构成欺诈，以及是否应该按照已付房款的 3 倍进行赔偿。

【法院裁判要旨】

河南省焦作市解放区人民法院经审理认为：（1）关于被告是否将合同中约定的案涉房屋由一层一户变更为一层两户的问题。本案中，被告远大公司向原告销售房屋后，对涉案商品房所在的 15 号楼 8 楼以上房屋的结构进行了改动，在大平层户型的房屋内部增加了一堵墙，且增加了一个入室门，并区分标注有 01、02 的门牌号。被告远大公司虽抗辩称“被告于 2017 年 8 月对该栋楼 8 层以上楼层进行了功能设计上的改动，但仅增加了一堵临时墙，是装修意义上的隔断，而并非实质上的变更”“被告是经过设计单位同意的功能设计上的变更，并未改变 15 号楼商品房的实质属性，仍是一层一户，15 号楼在房管局的备案仍是一层一个房产证”。但依据《房屋登记办法》之规定，被告对 8 楼以上房屋的该改动行为，使得原本的一户大平层户型变为两个有固定界限、可以独立使用并且有明确、不同的门牌号的房屋，故 8 楼以上房屋形成了两个房屋基本单元，即为两户。且《设计更改通知单》明确载明“根据甲方 7 月 26 日来函要求，二期 15 号楼的大平层户型分割为 2 户”，且在被告远大公司之后的楼盘宣传资料中亦宣称每层为 2 个独立的户型，2 个门牌号。由此应当认定被告远大公司将合同中约定的案涉房屋由一层一户变更为一层两户，被告对此的辩解与查明事实不符，该院不予采信。（2）关于双方所签合同时是否存在欺诈问题。本案中，被告远大公司制作的《贵族派·皇家风范》（12 号楼、14 号楼、15 号楼户型欣赏）的宣传资料之“一层一户”，是其就涉案商品房开发规划范围内的房屋及相关设施所作的说明和允诺具体确定，对涉案商品房买卖合同的订立以及房屋价格的确定具有重大影响；虽然该宣传资料标注了“本图文仅作项目介绍之用，不是开发商的要约，亦不是构成商品房买卖合同的内容，以上一切资料以政府批文之法律文件为准”。但该标注在宣传页的边框处采取不同于其他内容的竖排方式，且所用字体的大小明显小于同一资料的其他内容，显然不足以引起消费者的注意，其主观故意是显而易见的。故根据诚实信用原则，该宣传资料应属于商品房销售合同的一部分内容。被告远大公司向原告靳某清发放的宣传资料宣称的是“一层一户”，但同时又采用排列方式及字体大小相对不明显、不足以引起消费者注意的版面的边框处标注“本图文仅作项目介绍之用，不是开发商的要约，亦不是构成商品房买卖合同的内容，以上一切资料以政府批文之法律文件为准”，以此误导消费者，后在与原告靳某清签订《商品房买卖合同》时，未将宣传资料所明示的“一层一户”在该合同中进行约定，且在原告靳某清购房后又不守承诺，分割拆零销售，故在主观方面应认定为故意，该行为应认定为欺诈行为。被告远大公司认为其“不存在任何欺诈的故意，也未实施任何欺诈行为，原告也并未表示其已购买商品房的过程中存在任何错误意思表示与损害后果”的抗辩意见有悖诚实信用原则，该院不予采信。(3) 被告远大公司以引人误解的宣传方式误导原告靳某清，使其花费巨资购买房屋，在原告入住后又不守诚信，改变涉案楼房的结构，虽未对原告的房屋进行改变，但其将涉案楼房的大部分房屋由一层一户改为一层两户，严重降低了原告对房屋尊享的期待和房屋使用功能的安宁性和私密性，其行为已构成欺诈，虽不属于《最高人民法院关于审理商品房买卖合同纠纷案件适用法律若干问题的解释》对于惩罚性赔偿责任规定的几种情形，但应依法承担违约责任。综合全案情况，根据原告的投资情况和被告的欺诈情节，法院参照《最高人民法院关于审理商品房买卖合同纠纷案件适用法律若干问题的解释》中关于惩罚性赔偿责任的规定，酌定被告远大公司按原告靳某清已付购房款即 2071727 元的一倍赔偿其损失，对原告诉请中的超出部分，该院不予支持。河南省焦作市解放区人民法院判决如下：

一、被告远大公司应于本判决生效后十日内赔偿原告靳某清 2071727 元；

二、驳回原告靳某清的其他诉讼请求。

远大公司不服一审判决，提起上诉。

河南省焦作市中级人民法院经审理认为：靳某清以远大公司双方签订了房屋买卖合同，对方改动户型和结构，由之前宣传的一层一户变为一层两户，并改造屋面墙体，违反销售时的承诺，有悖诚实信用原则，严重影响居住安全，构成销售欺诈为事实依据，要求依据《中华人民共和国消费者权益保护法》的有关规定赔偿。该诉讼请求既有违约之诉的内容，又有侵权之诉的内容。(1) 双方签订的商品房买卖合同合法有效，远大公司已向靳某清交付房屋，靳某清已接收房屋。远大公司交付给靳某清的房屋与原宣传和双方合同约定相符，并无任何变更，设计变更和房屋结构变更的行为不是对靳某清所购房屋的变更行为，行为本身不构成对靳某清居住环境的影响和对双方房屋买卖合同的违反。(2) 靳某清起诉主张远大公司改动楼层户型和结构，严重影响其居住安全，但没有提供相应的客观证据，明显不能成立。且其主张 3 倍赔偿的依据是对其构成商品销售欺诈，因此，对靳某清主张影响其居住安全的主张不能采信和支持。(3)《最高人民法院关于贯彻执行〈中华人民共和国民法通则〉若干问题的意见(试行)》第六十八条规定:“一方当事人故意告知对方虚假情况,或者故意隐瞒真实情况,诱使对方当事人作出错误意思表示的,可以认定为欺诈行为。”远大公司先前宣传一层一户,与靳某清签订房屋买卖合同,并按照宣传内容和合同约定交付房屋,后来对涉案楼盘的其他房屋进行了设计和结构施工变更。靳某清没有证据证明远大公司在与其签订合同时就已经决定对该楼变更设计、改变和降低居住环境和品质,并且故意不告知或者作虚假告知等事实;宣传广告内容、方式亦不足以认定远大公司欺诈销售的行为。原审认定远大公司构成欺诈不当。(4)《商品房销售管理办法》规定,该办法所称分割拆零销售是指房地产开发企业以将成套的商品住宅分割为数部分分别出售给买受人的方式销售商品住宅的行为。远大公司确实存在着对靳某清所购买的15号楼其他楼层多套房屋进行设计变更和房屋结构施工变更,并且印制了变更后的宣传彩页,将一层房屋分别标注为A户型、B户型,对外进行销售宣传。但是目前为止,远大公司并未实际按照一层两户对外进行销售,没有分割拆零销售事实的实际发生。(5)《中华人民共和国民事诉讼法》第一百一十九条第三项规定,起诉必须有具体的诉讼请求和事实、理由。本案靳某清主张远大公司将一层一户改为一层两户,楼房使用和购房主体已经发生完全变化,住户增加,侵犯了其单层单户使用电梯的权益,给其使用造成诸多不便,降低了房屋使用功能的安宁性和私密性,严重影响其使用权益,但是,根据查明的事实,远大公司把一层房屋分割成两套房屋对外出售的事实目前并未发生,远大公司在房屋户型、结构变更后并未改变一层销售给一户的原定预售方案,靳某清要求赔偿损失所依据的购房主体和公共设施使用主体发生变化、住户增加等事实目前并不存在。靳某清的本案起诉不符合上述法律规定的起诉条件,对靳某清的起诉应当驳回。

河南省焦作市中级人民法院于2019年10月31日作出(2019)豫08民终2536号民事裁定:

一、撤销河南省焦作市解放区人民法院(2019)豫0802民初92号民事判决;

二、驳回靳某清的起诉。

【法官后语】

实践中，由于当事人掌握的信息不对称，开发商擅自减少小区绿化面积、景观等现象的问题屡见不鲜。本案处理的重点在于：靳某清要求远大公司按照已付购房款的3倍即6215181元赔偿其经济损失应否予以支持。

1. 靳某清是否享有诉的利益

本案中，远大公司将案涉房屋所在的15号楼8楼以上房屋的结构进行了改动，在大平层户型的房屋内部增加了一堵墙，且增加了一个入室门，并区分标注有01、02的门牌号。靳某清主张远大公司的行为侵犯其房屋尊享的期待和房屋使用功能的安宁性和私密性。在此，主要涉及对权利的理解问题。权利系法律所保护的利益。《中华人民共和国民法总则》第一百一十条规定，自然人享有生命权、身体权、健康权、姓名权、肖像权、名誉权、荣誉权、隐私权、婚姻自主权等权利。本案中，靳某清所谓的侵犯其房屋尊享的期待和房屋使用功能的安宁性和私密性的权利明显不属于上述法定权利。靳某清不享有诉的利益，且远大公司一房二卖的行为并未实际发生。基于法律保护的合法利益的原则，人民法院不宜受理本案。否则，将导致当事人权利无限扩充，出现权利滥用的现象。

2. 远大公司的行为是否构成欺诈

靳某清以远大公司构成合同欺诈为由，提起本案诉讼。民事欺诈行为是指在设立、变更、中止民事权利和义务的过程中，故意告知对方虚假情况，或者故意隐瞒真实情况，诱使对方作出错误意思表示的行为。远大公司的宣传资料显示：远大未来城15号楼系官殿式豪华大平层，一层一户，360°全景视野。基于上述认识，靳某清与远大公司签订商品房买卖合同，后靳某清按照约定支付了购房款。案涉合同签订后，远大公司又将靳某清所购买的15号楼其他楼层多套房屋进行设计变更和房屋结构施工变更，印制了变更后的宣传彩页，并将一层房屋分别标注为A户型、B户型，对外进行销售宣传。但是，由于远大公司没有按照一层两户对外进行销售，分割拆零销售的事实没有实际发生。也就是说，靳某清主张远大公司构成商品销售欺诈的事实没有实际发生，其要求按照3倍购房款赔偿损失的请求没有事实依据。因此，一审确认远大公司按照已付购房款一倍赔偿靳某清损失，不符合公平、公正的原则。

编写人：河南省焦作市中级人民法院　毕蕾　曹艳娜

三、二手房买卖

23

以“炒房”为目的的房屋买卖合同不成立

——夏某梅诉余某房屋买卖合同案

【案件基本信息】

1. 裁判书字号

江苏省苏州市中级人民法院（2019）苏05民终6956号民事裁定书

2. 案由：房屋买卖合同纠纷

3. 当事人

原告（上诉人）：夏某梅

被告（被上诉人）：余某

【基本案情】

2018年10月26日，夏某梅作为乙方代理人与甲方（余某）签订了《存量房买卖合同》一份，约定甲方将案涉房屋出售给乙方。在补充约定中，约定乙方购买此房，由于其名下房子办理交易，待名额定好后再行交易，也可以用他人名额转给他人交易此房，且甲方（余某）全权配合此房交易流程；如任何一方违约则按照房价的20%赔偿对方。在乙方落款处无签名盖章，代理人处有夏某梅签名，婉居公司作为居间方盖章确认。另查，夏某梅系婉居公司的法定代表人并拥有全部股权。夏某梅认为，其按照约定向余某支付了3万元定金，但事后由于房价上涨，余某无任何理由拒绝继续履行合同并未经其同意将3万元定金通过银行转账的方式转至其账上，明确表示不再履行合同，故诉请判令余某继续履行合同并支付违约金32万元。

【案件焦点】

案涉合同是否成立。

【法院裁判要旨】

江苏省苏州市吴江区人民法院经审理认为：（1）《中华人民共和国合同法》第十二条规定："合同的内容由当事人约定，一般包括以下条款：（一）当事人的名称或者姓名和住所；（二）标的；（三）数量；（四）质量；（五）价款或者报酬；（六）履行期限、地点和方式；（七）违约责任；（八）解决争议的方法……"也就是说，当事人的名称或者姓名系合同的必备要素。本案中，涉案合同没有购买方，代理人虽称自己是购买方，但不能提供足够证据予以证实，且合同约定"乙方购买此房由于其名下房子办理交易，待名额定好后再行交易此房，也可以用他人名额转给他人交易此房"，可以看出夏某梅既非合同的相对方，又无真实购买房屋之意思，双方的房屋买卖合同不成立；（2）夏某梅系居间方婉居公司的法定代表人并拥有全部股权，认为自己系买方也违反了《房地产经纪管理办法》第二十五条第八项关于"房地产经纪机构和房地产经纪人员不得有下列行为……（八）承购、承租自己提供经纪服务的房屋"的规定。因此，夏某梅并非真正买房人，并无真实购买房屋的意思表示，因此双方签订的存量房买卖合同不成立。夏某梅要求余某承担继续履行合同和承担违约责任的诉讼请求，法院不予支持；（3）原告如认为被告需要承担其他法律责任的，可以另行主张。

综上，江苏省苏州市吴江区人民法院依照《中华人民共和国合同法》第十二条，《中华人民共和国民事诉讼法》第六十四条第一款的规定，判决如下：

驳回夏某梅的诉讼请求。

本案判决后，夏某梅提起上诉，但在上诉期内未缴纳上诉案件受理费，经法院通知催交，仍未能在规定期间内交纳上诉费，已按照撤回上诉处理。一审判决已经发生法律效力。

【法官后语】

本案是一个典型的中介炒房案件。对于中介炒房合同的效力各地法院的裁判尺度并不完全一致。第一种意见认为合同成立并有效。理由是：依法成立的合同，对当事人具有法律约束力；当事人应当按照约定履行自己的义务，不得擅自变更或者解除合同。买家与卖家基于自愿原则，订立房屋买卖合同，因此合同就应该是有效的，卖家以买家是炒房者或房屋中介为由拒绝履行合同是违约行为。更何况双方在合同中约定“可以用他人名额转给他人交易此房”，这表明被告在签约前对中介并非一无所知，无非是想毁约后卖高价而已。第二种意见认为合同无效。理由是：合同有违公平交易，会扰乱市场秩序；签订合同并非双方真实的意思表示；房产中介人员或者说房地产经纪从业人员应该是有着严格的职业道德要求的，忠实于客户，不对交易当事人隐瞒真实的房屋交易信息，低价收进高价卖（租）出房屋赚取差价。第三种观点认为合同不成立。房屋买卖合同成立的条件是合同双方具备房屋买卖之真实意思表示。房屋中介利用交易优势从卖房人手中“购买”房屋，约定在办理房屋手续时过户给不确定的第三方，在该种情形下，原告既非合同的相对方，又无真实购买房屋之意思，双方的房屋买卖合同不成立。

笔者倾向于同意第三种意见，理由如下：

1. 原、被告双方签订的合同缺乏必要条款，合同不成立

一个完整的合同必须有完整的合同各方当事人并注明其名称或者姓名。《中华人民共和国合同法》第十二条规定了合同一般包括的条款内容：（1）当事人的名称或者姓名和住所；（2）标的；（3）数量；（4）质量；（5）价款或者报酬；（6）履行期限、地点和方式；（7）违约责任；（8）解决争议的方法。其中当事人、标的（法律关系明确，标的物明确）、数量、价款通常被认为是必备条款（因合同类型不同，也有所区别），缺少必备条款的有可能导致合同不成立。本案所涉合同中，乙方签字的地方空缺，仅代理人处有签字，现有证据无法证明乙方存在，代理人认为自己即为乙方不符合一般交易习惯，依法不予认定。

2. 原、被告在涉案合同中缺乏真实意思表示

真实意思表示是民事法律行为必须具备的条件之一。双方虽签订有房屋买卖合同，但是原告签订合同的目的不是自己买房，合同约定“乙方购买此房由于其名下房子办理交易待名额好后再行交易此房，也可以用他人名额转给他人交易此房”意

味着其签订合同的目的是在炒房，并非直接的交易方，因此双方在买卖房屋这个法律关系上缺乏真实意思表示。

3. 此合同如成立并履行将有违诚信原则

现代民法的一个重要特点是当事人要依据诚信原则行使权利履行义务。在合同法领域，当事人应当依据诚实信用原则订立契约和履行契约从而保证合同符合当事人真实意思表示，符合公平要求，合同义务得到正确和恰当地履行。本案原告系房地产经纪从业人员，明知《房地产经纪管理办法》规定的房地产经纪机构和房地产经纪人员的法定义务，应当做好行业自律。而本案原告还是合同居间方婉居公司的法定代表人并拥有全部股权，认为自己是买房，其系承购自己提供经纪服务的房屋，违反了房地产经纪机构和房地产经纪人员的法定义务，如果履行合同将有违诚信原则。

编写人：江苏省苏州市吴江区人民法院　秦绪栋

24

当事人不及时履行人民法院生效的法律文书所确定的义务应当承担因此给对方当事人造成的损失

——凌某民、方某英诉朱某、雷某玲房屋买卖合同案

【案件基本信息】

1. 裁判书字号

江苏省无锡市新吴区人民法院（2019）苏 0214 民初 3065 号民事判决书

2. 案由：房屋买卖合同纠纷

3. 当事人

原告：凌某民、方某英

被告：朱某、雷某玲

【基本案情】

2002年11月，朱某通过拆迁安置取得案涉房屋，并于2003年10月15日将房产登记于朱某、雷某玲名下，2006年又办理了国有土地使用证。朱某曾于2003年签订过案涉房屋的买卖协议，房屋售价为16万元；案涉房屋符合交房条件后即交由凌某民一家装修入住，房屋所有权证及土地使用证均交由凌某民、方某英、凌志芳保管。凌某民在2000年后曾支付给凌某娣16万元。2017年3月17日，凌某娣与凌某芳签订《购房协议书》1份，内容为：2002年11月，凌某娣与其长子朱某夫妻协商，将春潮花园一期372号××室（面积为122.26平方米）毛坯房一套，自愿转让出售给凌某民之女凌某芳。由于朱某夫妻在西安工作，路途遥远，故经办之事由凌某娣全权负责。当时已达成口头协议，现经双方协商，达成协议：房屋转让出售价为16万元，由凌某芳一次性付清房款，签订协议时，已收到此款；自签订协议之日起，一切房屋产权归凌某芳所有，如需过户，朱某、雷某玲应主动配合，过户费用由凌某芳自理。

2017年5月11日，案外人凌某芳向法院起诉朱某、雷某玲，并列凌某娣为第三人，要求确认关于案涉房屋的买卖协议有效，并要求朱某、雷某玲配合其办理房屋过户手续。经法院审理后认为，凌某芳不是案涉房屋买卖合同的相对方，不享有要求朱某、雷某玲办理案涉房屋过户手续的原告主体资格，故于2017年11月30日裁定驳回起诉。

2018年1月17日，凌某民、方某英向法院起诉朱某、雷某玲，并列凌某娣为第三人，要求朱某、雷某玲配合其办理案涉房屋过户手续。朱某、雷某玲同时提出反诉请求，要求凌某民、方某英返还案涉房屋。法院经审理后认为，朱某、雷某玲已将案涉房屋以16万元的对价出售给凌某民、方某英，并据此判决：（1）朱某、雷某玲于判决发生法律效力之日起十日内配合凌某民、方某英将案涉房屋产权从朱某、雷某玲名下过户至凌某民、方某英名下。过户时产生的土地出让金及相关契税等均由凌某民、方某英负担。（2）驳回朱某、雷某玲的反诉诉讼请求。朱某、雷某玲对一审判决不服，向无锡市中级人民法院提起上诉。经无锡市中级人民法院于2018年12月26日作出判决：驳回上诉，维持原判。二审判决后朱某、雷某玲仍未履行，后经凌某民、方某英申请法院强制执行程序于2019年3月完成案涉房屋过户至凌某民、方某英名下（登记面积为122.26平方米）。凌某民、方某英交纳土地出让金、代收建设规费共计 199039.28 元（单价为 1628 元/平方米）。

根据无锡市住房和城乡建设局、财政局、国土资源局、物价局近几年发布的关于无锡市区经济适用住房、拆迁安置住房上市交易缴纳土地收益等费用标准的相关通知，2016 年 12 月 1 日至 2017 年 12 月 31 日，案涉房屋上市交易缴纳土地收益等费用的标准为 1428 元/平方米，2018 年 1 月 1 日至 2018 年 12 月 31 日，前述标准上调为 1498 元/平方米，2019 年 1 月 1 日起，前述标准上调为 1628 元/平方米。

【案件焦点】

朱某、雷某玲是否需要对土地出让金上涨部分承担责任。

【法院裁判要旨】

江苏省无锡市新吴区人民法院经审理认为：当事人一方不履行合同义务或者履行合同义务不符合约定，应当承担继续履行、采取补救措施等违约责任，给对方造成损失的，还应赔偿损失，损失赔偿额应相当于因违约所造成的损失。本案中，朱某、雷某玲以 16 万元的价格将案涉房屋出卖给凌某民、方某英的这一事实已经生效判决确认，即双方之间的关于案涉房屋的买卖关系合法、有效，合同当事人均应全面、积极履行合同义务。房屋买卖后，除应当将案涉房屋转移占有、使用外，还应变更产权登记。案涉房屋系拆迁安置房，在满足上市交易政策条件后，出卖方即应无条件配合买受方办理过户手续。凌某民、方某英称其向朱某、雷某玲主张过户的书面证据为（2017）苏 0214 民初 3355 号诉讼，但因该案件的原告系凌某芳，且后经法院裁定驳回起诉，故朱某、雷某玲不负有将房屋过户给凌某芳的义务。现有证据显示凌某民、方某英第一次向朱某、雷某玲正式提出过户要求为 2018 年 1 月通过诉讼形式向朱某、雷某玲提出过户请求，但朱某、雷某玲未予配合，致使凌某民、方某英经过一、二审审理程序直至 2019 年 3 月执行阶段才完成过户登记，较 2018 年年初办理过户，实际办证时土地收益等费用价格上调产生费用差额 15893.8 元，该部分费用系因朱某、雷某玲在凌某民、方某英提出过户主张后未能及时配合办理所致，故朱某、雷某玲应当承担相应损失的赔偿责任。

综上，江苏省无锡市新吴区人民法院依照《中华人民共和国物权法》第九条第一款，《中华人民共和国合同法》第一百零七条、第一百一十三条第一款之规定，判决如下：

一、朱某、雷某玲应于本判决发生法律效力之日起十日内赔偿凌某民、方某英土地出让金差额损失15893.8元；

二、驳回凌某民、方某英的其他诉讼请求。

【法官后语】

安置房上市交易政策出台后，房地产市场中安置房买卖也日益增加。而随着房价不断攀升，许多在政策出台前以低价出售安置房的一方，在房屋满足上市交易政策条件后，为获得更多利益而不按约配合办理过户手续，故近年来法院收案类型中有关二手房买卖违约的情况也与日俱增。

本案即为房屋买卖合同中，一方未按约履行过户义务，后因政策变化导致买受方多缴纳土地出让金，违约方是否需要对增加的土地出让金承担赔偿责任，本案考虑的关键在于这部分损失是否应归责于违约方。

要判断归责问题，首先需要确认违约行为与损害结果之间有无因果关系。实践中，检验二者是否存在因果关系，最基本的方法就是“如若没有”法，“如若没有违约行为，损失就不会发生，则违约行为就是损失发生的原因”。具体到本案，朱某方未按协议约定配合办理过户手续即存在违约行为，凌某民方于2019年完成过户登记时，土地出让金费用标准相较于2018年已上涨了70元/平方米，总缴纳金额增加了15893.8元，如若朱某方在凌某民方首次提出办理过户时没有拒绝配合，则土地出让金上涨的损失不会产生。由此可见，凌某民方所受损失系朱某方违约行为所导致，二者存在因果关系。

另外，行为可归责不仅需满足违约责任构成要件，还需不存在违法阻却事由，而本案中并不存在不可抗力等导致当事人无法办理过户手续的客观因素。朱某方虽辩称未过户的正当事由系双方在进行正常诉讼程序，但本案中导致损害后果产生的另一原因还在于朱某方在2018年12月二审裁判后拒不履行法院的生效判决。当法院介入对违约行为的规制后，当事人即可运用公权力的强制性规定要求违约方继续履行合同。这种强制性不仅体现在执行阶段，而且是当守约方获得胜诉判决后便意味着其获得了公权力的支持，可以随时请求法院强制执行，生效法律文书本身便具有权威性和强制性，所以在进入执行阶段前，败诉的朱某方即应及时主动地办理过户手续。

综上，依法成立的合同对当事人双方均具有约束力，全面、适当履行合同是合同当事人的基本义务。若当事人不遵守契约，“不履行合同义务”或者“履行合同义务不符合约定”，当事人订立合同的目的便不能充分实现，从而损害守约方的合法利益。我国法律上规定违约责任制度，明确违约方必须承担的法律责任，也是为了使守约方具有合同获得履行一样的地位，维护合同神圣和合同严守原则，进而维护社会经济秩序的稳定。任何人都必须对自己行为造成的全部损害后果承担责任，也必须对自己无视法律权威性的态度付出代价。

编写人：江苏省无锡市新吴区人民法院　郭莹华　邱铮

25

无真实意思表示的房屋买卖合同不成立

——张某兰诉杨某瑞房屋买卖合同案

【案件基本信息】

1. 裁判书字号

北京市第三中级人民法院（2019）京 03 民终 12176 号民事判决书

2. 案由：房屋买卖合同纠纷

3. 当事人

原告（上诉人）：张某兰

被告（上诉人）：杨某瑞

【基本案情】

张某兰与杨某顺（已故）系夫妻，二人共生育三名子女即杨某瑞、杨某海、杨某莲。案涉房屋系杨某顺生前所在单位的公有住房。杨某顺去世后，案涉房屋于 2001 年 12 月 30 日登记在张某兰名下。2009 年 8 月 31 日，张某兰与杨某瑞办理了《存量房买卖合同》网上签约手续。《存量房屋买卖合同》约定房屋成交价为 19.4 万元。2019 年 3 月 4 日，张某兰将案涉房屋过户至杨某瑞名下。

张某兰认为，在《存量房屋买卖合同》上的出卖方签字处并非张某兰所签，过户亦并非张某兰的真实意思表示，杨某瑞利用一份根本不是张某兰签字的《存量房屋买卖合同》，欺骗张某兰将该诉争房屋过户到自己名下，故请求确认双方之间房屋买卖合同关系不成立。

【案件焦点】

张某兰与杨某瑞之间房屋买卖合同关系是否成立。

【法院裁判要旨】

北京市顺义区人民法院经审理认为：当事人采用合同书形式订立合同的，自双方当事人签字或者盖章时合同成立。采用合同书形式订立合同，在签字或者盖章之前，当事人一方已经履行了主要义务，对方接受的，该合同成立。本案中，《存量房屋买卖合同》出卖人处的签字并非由张某兰所签。实际上，杨某瑞并未将约定的购房款交付张某兰，张某兰也并未向杨某瑞交付房屋。张某兰、杨某瑞的行为并不符合正常的买卖合同要件，杨某瑞亦表示办理过户并非基于双方之间的买卖关系，而是其认为是房屋出资人也即实际所有权人，过户是为了名实相符。张某兰办理过户的行为，亦并非基于房屋买卖合同义务的履行。综上，一审法院认为双方并未达成一致的买卖案涉房屋的意思表示，该买卖合同不成立。但需要说明的是，《存量房屋买卖合同》成立与否和案涉房屋所有权的确认并非同一法律关系。

北京市顺义区人民法院依照《中华人民共和国合同法》第二十五条、第三十二条之规定，判决如下：

一、确认张某兰与杨某瑞于2009年8月31日签订的《存量房屋买卖合同》不成立；

二、驳回张某兰的其他诉讼请求。

张某兰、杨某瑞不服一审判决，均提出上诉。

北京市第三中级人民法院经审理认为：本案中，双方当事人均认可《存量房屋买卖合同》中出卖人处签字并非张某兰所签，且杨某瑞并未履行合同的主要义务给付购房款。故一审法院认定《存量房屋买卖合同》不成立并无不妥，法院予以维持。另外，就案涉房屋所有权一节，可另案解决。

北京市第三中级人民法院依照《中华人民共和国民事诉讼法》第一百七十条第一款第一项之规定，判决如下：

驳回上诉，维持原判。

【法官后语】

本案是一起办理房产过户手续后，一方以办理过户所依据的房屋买卖合同不成立为由，要求确认双方不存在真实的房屋买卖合同关系的纠纷。解决本案争议的关键在于，能否认定张某兰将房屋过户给杨某瑞的行为系对房屋买卖合同的实际履行。

《中华人民共和国合同法》第三十二条规定："当事人采用合同书形式订立合同的，自双方当事人签字或者盖章时合同成立。"第三十七条规定："采用合同书形式订立合同，在签字或者盖章之前，当事人一方已经履行主要义务，对方接受的，该合同成立。"根据上述规定，书面合同形式存在重大缺陷的，只要一方已经履行主要义务，对方接受，即可认定合同成立。房屋买卖合同是出卖人将房屋的所有权转移给买受人，买受人支付价款的合同。出卖人的主要合同义务是交付房屋，买受人的主要合同义务是支付房款。因此，在房屋买卖合同关系中，如买方已支付大部分购房款，卖方接受，主张合同成立的一方必须证明付款用途为购房，且房屋具体位置确定；如卖方已交付房屋，买方接收，主张合同成立的一方必须证明房屋系基于买卖目的所交付，且房屋价款能够确定。本案中，卖方张某兰并未在合同书上签字，买方杨某瑞未按照合同书约定支付购房款，其先前的出资行为并不构成对该份房屋买卖合同购房款支付义务的履行。杨某瑞虽在案涉房屋居住，但不能证明房屋系卖方张某兰为买卖目的所进行的交付。所以，无论从买方的角度，还是卖方的角度，双方均未实际履行《存量房屋买卖合同》。

张某兰配合办理房屋产权过户的行为并不当然构成对《存量房屋买卖合同》的实际履行。房屋产权过户基于的原因事实可能是买卖、继承、赠与等多种情况，产权过户是物权变动结果行为，根据《中华人民共和国物权法》确定的物权变动原因与物权变动结果相区分的原则（《中华人民共和国民法典》沿袭了该原则），张某兰办理房屋产权过户的行为，并不能直接倒推出是对房屋买卖合同债权债务关系的履行行为。杨某瑞曾自认办理过户并非基于房屋买卖，而是基于其为实际所有人，为了名实相符的陈述亦可佐证张某兰办理房屋产权过户的行为并非是基于房屋买卖合同的履行。

综上，虽有书面的房屋买卖合同和张某兰事后的房屋过户行为，但双方实际并未就案涉房屋的买卖达成一致的意思表示，故张某兰与杨某瑞就案涉房屋不成立买卖合同关系。

另外，需要说明的是，本案原告以确认房屋买卖合同不成立为由诉至法院，以期推翻房屋产权登记的效果，但房屋买卖合同成立与否和案涉房屋所有权的确认并非同一法律关系，虽然张某兰与杨某瑞签订的《存量房屋买卖合同》不成立，但因办理房屋产权变更登记属于设立物权的行为，系独立的法律行为，其有效与否并不以《存量房屋买卖合同》的成立或有效为条件。若双方当事人对房屋所有权的归属、内容具有分歧，可以通过确认所有权予以处理。

编写人：北京市顺义区人民法院　李永芝

26

顶名还贷有风险，应秉持公平原则作出裁判

——张某华诉郑某杰房屋买卖合同案

【案件基本信息】

1. 裁判书字号

河北省唐山市中级人民法院（2019）冀0209民终7765号民事判决书

2. 案由：房屋买卖合同纠纷

3. 当事人

原告（上诉人）：张某华

被告（上诉人）：郑某杰

【基本案情】

2010年12月28日，甲方张某华与乙方郑某杰签订了《房屋买卖合同》，合同约定甲方自愿将坐落于原唐海县唐海镇文苑花园小区110楼×门××室的房产出售给乙方。该房产系甲方预先交付首付款后，办理中国银行抵押贷款23.2万元购置

的，贷款期限为20年，自2007年11月26日起至2027年11月26日止。截至2010年12月27日，在甲方已经偿还此前贷款本息后，尚有21万元贷款未还。甲、乙双方共同约定该房产成交价格为41万元整。乙方在2010年12月28日，将20万元现金付给甲方后，该房产的所有权归乙方所有。甲方原购置该房产时所办理的中国银行抵押贷款尚未偿还的所有贷款本息均由乙方负担。甲方将每月25日前按月向中国银行归还贷款本息的账户转交给乙方，由乙方负责按月向中国银行偿还贷款本息。双方转让成交后，该房地产所有权即归乙方所有，与甲方无任何关系。其后，乙方未按月向中国银行偿还贷款本息及由此产生的法律责任均由乙方承担，甲方无任何责任。合同第四条违约责任约定：（1）甲方保证所提供房产资料齐全、真实且权属清楚无任何纠纷，同时承诺对该房屋享有完全支配处理的权利。甲方保证转让后的房屋没有任何产权纠纷和债权债务纠纷。由于转让人甲方的原因，造成该房屋不能办理产权登记或发生债权债务纠纷的，由甲方承担全部法律责任。（2）如因甲方原因与买方、房屋共有人或第三人（权利人）权属和债务纠纷，由甲方负责赔偿给乙方造成的损失并承担一切法律责任。（3）除本合同第三条规定的特殊情况外，如甲、乙任何一方不履行合同或解除合同，均由违约方向另一方支付成交价格的10%作为违约金。被告郑某杰以原告张某华名义向中国银行偿还住房贷款的过程中，2018年5月至7月，均存在逾期还款的情况，其中2018年5月逾期1天至30天未还本金；2018年6月逾期31天至60天未还本金；2018年7月逾期61天至90天未还本金。被告于2018年8月偿还了逾期的贷款。截至2018年6月，张某华名下个人住房贷款余额为136741元，2018年5月已还本金1006元，故被告郑某杰2018年5月逾期还款时，尚欠中国银行贷款本金137747元。

【案件焦点】

1. 被告延迟还贷的违约行为所应承担的法律责任；2. 被告应当支付违约金的数额。

【法院裁判要旨】

河北省唐山市曹妃甸区人民法院经审理认为：按照《中华人民共和国合同法》之规定，只要构成违约，不管相对方是否造成损失，就必须承担违约责任，故对原告要求被告支付违约金的合理请求予以支持。被告迟延交付贷款，但并未在合同约定的范围内给原告造成损失，因现在被告并不拖欠银行贷款，原告也未就该合同支付保护自己权利的任何金钱。《中华人民共和国合同法》规定，约定的违约金过分高于造成的损失的，当事人可以请求人民法院或者仲裁机构予以适当减少。因原告在该合同范围内并未造成金钱损失，原、被告虽然签订合同进行了房产交易，因为该房产属于权利抵押的标的物，房产登记人仍然是原告，故存在权利瑕疵及其交易风险，作为该房产物权上的权利人，原告有责任监督被告履行合同义务，防止自身权利受到侵害。故此，按照房产成交价10%支付违约金明显过高，法院酌情考虑实际支付违约金数额。综上，为保护诚实信用的合同原则，惩罚违约行为，被告应当按照未付房款的137747元的10%支付违约金为宜，即137747元×10%＝13774.7元。

河北省唐山市曹妃甸区人民法院依照《中华人民共和国合同法》第六十条、第一百零七条、第一百一十四条、第一百一十九条，《中华人民共和国民事诉讼法》第一百四十二条之规定，判决如下：

一、被告郑某杰于本判决生效之日起十日内向原告张某华支付违约金13774.7元；

二、驳回原告张某华的其他诉讼请求。

宣判后，双方当事人均不服，提起上诉。

河北省唐山市中级人民法院经审理认为：2010年12月28日，上诉人张某华与上诉人郑某杰签订的《房屋买卖合同》第四条违约责任约定，除本合同第三条规定的特殊情况外，如甲、乙任何一方不履行合同或解除合同，均由违约方向另一方支付成交价格的10%作为违约金。据此，上诉人张某华认为应以该条款为依据判决上诉人郑某杰给付其违约金4.1万元。上诉人张某华诉请的违约金是否过高问题，一审时上诉人郑某杰提出抗辩认为违约金约定过高并要求调整。一审法院考虑案件实际情况，按照未付房款的137747元的10%即13774.7元，判决上诉人郑某杰给付上诉人张某华违约金适当。上诉人张某华要求上诉人郑某杰按照成交价格的10%即4.1万元向其支付违约金，法院不予支持。在本案审理过程中，法院按照上诉人郑某杰送达地址确认书确认的送达地址“曹妃甸区文苑花园小区”及预留电话向其邮寄送达交纳诉讼费用通知书后被退回，退回理由是“电话拒接，家中无人”。该情况视为交纳诉讼费用通知书送达。交纳诉讼费用通知书送达后，上诉人郑某杰未按期交纳案件受理费用，依法按其撤回上诉处理。综上所述，一审判决认定事实清楚，适用法律正确。唐山市中级人民法院依照《中华人民共和国民事诉讼法》第一百七十条第一款第一项之规定，判决如下：

驳回上诉，维持原判。

【法官后语】

现在随着二手房买卖市场的日渐繁荣，二手房买卖出现的问题也在逐渐增多，其中一个很重要的问题就是顶名还贷。由于商品房价格过高，全款购买对很多人来说都有困难，多数人会选择向银行贷款再分期还款的方式购买房屋。因此，现在二手房市场出售的很多房屋其房主并未还清银行贷款，而未还清贷款的房屋无法办理过户登记，这种房屋出售时就会出现顶名还贷的问题。所谓顶名还贷就是购买者与原房主签订房屋买卖合同不办理过户登记，以原房主的名义向银行偿还分期贷款，待贷款还清后办理过户登记手续。这种购房方式对买卖双方都存在很大风险，对于卖方来说，因为房屋贷款的名义是自身，但实际还款人却是别人，如果顶名还贷的人没能按时还款造成逾期的话，那么逾期情况就会上报到自己的征信系统中，就会在征信报告中留下不良信用记录，影响自身后续金融信用问题。本案中出现的就是这种问题，由于被告顶名还贷未按时还款给原告个人征信造成影响，但被告认为原告亦存在过错，且贷款已经还清未产生严重后果，故原告诉请的违约金数额过高。因原、被告双方在房屋买卖合同中对被告的还款时间及数额进行了明确约定，故被告逾期还款的行为构成了违约，但约定的违约金数额为成交价款的10%被认定为约定过高。故被告的违约行为应承担什么样的法律责任成为本案焦点。原告提交了个人征信报告，证明被告的违约行为给其造成严重后果，即所谓的银行“黑名单”，虽然征信报告仅记载了原告各项贷款的还款时间，但是逾期还款确实会给原告造成实际影响。故法院认为被告应承担违约责任，如果被告不承担违约责任则无法对被告的后续还款进行实际约束，但违约金数额过高对被告显失公平，故法院酌定被告应当按照未付房款137747元的10%支付违约金。收到判决后，原、被告均不服提出上诉，唐山市中级人民法院二审维持原判，驳回了双方的上诉请求。这类案件也告诫人们顶名还贷购买二手房存在很大风险，购买此类房屋需谨慎或尽量不购买此类房屋。

编写人：河北省唐山市曹妃甸区人民法院　孟保弟

27

对合同法定解除权中合同目的不能实现的认定

——李某琴、陆某恒诉徐某亭、王某房屋买卖合同案

【案件基本信息】

1. 裁判书字号

江苏省常州市金坛区人民法院（2019）苏0413民初7031号民事判决书

2. 案由：房屋买卖合同纠纷

3. 当事人

原告：李某琴、陆某恒

被告：徐某亭、王某

【基本案情】

李某琴、陆某恒系夫妻关系。2019年9月7日，徐某亭（甲方）与李某琴（乙方）经万帮房产中介及善缘房产中介（王某系善缘房产中介工作人员）居间签订房产买卖合同，约定徐某亭将坐落于常州市金坛区东城街道美丽华大厦1幢2××1室的房屋（建筑面积为94.85平方米）出售给李某琴，成交价73.8万元。合同签订后，李某琴按约支付了定金5万元。2019年9月10日，李某琴、陆某恒办理了网签合同并对案涉房屋进行评估。2019年9月12日，李某琴、陆某恒向徐某亭、王某发出告知函，主要内容为因所购房屋存在漏水的质量问题，徐某亭、王某未尽告知义务，要求解除房产买卖合同，并在2019年9月15日前返还定金5万元。

【案件焦点】

合同一方行使合同解除权时，如何确定合同解除权是否成就，进而在保护合同一方利益及合同交易安全之间作出取舍。

【法院裁判要旨】

江苏省常州市金坛区人民法院经审理认为：本案的争议焦点：1. 涉案的房产买卖合同是否应予解除；2. 定金是否应双倍返还。

关于争议焦点一，常州市金坛区人民法院认为，涉案房产买卖合同不应解除。理由如下：

1.《中华人民共和国合同法》第九十三条第二款规定，当事人可以约定一方解除合同的条件。解除合同的条件成就时，解除权人可以解除合同。《中华人民共和国合同法》第九十四条规定，有下列情形之一的，当事人可以解除合同，（1）因不可抗力致使不能实现合同目的；（2）在履行期限届满前，当事人一方明确表示或者以自己的行为表明不履行主要债务；（3）当事人一方迟延履行主要债务，经催告后在合理期限内仍未履行；（4）当事人一方迟延履行债务或者有其他违约行为致使不能实现合同目的；（5）法律规定的其他情形。法院认为，合同解除权属形成权，即法律赋予了合同当事人有解除合同的权利，行使合同解除权属请求权，合同能否解除还应当符合法律规定或当事人约定。首先，从《中华人民共和国合同法》第九十三条和第九十四条的规定看，解除合同是有条件的，不能任意解除。该法第九十三条第二款规定了约定解除合同的条件。本案中，涉案房产买卖合同第一条第五款违约责任约定"如乙方不能按时支付房款或不能提供合法手续（如贷款需提供良好的供征信报告及银行流水、收入证明），则每推迟一日需向甲方支付每日叁佰元作为违约金给甲方，超过30日，仍不支付，双方解除合同，乙方承担甲方总房价20%的违约金。如甲方不能按时提供合法手续办理资金监管或过户（并交付），甲方需承担每日500元违约金给乙方，超过30日仍不办理，双方合同解除"等内容。李某琴、陆某恒所主张解除合同的理由并不符合该条约定解除合同的情形，且未提供足够证据证明徐某亭的行为符合《中华人民共和国合同法》第九十四条规定的法定解除的5种情形之一。

2. 关于李某琴、陆某恒主张徐某亭存在隐瞒案涉房屋存在瑕疵的故意，致使其购买房屋的目的不能实现的主张。法院认为，本案中，根据李某琴的陈述，根据交易习惯，在签订房屋买卖合同前，其2次至案涉房屋内进行查看，并在房屋买卖合同签订后办理网签合同前，又在其家人的陪同下至案涉房屋内查看了2次至3次，后于9月10日办理网签手续。李某琴查看房屋时，徐某亭均未在场，客观上无法隐瞒房屋瑕疵现象。根据李某琴提供的现场照片可见案涉房屋客厅的窗户右侧、卧室天花板等部位存在明显黑色斑点，上述部位通过观察轻易能够看出，而非隐蔽瑕疵。据此可以认定，本案中徐某亭作为房屋出卖人并不存在故意隐瞒案涉房屋存在瑕疵的情形。本案中，根据李某琴提供证明案涉房屋存在瑕疵的照片，徐某亭、王某对照片真实性认可，但辩解照片并不能说明案涉房屋存在严重质量问题。法院认为，根据照片可见案涉房屋确实存在墙面局部有黑色斑迹、墙纸局部有剥落等情况，两原告所提供的证据不能充分证明案涉房屋存在严重质量问题，故对两原告主张因被告徐某亭隐瞒案涉房屋存在瑕疵的故意，致使两原告购买房屋的目的不能实现的主张，法院不予采信。至此，两原告主张解除房屋买卖合同的诉请无事实基础和法律依据，法院不予支持。

关于争议焦点二，江苏省常州市金坛区人民法院认为，定金不应返还。理由如下：给付定金的一方不履行约定的债务的，无权要求返还定金；收受定金的一方不履行约定的债务的，应当双倍返还定金。本案中，涉案房产买卖合同第一条付款方式约定“乙方在本合同签订时支付5万元作为定金”，且李某琴于2019年9月7日向王某支付定金5万元，王某出具收条，注明“收到李某琴购美丽华大厦1幢2××1室购房定金”。徐某亭庭审中也认可已收到该5万元定金，故李某琴与徐某亭之间的定金合同关系成立。李某琴、陆某恒主张因案涉房屋存在瑕疵致使合同目的不能实现，但其提供的证据不能支持其主张，也未能提供其他证据证明徐某亭存在拒绝履行房产买卖合同的行为，李某琴、陆某恒应承担举证不利的后果。故李某琴、陆某恒请求判令徐某亭双倍返还定金，缺乏依据，法院不予支持。王某作为中介公司工作人员，其在居间合同过程中属职务行为，李某琴、陆某恒要求王某双倍返还定金、承担诉讼费、保全费的请求，于法无据，法院不予支持。

综上，原告李某琴、陆某恒与被告徐某亭签订的房屋买卖合同，是双方的真实意思表示，不违反法律规定，合同签订后，双方理应依约履行各自义务。本案系二手房买卖合同，二手房买卖合同中的标的物为不动产房屋，而且一般已使用了一定年限，并存在装饰、装修等现状，且房地产买卖属大宗交易，买卖双方更应尽到谨慎注意义务。原告李某琴明知所购房屋系二手房且为顶层，更应审慎查看房屋瑕疵问题。虽被告徐某亭、王某在售房前未告知该房屋存在瑕疵问题，但原告李某琴多次至案涉房屋内查看，对于房屋墙面局部有黑色斑迹、墙纸局部有剥落等现象是明知的，此处的明知应当是按照正常人的认识水平和识别能力都可以作出判断和认识的。原告李某琴、陆某恒最终在认可房屋的使用年限以及现状的情况下作出真实的房屋买卖意思表示，表明其能够接受并容忍房屋的质量瑕疵，故对原告李某琴、陆某恒要求解除房产买卖合同，并要求徐某亭、王某双倍返还原告已付定金、承担网签费用和房屋评估费用的诉讼请求，法院不予支持。江苏省常州市金坛区人民法院依照《中华人民共和国合同法》第九十三条、九十四条、第一百一十五条，《中华人民共和国民事诉讼法》第一百四十二条之规定，判决如下：

驳回原告李某琴、陆某恒的诉讼请求。

【法官后语】

近几年，房地产价格变化幅度较大，导致商品房买卖出现纠纷的风险不断上升。房屋买卖合同当事人出于经济利益的考虑，会采取恶意违约、扩大瑕疵等行为达到不履行合同或解除合同的目的，此时如何准确适用《中华人民共和国民法典》第五百六十二条和第五百六十三条之规定，是能否准确保护合同当事人正当权利的前提，也是能否准确保护交易安全、杜绝一方当事人滥用合同解除权而获利的重要保障。

依据《中华人民共和国民法典》第五百六十二条及第五百六十三条的规定，合同解除权分为约定解除和法定解除。其中，约定解除权因合同有明确载明的解除情形，在实际运用时基本不存在认定困难，只需要查明合同当事人是否存在合同约定的违约行为即可。但是，法定解除权在合同法上规定的界限较为模糊。例如，第五百六十三条第一款第四项：当事人一方迟延履行债务或者有其他违约行为致使不能实现合同目的。此时，在案件审理过程中就需界定合同当事人是否存在某种行为导致合同目的不能实现。

对如何界定合同目的不能实现应作如下思考：

1. 依据合同标的物的用途确定合同目的不能实现的具体审查范围。本案中，原告购买房屋系用于家庭居住，此时合同目的不能实现的审查范围应为房屋产权问题及房屋主体结构质量是否存在问题；如购买房屋系用于经营使用，则还应考虑房屋是否符合经营条件即能否领取相应的营业执照等情形。

2. 依据合同标的物的性质确定合同目的不能实现的具体标准。本案合同标的物系住宅用房，故此时合同目的不能实现的判断应以房屋存在主体结构质量问题导致原告无法正常居住为标准，原告陈述房屋有漏水等情形属于质量瑕疵问题，对原告居住该房屋不存在实质影响，如认定合同目的不能实现，进而判令解除房屋买卖合同，则会加大卖房人的责任，导致房屋买卖行为的交易风险增大；如合同标的物系经营用房，除上述房屋质量问题外，房屋出现无法办理营业执照亦属于合同目的不能实现的标准。

综上，审理因合同目的不能实现导致要求解除合同的案件时，应严格审查相关事实，防止合同当事人恶意以此为由解除合同，从而获取相应利益。

编写人：江苏省常州市金坛区人民法院　罗辑　吕俊杰

28

二手房交易中买卖双方义务履行顺序的认定及第三人导致违约的责任承担

——陶某风诉楼某阳、易合公司房屋买卖合同案

【案件基本信息】

1. 裁判书字号

北京市第一中级人民法院（2019）京01民终11149号民事判决书

2. 案由：房屋买卖合同纠纷

3. 当事人

原告（反诉被告、被上诉人）：陶某风

被告（反诉原告、上诉人）：楼某阳

被告：易合公司

【基本案情】

2015年5月，陶某风（买受人）与楼某阳（出卖人）及易合公司（居间人）

签订《房屋买卖居间合同》（以下简称《买卖合同》）及《补充协议》。《买卖合同》约定：出卖人出售案涉房屋，房屋已经设定抵押。房屋成交价格115万元，家具、家电等作价43万元。买受人拟贷款金额为80万元。《补充协议》约定：甲、乙双方约定于2015年6月30日之前办理该房屋的审贷手续……乙方拒绝购买房屋的，构成根本违约，对方有权解除合同，违约方应以相当于该房屋总价款的20%赔偿其损失。当日，陶某风依约向楼某阳支付购房定金2万元。

易合公司刘某具体负责为双方办理案涉房屋的买卖事宜。合同履行过程中刘某告知陶某风其购房资质出现问题，建议陶某风在其子年满18周岁后将其名下房产转移登记至其子名下从而获得购房资质，陶某风表示同意。2015年6月24日刘某持一份《0002391号购房合同补充条款》让陶某风签字，主要内容为：由于乙方不能申请北京市购房资格，乙方承诺名下另一处房屋于2015年11月30日过户到其子名下，过户完毕配合申请购房资格，在此期间双方不得以任何理由拒绝购买或拒绝出售案涉房屋。该份补充条款上甲方处签有楼某阳的名字并按有手印，居间方代理人处加盖有易合公司字样的公章。陶某风收到上述补充条款后在该条款乙方处签字。陶某风据此同意将购房款先打入刘某的账户，由刘某予以保管，并先后向刘某的账户打入126万元购房款。

2015年11月，陶某风将楼某阳及易合公司诉至法院，要求解除合同。因涉嫌刑事犯罪，法院将该案移送公安机关。后法院作出刑事判决书，判决刘某犯合同诈骗罪。在公安机关讯问过程中，刘某自认其提交给陶某风的补充条款上易合公司的公章系伪造，楼某阳的字是其代签，陶某风转给其的三笔钱均已挥霍。楼某阳于2016年4月办理了案涉房屋的解抵押手续，后将案涉房屋另行出售。

审理中，双方认可曾协商同意将案涉房屋买卖合同的履行延迟至2015年12月。陶某风主张因受欺诈将购房款给了刘某导致其无力继续支付购房款，无法继续交易，故未在2015年12月底前取得购房资质。

【案件焦点】

1. 楼某阳未办理解抵押及将房屋另行出售的行为是否构成违约；2. 陶某风未取得购房资质并要求解除合同是否构成违约。

【法院裁判要旨】

北京市昌平区人民法院经审理认为：各方均认可《买卖合同》及《补充协议》于2015年12月23日解除，法院不持异议。故其后楼某阳将案涉房屋另售他人并不构成违约。双方《补充协议》虽约定双方应于2015年6月30日之前办理该房屋的审贷手续，但因陶某风的购房资质出现问题，陶某风未按照上述约定办理审贷手续，楼某阳亦未按照双方约定办理解押手续，双方均未按照约定履行各自义务。后因刘某的行为导致双方未能就后续履行问题达成一致意见，双方解除合同，故楼某阳以陶某风未按期办理审贷手续构成违约为由主张违约金的依据不足。鉴于《买卖合同》已解除，陶某风要求楼某阳返还购房定金2万元，应予支持；其主张定金2万元利息的诉讼请求依据不足。

北京市昌平区人民法院依照《中华人民共和国合同法》第四十四条第一款、第六十条第一款、第九十三条、第九十四条、第九十七条，《中华人民共和国民事诉讼法》第六十四条，判决如下：

一、楼某阳于本判决生效后十日内返还陶某风购房定金2万元；

二、驳回陶某风的其他诉讼请求；

三、驳回楼某阳的其他反诉请求。

楼某阳不服一审判决，提出上诉。

北京市第一中级人民法院经审理认为：虽然《补充协议》约定双方应于2015年6月30日之前办理审贷手续，但双方协商延迟合同的履行期限至2015年年底。依据房屋交易的一般流程，楼某阳办理案涉房屋解抵押手续的义务和陶某风取得购房资质的义务并无先后顺序，应当同时履行，在陶某风并未取得购房资质的情况下，楼某阳未办理解抵押手续不构成违约。

双方认可协商将合同的履行期限延迟至2015年年底，但陶某风在此期间仍未取得购房资质，并于2015年11月将楼某阳及易合公司诉至法院要求解除合同，拒绝购买案涉房屋，构成违约。陶某风受刘某的欺诈将钱款交付刘某导致其无力继续支付购房款亦系其个人原因，不能改变其违约的事实。关于违约金的数额，考虑到陶某风无力支付购房款确系受到刘某犯罪行为的直接影响，其就违约过错较小，酌情确定陶某风支付楼某阳违约金15万元。双方合同已解除，楼某阳已经主张违约金，故应当返还定金2万元。

北京市第一中级人民法院依照《中华人民共和国合同法》第六十六条、第七十七条、第九十七条、第一百一十四条、第一百一十六条，《中华人民共和国民事诉讼法》第一百七十条第一款第二项之规定，判决如下：

一、维持北京市昌平区人民法院（2019）京0114民初12978号民事判决第一项、第二项；

二、撤销北京市昌平区人民法院（2019）京0114民初12978号民事判决第三项；

三、陶某风于本判决生效后十日内支付楼某阳违约金15万元；

四、驳回楼某阳的其他反诉请求。

【法官后语】

1. 关于二手房交易中买卖双方义务履行顺序的认定

《中华人民共和国合同法》第六十六条规定："当事人互负债务，没有先后履行顺序的，应当同时履行。一方在对方履行之前有权拒绝其履行要求。一方在对方履行债务不符合约定时，有权拒绝其相应的履行要求。"

现实生活中，二手房交易常常涉及房屋及购房资格核验、贷款办理、产权过户、户口迁移等多重手续，程序烦琐。而当事人在合同中不一定会对每个环节的具体时间都作出明确约定，在认定买卖双方各自义务履行的时间及先后顺序时，必须结合二手房交易惯例和双方合同约定综合判断。一般而言，买卖双方进行网上签约是办理过户完成交易的必要前提，而网上签约则要求作为买卖标的物的房屋符合出售条件以及买受人具有购房资格。如果房屋上存在抵押登记或购房人不具备购房资格，则双方都必须在网上签约时间之前解决以上问题。因此，出卖人解除抵押的义务和买受人获得购房资格的义务都应当在网上签约之前履行完毕，但两者之间并无制约关系，除非双方合同有明确约定，否则并无履行先后的要求，依据合同法的规定，属于应当同时履行的义务。因此，本案中，陶某风在自己并未取得购房资格的情况下，无权要求楼某阳履行解抵押义务，楼某阳未办理解抵押并不构成违约。

2. 第三人行为导致违约的责任承担

《中华人民共和国合同法》第一百二十一条规定："当事人一方因第三人的原因造成违约的，应当向对方承担违约责任……"依据该规定，如当事人违约系因第三人的原因导致，并不能免除违约方的违约责任。但同时，该法第一百一十四条第二款规定："……约定的违约金过分高于造成的损失的，当事人可以请求人民法院或者仲裁机构予以适当减少。"《最高人民法院关于适用〈中华人民共和国合同法〉若干问题的解释（二）》第二十九条第一款规定："当事人主张约定的违约金过高请求予以适当减少的，人民法院应当以实际损失为基础，兼顾合同的履行情况、当事人的过错程度以及预期利益等综合因素，根据公平原则和诚实信用原则予以衡量，并作出裁决。"虽然该司法解释已于2020废止，但《中华人民共和国民法典》第五百八十五条"当事人可以约定一方违约时应当根据违约情况向对方支付一定数额的违约金，也可以约定因违约产生的损失赔偿额的计算方法。约定的违约金低于造成的损失的，人民法院或者仲裁机构可以根据当事人的请求予以增加；约定的违约金过分高于造成的损失的，人民法院或者仲裁机构可以根据当事人的请求予以适当减少。当事人就迟延履行约定违约金的，违约方支付违约金后，还应当履行债务"之规定，基本吸收了上述司法解释的精神。依据上述规定，第三人原因导致违约的情况下，虽然违约方的违约责任不能免除，但因违约并非违约方主观故意或者过失导致，违约方的过错较小，故在确定违约金时，法院应当对此情形予以充分考虑，适当减少违约金的数额，以符合过错与责任相一致的原则。本案中，陶某风在双方合同履行期尚未届满时就起诉要求解除合同，拒绝购买案涉房屋，构成违约。虽然陶某风系受中介人员刘某的欺诈，将购房款交付刘某导致自身遭受经济损失，失去了购买案涉房屋的经济能力，但刘某的行为并不影响陶某风违约责任的承担。在认定违约金的数额时，因陶某风的过错较小，故法院应当对违约金数额酌情减少。

编写人：北京市第一中级人民法院　王湘羽

29

数物并存时合同的解除

——李某彤诉刘某水房屋买卖合同案

【案件基本信息】

1. 裁判书字号

福建省厦门市中级人民法院（2019）闽02民终3283号民事判决书

2. 案由：房屋买卖合同纠纷

3. 当事人

原告（上诉人）：李某彤

被告（被上诉人）：刘某水

【基本案情】

2014年2月17日，案外人刘某辉向开发商购买坐落于厦门市海沧区滨湖二里××号房屋（房产价格为13265206元）及禹洲·尊海一期地下室地下一层第1×3号车位、1×4号车位（价格各为50万元）。2015年10月26日，因刘某水与案外人刘某城、刘某辉民间借款合同纠纷案件，湖北省孝感市孝南区人民法院作出(2015)鄂孝南民初字第01873号民事调解书，刘某辉以其所有的位于福建省厦门市海沧区禹洲尊海别墅一栋，作价650万元，该小区内车位两处，作价100万元，抵偿给刘某水或者其指定的受让方。2017年3月14日，刘某水与李某彤签订《房产买卖协议》，将坐落于厦门市海沧区滨湖二里××号房屋和1×3车位、1×4车位出售给李某彤，购房定金为100万元。双方在房产买卖协议中约定了款项支付时间、办理过户登记时间等。李某彤已支付购房定金100万元。

2017年6月14日，坐落于厦门市海沧区滨湖二里××号房产登记至合同业主刘某辉名下，房产登记手续由刘某水办理。刘某水支付契税197093.38元及其他税费346666.67元。

2017年7月4日，坐落于厦门市海沧区滨湖二里××号房产登记至刘某水名下，房产登记手续由刘某水办理，刘某水支付契税92857.15元。

截至2018年12月，厦门市海沧区禹洲·尊海一期地下室地下一层第1×3号车位、1×4号车位登记合同业主为刘某辉，现仍处于被法院查封状态，未办理产权证。

在案件审理过程中，厦门市不动产登记中心复函，经查，该房产系通过法院裁定取得，不属于厦国土房〔2017〕136号文件第三条规定的2年内不得上市交易的房产。

李某彤支付定金100万元后，未再支付剩余购房款，其以刘某水办理的产权证不符合一手产权约定，以及厦门市海沧区禹洲·尊海一期地下室地下一层第1×3号车位、1×4号车位处于被查封状态不能过户为由，认为刘某水构成根本违约，请求解除双方的房产买卖合同。

【案件焦点】

别墅与独立产权车位整体出售的房产买卖合同，如车位无法过户，卖方是否构成整个房产买卖合同的根本违约。

【法院裁判要旨】

福建省厦门市海沧区人民法院经审理认为：本案房产买卖的标的为厦门市海沧区滨湖二里××号房产及厦门市海沧区禹洲·尊海一期地下室地下一层第1×3号车位、1×4号车位。两个车位超过合同约定的一手产权办理期限仍处于法院查封状态，无法办理过户登记至李某彤名下，刘某水已构成违约。但是，鉴于厦门市海沧区滨湖二里××号房产及两个车位，为独立的产权登记，车位与房产在功能和地理位置上为独立的空间，车位的使用和交易过户均与房产的使用和交易无涉，车位在价值上占总标的价值不足10%，刘某水对车位交易部分的违约不影响房产交易部分合同目的的实现，仅以两个车位的过户登记不能办理而主张刘某水对整个《房产买卖协议》构成根本违约有失公平，依据不足。法院仅认定刘某水对车位的买卖存在根本违约，对别墅的买卖不构成根本违约。

李某彤对《房产买卖协议》约定的“一手产权”理解缺乏合同依据，也不符合一般理解。李某彤提出解除合同的理由，关于厦门市海沧区滨湖二里××号房产的部分不能成立，法院依法予以驳回。法院认定两个车位的买卖协议内容解除，支持车位部分的定金予以双倍返还。

李某彤不服一审判决提起上诉。

福建省厦门市中级人民法院经审理认为：案涉两个车位与房屋并非联体、不可分割，而该小区内的二个车位是分别独立的产权登记，李某彤主张案涉房产与车位是完整的、不可分的标的物，不符合客观事实。至于别墅是否有必要配套车位，则属于居住之外更高的要求，不属于本案审查范围。所谓“一手产权”是指购房者直接向开发商购买商品房，并取得房屋权属证书。李某彤明知刘某水并非开发商，且李某彤也称其是向刘某水购买房产及车位，但却要求案涉房屋应为“一手产权”，不符合事实，双方的微信、短信记录显示，李某彤对“一手房产”理解存在偏差。

综上，福建省厦门市中级人民法院判决如下：

驳回上诉，维持原判。

【法官后语】

违约方违反合同的主要义务，致使合同目的落空时，构成根本违约，守约方可以主张解除合同。在房产买卖合同中，买方的主要义务为支付合同价款，主要合同目的则为从卖方处取得房产所有权。卖方应当履行向买方交付房产，并转移标的物所有权的义务。因房产的所有权变更采登记生效主义，房产是否能办理过户登记就成为房产买卖合同履行的重要环节。房产不能办理过户登记手续，直接影响买方取得房屋所有权目的的实现，构成根本违约。

本案房产买卖合同中，卖方将一栋别墅与两个车位作为整体标的出售。卖方因两个车位被法院司法查封无法办理车位的产权过户登记，对买方构成违约。别墅产权过户登记的履行部分不受影响。

本案争议问题的处理关键在于《房产买卖协议》的标的物“别墅与两个车位”的关系认定。

首先，“一物”还是“多物”。别墅作为特殊的房产形式，很多情况下与车位是一体的，车位是别墅的一部分，但此种情况下的车位一般不会有与别墅产权证独立的产权证。经过调查，本案是有独立产权的车位，不在别墅内部，二者在地理位置上属小区的不同区域，车位的使用功能与别墅的使用功能不影响。因此，本案的车位与别墅应属于合同法规定的数物并存的房产买卖合同。

其次，一物与他物分离或分割时，价值或功能是否显受损害。本案的别墅和两个车位虽一同出售，但各自有独立的产权登记，车位的使用和交易过户均与房产的使用和交易无涉，车位在价值上占总标的价值不足10%，两个独立车位与别墅分离，对别墅房产的价值或功能影响甚微。

因此，本案房产买卖合同属于法律规定的数物并存的买卖合同，在车位不能办理过户登记时，该车位与别墅分离也未使别墅价值受损，故买方仅得以主张车位买卖部分的解除，而不能主张别墅部分的房产买卖合同也一同解除。

编写人：福建省厦门市海沧区人民法院　黄玉梅

30

双方违反签订合同时达成的口头约定亦构成违约

——王某诉潘某有房屋买卖合同案

【案件基本信息】

1. 裁判书字号

北京市第二中级人民法院（2019）京02民终12064号民事判决书

2. 案由：房屋买卖合同纠纷

3. 当事人

原告（上诉人）：王某

被告（上诉人）：潘某有

【基本案情】

罗某芝系潘某有之母，案涉房屋原系罗某芝所有，登记于罗某芝名下。2017年10月30日，罗某芝去世。潘某有于2018年4月3日起诉潘某明、潘某生遗嘱继承纠纷一案，法院于2018年8月27日作出（2018）京0106民初12099号民事调解书，确认该房屋由潘某有继承，潘某有于2018年12月15日前分二次将房屋折价款合计959633元支付与潘某生。此后，案涉房屋变更登记至潘某有名下。

2018年9月21日，经链家公司居间，潘某有（出卖人）与王某（买受人）签订《北京市存量房屋买卖合同》，约定："王某购买案涉房屋，房屋总价为380万元；第五条关于房屋产权及具体状况的承诺……（二）出卖人确认，该房屋在其本人或其近亲属持有期间，在房屋本体结构内未发生过非正常死亡事件（包括但不限于自杀、他杀、从该房屋内坠出死亡、意外死亡等）。如果出卖人在签署本合同前就前述事项隐瞒真实情况的，三方确认：因出卖人欺诈行为，使得买受人和居间方在违背真实意思的基础上订立本合同，买受人有权依法要求撤销房屋买卖合同及相关协议，出卖人另应承担相应责任。"双方在合同中另就房款支付、房屋交付、过户及违约责任等事项予以约定。2018年10月20日，潘某有、王某及链家公司三方另签订《变更协议书》，对房款支付事宜另行予以约定。上述合同及变更协议签订后，双方按约定履行了付款、房屋交付、过户义务等相关义务。2018年10月29日，案涉房屋过户登记至王某名下。后王某母亲陈桂芳听邻居说潘某母亲在案涉房屋内去世，双方产生争议，以致成讼。

【案件焦点】

1. 房屋买卖合同签订前，买方是否询问过交易房屋有无正常死亡情况；2. 被告之母罗某芝的去世地点。

【法院裁判要旨】

北京市丰台区人民法院经审理认为：依据证人李某州提交的录音证据，可知在购买房屋时，买方确曾询问潘某有其母亲是否在房屋内去世，潘某有予以否认。但依据救援中心的救援记录、死亡证明及医生的确认，潘某有的母亲罗某芝去世于案涉房屋内，与潘某有此前所做陈述有出入，违反了双方的口头约定。购房人对购房存有某些方面的禁忌，系其自由权利，潘某有对死亡地点的错误陈述可能影响原告购房的选择，出卖人应当承担相应责任。庭审中，王某主张100万元的损失，因房屋内有人因病去世，并非影响房屋价格的普适因素，综合考虑双方合同的履行情况，以及双方并未就房屋内不能发生正常死亡事件的要求及后果明确记载于合同中的事实，法院酌情确定潘某有向王某支付5万元。综上，依照《中华人民共和国合同法》第六十条、第一百零七条之规定，判决如下：

一、潘某有于本判决生效之日起七日内向王某支付5万元；

二、驳回王某的其他诉讼请求。

王某、潘某有均提起上诉。

北京市第二中级人民法院经审理认为：依法成立的合同，对当事人具有法律约束力。王某与潘某有签订的《北京市存量房屋买卖合同》系双方的真实意思表示，且未违反法律、行政法规的效力性强制性规定，应属合法有效。双方在合同中约定了出卖人确认房屋内未发生过非正常死亡事件，但对于因病死亡等正常死亡的情形如何处理，双方并未进行约定。王某主张在签约前曾向潘某有询问过其母亲是否在房屋内去世，潘某有称是在救护车上去世的，链家公司参与合同居间的工作人员亦出庭作证证明上述情况。但根据救援中心的救援记录、死亡证明及原审法院向当时救援中心实施救治的医生进行的调查，证明潘某有之母的死亡地点系案涉房屋。潘某有未如实告知上述情况，确会对王某的购房行为产生一定影响。现王某要求潘某有赔偿损失，原审法院综合考虑合同履行情况酌情确定赔偿数额在合理范围内，法院对此不持异议。王某、潘某有的上诉请求均依据不足，法院不予支持。原审判决认定事实清楚，适用法律正确，应予维持。综上所述，依照《中华人民共和国民事诉讼法》第一百七十条第一款第一项之规定，判决如下：

驳回上诉，维持原判。

【法官后语】

结合本案审理过程，笔者有以下两点看法：

1. 关于法院调查取证

司法审判是在查明法律事实的基础上适用法律，所以查明法律事实是司法审判的基础。《中华人民共和国民事诉讼法》规定，当事人及其诉讼代理人因客观原因不能自行收集的证据，或者人民法院认为审理案件需要的证据，人民法院应当调查收集。法院调查取证分为依申请调查取证与依职权调查取证两种，上述两种情况均是在案件事实不能查明的基础上，相关证据不宜由当事人调取或当事人调取存在权限限制的情况下，法律赋予了人民法院调查取证的权力。该项立法目的就是确保在案件事实能够查明的情况下，不因证据收集客观原因增加当事人的举证责任，冲破查明案件事实的各项阻碍，确保人民法院在查明案件事实的基础上，妥善适用法律，作出判决，实现真正意义上的公平正义。

本案中，原告与被告针对被告母亲的去世地点产生了较大争议，亦成为本案的争议焦点。尽管双方就其诉辩主张提交了书证、录音材料、证人证言等一系列证据，但仍无法直接证明其主张。针对本案的实际情况，法院前往救援中心调查取证，根据救援中心记录及医生的陈述，本案认定被告母亲系去世于案涉房屋内。据此法律事实，结合双方义务、损失程度，法院依法对其作出判决。

2. 违反口头约定亦需承担违约责任

口头约定亦是合同的一种，违反口头约定仍构成违约，违约方需承担违约责任。这不仅是合同性质的体现，更是诚实信用这一传统美德在市场交易中的体现。合同一般由要约与承诺两部分构成，口头约定虽不具备书面约定这一条件，但仍然包含要约与承诺两个环节，故而，约定一方未按约定履行义务即应该承担相应的违约责任。本案中，买卖双方曾就房屋内不能存有正常死亡与非正常死亡达成了口头约定，虽未固定成书面材料，但双方曾就此作出真实意思表示，故而双方均应遵守诚实信用原则，按照约定履行义务。

鉴于发生纠纷后，对口头约定的举证较为困难，故而各交易主体在签订合同过程中应当认真谨慎，在综合考量自身要求的基础上修订买卖合同，诚信履约。

编写人：北京市丰台区人民法院　赵冰洁

31

房屋过户后因不再符合落户政策而导致户口未能迁出是否属于合同违约责任阻却事由的司法认定

——郭某诉张某华房屋买卖合同案

【案件基本信息】

1. 裁判书字号

北京市西城区人民法院（2019）京0102民初21538号民事判决书

2. 案由：房屋买卖合同纠纷

3. 当事人

原告：郭某

被告：张某华

【基本案情】

2014年2月24日，被告作为出卖人，原告作为买受人，双方签订《北京市存量房屋买卖合同》，约定出售人所售房屋坐落于北京市西城区，建筑面积为109.93平方米；房屋成交价款为625万元；出卖人应当在该房屋所有权转移之日起100日内，向房屋所在地的户籍管理机关办理原有户口迁出手续。如因出卖人的原因未如期将与该房屋相关的户口迁出，应当向买受人支付2万元的违约金；逾期超过7日未迁出的，自逾期超过7日起，出卖人应当按日计算向买受人支付全部已付款万分之五的违约金。2014年5月27日，案涉房屋过户至原告名下。

2018年10月6日，原告与案外人秦某华及北京某房地产经纪公司签订《补充协议》，原告将案涉房屋出售给秦某华，对户口迁出保证金及违约金进行了约定。2019年1月17日，案涉房屋过户至秦某华名下。

2019年3月27日，秦某华向原告发函件，称案涉房屋内存留被告的户口，若原告未按约定时间或条件履行原户口迁出手续，其将视为原告违约并按照合同条款向原告索赔。后原告与被告取得联系，被告于2019年7月9日及7月16日将案涉房屋内的户口全部迁出。

现原告认为被告未按照双方的约定将其户口迁出构成违约。故诉至法院，要求判令被告每日按合同总价款625万元的万分之五向原告支付自2014年9月12日起至实际迁出户口之日违约金，暂计算至2019年4月30日为5304375元。

被告认为，原告告知其户口没有迁出后，其向户籍机关询问，因其出售房屋后没有地方落户，不符合落户政策。其户籍没有迁出对原告没有实际影响，并没有给原告造成损失，未能迁出户籍也非其个人原因，而是政策问题所致，故不同意原告的诉讼请求。

【案件焦点】

不符合相关的落户政策要求而无法过户，导致其未能履行合同中关于户口迁出的约定，是否属于合同违约责任的阻却事由而不需要承担相应的法律责任。

【法院裁判要旨】

北京市西城区人民法院经审理认为：当事人一方不履行合同或者履行合同义务不符合约定的，应当承担违约责任。本案中，根据双方的合同约定，被告承诺在房屋所有权转移之日起100日内，向房屋所在地的户籍管理机关办理原有全部户口迁出手续。原告与被告已经完成案涉房屋权属转移登记手续，则依约定被告应将案涉房屋内原有户口迁出，在原告将案涉房屋出售给案外人秦某华之时被告未将案涉房屋内原有户口迁出，被告已经构成违约，应当承担相应的违约责任。被告抗辩称原告的主张已经超过诉讼时效，因双方合同约定逾期超过7日未迁出的，自逾期超过7日起，出卖人应当按日计算向买受人支付全部已付款万分之五的违约金，该约定具有连续性，被告抗辩超过诉讼时效，法院不予采信。

关于违约金的数额问题。当事人可以约定一方违约时应当根据违约情况向对方支付一定数额的违约金，也可以约定因违约产生的损失赔偿额的计算方法。约定的违约金低于造成损失的，当事人可以请求人民法院或者仲裁机构予以增加；约定的违约金过分高于造成的损失的，当事人可以请求人民法院或者仲裁机构予以适当减少，当事人主张约定的违约金过高请求予以适当减少的，人民法院应当以实际损失为基础，兼顾合同的履行情况、当事人的过错程度以及预期利益等因素，根据公平原则和诚实信用原则予以衡量，并作出裁决。本案中，原告已经取得不动产权证书，被告取得相应对价系房屋买卖合同之主要目的，被告已依约履行将房屋过户并交付给原告之主要合同义务，原告主要合同目的已实现且原告已经将案涉房屋出售给案外人秦某华。根据我国法律规定，违约金具有补偿性，以填补损失为目的，依规定约定的违约金过分高于损失的，当事人可以请求法院予以适当减少，被告已于庭审中明确提出违约金过高之主张。原告现提供的证据不足以证明案涉房屋涉及其重大利益影响的情形存在，法院结合本案的实际履行情况、被告的过错程度及原告的实际损失等，酌情确定违约金的具体数额。

依照《中华人民共和国合同法》第六十条、第一百零七条、第一百一十四条之规定，判决如下：

一、自本判决生效之日起七日内，张某华给付郭某违约金3万元；

二、驳回郭某的其他诉讼请求。

【法官后语】

合同是平等主体的自然人、法人、其他组织之间设立、变更、终止民事权利义务关系的协议。当事人自愿订立合同之后均应依法、依约行使自己的权利与履行自己的义务。当事人一方不履行合同义务或者履行合同义务不符合约定的，应当承担相应的违约责任。

本案中，郭某与张某华在平等自愿的基础上签订了《北京市存量房屋买卖合同》，合法有效，双方均应按照约定享有相应的权利并履行相应的义务。合同中对案涉房屋上户口的迁出进行了明确约定，出卖人应当在房屋所有权转移之日起100日内办理原有户口迁出手续，如因其自身原因未如期将户口迁出，需要承担相应的赔偿责任。案涉房屋所有权转移后，郭某认为张某华未如期将案涉房屋上的户口迁出，已构成违约需要承担赔偿责任。而张某华认为，其户口未能迁出是因为房屋过户后其名下无房，不再具备北京市关于落户的相关政策，其违约并非是主观意愿，而是政策规定所致，因而不需要承担责任。

双方争议的焦点在于房屋过户后，张某华名下无房不再符合户籍政策导致无法迁出户口，该理由是否能够成为其不需要承担责任的抗辩理由，也即是否属于合同法上的免责事由。免责事由即免责条款，是指合同双方对违约行为免于承担责任的事由。免责事由一般分为两大类，即法定免责事由和约定免责事由。法定免责事由是指由法律直接规定，不需要当事人约定即可援用的免责事由，即不可抗力；而约定免责事由是指当事人在合同中约定的免责条款。本案中，双方在合同免责部分中并未对张某未能迁出户口的情形进行约定，张某华未能迁出户口的行为不属于约定免责事由。则其行为是否属于法定免责事由，即能否构成不可抗力之抗辩。

《中华人民共和国合同法》第一百一十七条规定："因不可抗力不能履行合同的，根据不可抗力的影响，部分或者全部免除责任，但法律另有规定的除外。当事人迟延履行后发生不可抗力的，不能免除责任。本法所称不可抗力，是指不能预见、不能避免并不能克服的客观情况。"《中华人民共和国民法典》第一百八十条也基本沿袭了这一规定，因而，法律意义上的不可抗力则是指合同订立时不能预见、不能避免且不能克服的客观情况。构成不可抗力需具备以下要件：当事人在订立合同时，对未来事件的发生，具有不可预见的偶然性、不可控制的客观性以及不能避免的现实性。根据司法实践及相关的法律法规之解释，不可抗力的范围主要包含两类：其一是自然原因引起的自然现象，如火灾、地震、大雪等；其二是社会原因引起的社会现象，如战争动乱、政策调整等。如果构成不可抗力，则可以部分或者全部免除责任。

本案中，张某华作为完全民事行为能力人，在签订房屋买卖合同时理应对相关的法律法规及政策予以了解，且双方签订合同时，名下无房无法落户的户籍政策早已施行，因而房屋产权转移后张某华因政策原因无法迁出户口的情形，显然不具备不可抗力的要件，即不可预见性、不可控制性及不能避免性，因而不能构成不可抗力，不属于法律上的法定免责事由。

综上所述，张某华房屋过户后因不再符合落户政策而导致户口未能迁出不属于合同违约责任的阻却事由，其需要承担相应的法律责任。

编写人：北京市西城区人民法院　马小龙

32

房屋买卖合同解除后违约方对房屋所作添附应给予适当补偿

——周某诉吴某杰房屋买卖合同案

【案件基本信息】

1. 裁判书字号

江苏省无锡市锡山区人民法院（2019）苏0205民初961号民事判决书

2. 案由：房屋买卖合同纠纷

3. 当事人

原告（反诉被告）：周某

被告（反诉原告）：吴某杰

【基本案情】

2018年6月6日，周某、吴某杰经中介公司居间介绍，签订《房屋买卖合同》，约定：吴某杰向周某购买×小区×号房屋一套，面积为110.46平方米，总价为175万元；支付方式为：吴某杰于当日支付定金2万元，交房当日再支付定金8万元；交房之日起4个月内一次性支付165万元；如任何一方拒绝履行合同或解除合同，均由违约方向另一方支付本合同中约定的房屋实际成交价格的20%作为违约金，实际损失超过违约金总额的，责任方应据实赔偿。当日，吴某杰按约向周某支付定金2万元。2018年7月1日，周某向吴某杰交付×小区×号房屋，吴某杰向周某支付定金6万元。2018年7月5日，吴某杰支付2万元，11月2日支付5万元，11月3日支付15万元。以上吴某杰合计支付30万元，余款145万元吴某杰至今未付。吴某杰接收上述房屋后，对房屋进行了装修。

2019年4月15日，在法院的主持下，周某、吴某杰一致同意解除《房屋买卖合同》，当日吴某杰向周某交还案涉房屋。据安居客网站价格走势图显示，×小区房屋成交均价在2018年6月为15598元/平方米，2019年4月为16550元/平方米，上涨幅度为6.1%。双方均认可该房价走势。

审理中，经吴某杰申请，法院委托评估机构对吴某杰对案涉房屋进行室内装修的价值进行评估。评估机构于2019年9月16日出具评估报告，认为装修价值为111640.74元。庭审中双方均同意评估报告中未纳入的客厅吊顶电线按价值500元计算。以上装修价值合计112140.74元。

【案件焦点】

房屋买卖合同因买受人违约而解除后，买受人对房屋内进行的室内装修应如何处理。

【法院裁判要旨】

江苏省无锡市锡山区人民法院经审理认为：周某、吴某杰在《房屋买卖合同》中未约定违约情况下吴某杰对案涉房屋的装修如何处理，考虑到吴某杰的装修已经添附于案涉房屋之上，客观上提高了房屋的价值，房屋恢复原状不仅使添附的价值灭失，还有可能对原房屋造成损坏，是不经济的行为。故周某要求吴某杰将房屋恢复原状的诉讼请求，法院不予支持。吴某杰对案涉房屋进行的装修价值为112140.74元，该装修已经添附于周某的房屋之上，应视为吴某杰的损失。考虑到周某向吴某杰交付案涉房屋之时，是以转移房屋之所有权为目的，包含同意吴某杰对房屋进行装修之意思表示，现吴某杰对房屋进行的装修客观上提高了案涉房屋的价值，周某应当对吴某杰作出适当补偿。结合当事人的过错程度，法院酌定周某向吴某杰补偿装修款 2 万元。

至于违约金，《房屋买卖合同》约定违约方应承担房价 20% 的违约金，该约定过高：在 2018 年 6 月至 2019 年 4 月，案涉房屋所在小区的成交均价不仅没有下跌，反而上涨了约 6%，周某不存在房屋价值方面的损失；周某主张的房屋占有使用费损失或逾期交付的房款的利息损失均与 35 万元相差悬殊。考虑到导致合同无法继续履行的过错及本案实际情况，法院认定吴某杰应向周某支付的违约金为 3 万元。以上违约金已经足以弥补周某主张之房屋使用费，法院对周某的第四项诉讼请求依法不予支持。

综上所述，法院确认双方于 2018 年 6 月 6 日签订的《房屋买卖合同》于 2019 年 4 月 15 日解除，周某应向吴某杰返还房款 30 万元，吴某杰应向周某支付违约金 3 万元，周某应向吴某杰补偿装修损失 2 万元。由于诉讼中吴某杰已向周某返还案涉房屋，法院对周某之第二项诉讼请求依法不予支持。综上，依照《中华人民共和国合同法》第五条、第九十七条、第一百零七条、第一百一十四条，《最高人民法院关于贯彻执行〈中华人民共和国民法通则〉若干问题的意见（试行）》第八十六条，《最高人民法院关于适用〈中华人民共和国合同法〉若干问题的解释（二）》第二十九条之规定，判决如下：

一、确认周某、吴某杰于 2018 年 6 月 6 日签订的《房屋买卖合同》于 2019 年 4 月 15 日解除；

二、周某于本判决生效后十日内向吴某杰返还房款 30 万元；

三、吴某杰于本判决生效后十日内向周某支付违约金 3 万元；

四、周某于本判决生效后十日内向吴某杰补偿装修款 2 万元；

五、驳回周某的其他本诉诉讼请求；

六、驳回吴某杰的其他反诉诉讼请求。

【法官后语】

1. 合同履行的经济合理原则

现行法律法规对于房屋买卖合同中违约方对房屋进行的装修如何处理并无规定，本案法院不同意将房屋装修拆除实际上依据的是经济合理原则。经济合理原则是指合同履行中应讲求经济效益，付出最小的成本，取得最佳的合同利益。

《中华人民共和国合同法》总则中没有明文规定经济合理原则，但在具体法条中多处都体现出经济合理的价值取向。例如，《中华人民共和国合同法》第六十二条第五项对履行方式的约定不明确的处理；第七十一条关于提前履行的规定；第七十二条关于部分履行的规定；第一百一十九条关于一方违约后的减损规则。

经济合理原则的价值在于：将合同双方当事人拉到"经济人"的位置进行理性思考，以最小的成本换取最大的收益，以实现资源的有效利用和配置。这种价值衡量有时在个案中显得尤其重要。本案中，虽然出卖方的诉讼请求是要求对出卖房屋恢复原状，但以"经济人"的角度分析，原先的毛坯状态变成了精装，虽然装修之风格不一定符合出卖人的喜好，即所谓"汝之蜜糖，彼之砒霜"，但该房屋本就用于出售，是否符合出卖人的喜好并不重要，装修客观上使房屋价值提高，出卖人为何不接受？究其原因，可能是出卖人并非不接受装修，而是不接受须以对价购买之装修，但因诉讼中双方情绪上的对抗，理性的思考被隐藏。此时，经济合理原则将双方重新拉回理性的轨道，保持现状显然是对双方都更为经济的选择。

2. 添附制度

买受人对案涉房屋进行的装饰装修，使得买受人所有的装饰装修物与出卖人所有的房屋密切混合，不可分割，这在民法上叫作添附。我国的添附制度在《中华人民共和国民法通则》《中华人民共和国民法总则》中都没有规定，添附制度最早在最高人民法院的司法解释中有规定，《最高人民法院关于贯彻执行〈中华人民共和国民法通则〉若干问题的意见（试行）》第八十六条规定："非产权人在使用他人的财产上增添附属物，财产所有人同意增添，并就财产返还时附属物如何处理有约定的，按约定办理；没有约定又协商不成，能够拆除的，可以责令拆除；不能拆除的，也可以折价归财产所有人，造成财产所有人损失的，应当负赔偿责任。"

何谓不能拆除？有装修经验的人都知道，客观上装修是可以拆除的，只是可能会损坏墙、地面，这种具有破坏性的拆除依照司法解释本义来说不属于"能够拆除"的范畴。

补偿金额如何认定？本案中买受人的装修损失是因为自己的违约行为造成的，如果要求出卖人对添附的价值作出全额补偿等于强迫买受人购买违约方对房屋进行的装修，这对无过错的守约方来说显然是不公平的。因此，法院最终认定出卖人向买受人补偿装修损失2万元。这种补偿不以双方的过错为基础，因为这远不足以弥补买受方的全部损失，而是基于公平原则作出的适当补偿。

2021年1月1日起施行的《中华人民共和国民法典》中对添附制度作出了新的规定，该法第三百二十二条规定："因加工、附合、混合而产生的物的归属，有约定的，按照约定；没有约定或者约定不明确的，依照法律规定；法律没有规定的，按照充分发挥物的效用以及保护无过错当事人的原则确定。因一方当事人的过错或者确定物的归属造成另一方当事人损害的，应当给予赔偿或者补偿。"本案如果适用新法规定，将产生如下不同：新法不以财产所有人同意为前提，无须考虑出卖人是否同意买受人对房屋进行装修；新法规定充分发挥物的效用原则，在拆与不拆之间当然是维持现状更能发挥物的效用；虽然出卖人在合同履行过程中不存在过错，但因确定装饰装修物归房屋所有权人所有对买受人造成了损害，所以出卖人应当给予适当补偿。可见，《中华人民共和国民法典》对添附的规定更为符合实际，理解上更为明确。

编写人：江苏省无锡市锡山区人民法院　邹吟冰

33

二手房买卖中的履行顺序及抗辩权行使

——姜某、仇某诉高某明、衡某爱房屋买卖合同案

【案件基本信息】

1. 裁判书字号

上海市嘉定区人民法院（2019）沪0114民初11688号民事判决书

2. 案由：房屋买卖合同纠纷

3. 当事人

原告（反诉被告）：姜某、仇某

被告（反诉原告）：高某明、衡某爱

第三人：中国建设银行上海分行、住房置业担保公司

【基本案情】

系争房屋为姜某、仇某所有。2018年8月21日，姜某、仇某（甲方，出卖方）与高某明（乙方，买受方）及案外人港嘉公司（丙方，居间方）签订一份《房地产买卖居间合同》，约定由乙方向甲方购买系争房屋，总房价款为750万元，随同转让固定装修及设备。房价款支付方式约定如下：（1）首期房价款100万元（含定金）于2018年10月30日前支付甲方，需要用于偿还甲方贷款，乙方应于网签版买卖合同签订当日（或1日内）交付甲方或居间方用于全额还清甲方尚欠抵押债权余额（若有剩余，转付甲方，若有不足，由甲方自行补足）；（2）第二期房价款215万元，待取得以贷款银行为抵押权人的他项权证后由贷款银行支付或贷款银行依据与甲、乙双方的相关约定支付，放款期限以贷款银行为准。（3）乙方应于2018年12月20日前支付甲方425万元，甲方应于收到乙方该笔款项后15日内结清该房屋所有贷款。双方约定款清后7日内交房。补充协议：本次交易甲方为净到手价格，双方约定最晚于2019年2月28日前过户。合同另作了其他约定。合同签订当日、2018年11月9日及2018年12月17日，衡某爱先后向姜某转账支付定金88888元、10万元及10万元。

2019年1月23日，姜某、仇某与高某明、衡某爱签订一份《上海市房地产买卖合同》，双方确认在2019年6月20日之前共同向房地产交易中心申请办理转让过户手续。附件三付款协议中约定三笔定金的金额及支付时间，且乙方应于2019年2月3日前支付甲方房屋首期房价款3771112元，以购房贷款的形式向甲方支付房款174万元，该款项由贷款银行直接转入甲方账户。同日，姜某、仇某与高某明、衡某爱另签订一份《补偿协议》，约定买卖合同约定的成交价为580万元，未包含房屋装潢、厨卫设施及附属设施、设备。现经双方友好协商，就此达成如下协议：甲、乙双方同意就现有装潢、厨卫设施及附属设施、设备（详见家具清单）另行补偿甲方170万元，支付方式如下：乙方于2019年2月3日前支付30万元，于2019年3月15日前支付130万元；乙方于房屋交付当日支付10万元，本协议与买卖合同相冲突的条款以本协议约定为准。

2019年2月21日、2月25日，姜某方先后以现场协商方式、邮寄方式与高某

明方协商、通知合同解除相关事宜，但协商未果。且快递签收后高某明方未继续支付房款，姜某方亦未向高某明、衡某爱退还房款，双方协商未果，遂涉诉。

另查明：(1) 抵押权人中国建设银行上海分行和住房置业公司于2016年5月在系争房屋上设立抵押登记，债权数额为234万元。(2) 深圳平安普惠公司于2017年5月9日在系争房屋上设立了最高额抵押登记，债权金额为248.5万元，该抵押登记后于2019年4月23日被注销。(3) 姜某、仇某分别于2019年2月16日、2月17日通过手机APP结清了其向深圳平安普惠公司申请的130万元和30万元两笔贷款（该两笔贷款包含在最高额抵押贷款总金额内）。

审理中，双方一致确认：双方在签订《房地产买卖居间合同》及其附件时，姜某在深圳平安普惠公司申请的贷款尚有约90万元未还，为此，姜某在合同中已手写注明；高某明、衡某爱曾要求姜某、仇某提供系争房屋的产调信息，但姜某、仇某并未提供，也未告知其相关抵押贷款已结清以及普惠公司的抵押登记已被注销一事。

审理中，经法院释明，姜某、仇某仍明确表示不在本案中主张违约责任且不要求处理合同解除后的房款返还问题，高某明、衡某爱表示如果法院认为合同应当解除则要求姜某、仇某返还已付房款。高某明、衡某爱当庭表示其具备上海市购房资格，庭后已将剩余房款4911112元汇至法院代管款账户，并表示同意代为涤除系争房屋上的抵押。

【案件焦点】

二手房买卖合同中带有抵押情况下的履行顺序问题，并由此影响到抗辩权行使的合法合理性判断问题。

【法院裁判要旨】

上海市嘉定区人民法院经审理认为：姜某、仇某与高某明、衡某爱签订的《房地产买卖居间合同》及附件《房地产买卖合同》与《上海市房地产买卖合同》《补偿协议》均系当事人的真实意思表示，且不违反国家法律、法规的强制性规定，应属合法有效，双方均应遵照履行。关于《上海市房地产买卖合同补充条款（一）》第一条的理解问题，结合高某明、衡某爱明知系争房屋上设有两个抵押登记，但其在签订《上海市房地产买卖合同》前从未要求姜某、仇某先行涤除抵押，在签订

《上海市房地产买卖合同》时也并未核对抵押涤除情况，合同签订后也未要求姜某、仇某先行涤除抵押，且先支付房款后涤除抵押也符合二手房买卖的交易惯例，此也与双方的实际交易过程、微信聊天记录等相印证，故《上海市房地产买卖合同》补充条款（一）第一条约定不应理解为姜某、仇某在该合同签订时就应先行涤除系争房屋上所设立的全部抵押。

关于支付房款与涤除抵押的顺序问题，鉴于双方在《上海市房地产买卖合同》仅对付款方式协商进行了变更，但未对涤除抵押的时间作具体约定，之后双方对此亦未重新达成合意，故涤除抵押的时间应当依据双方签订的《房地产买卖居间合同》及其附件中的约定，在高某明、衡某爱支付房款后，姜某、仇某负有义务将该房款优先用于归还抵押贷款并涤除抵押。综合本案情况，截至2019年2月4日，高某明、衡某爱已累计支付2588888元，足够姜某、仇某偿还其向深圳平安普惠公司的最高额抵押贷款和部分银行贷款，但姜某、仇某未优先将已付房款用于归还贷款并涤除抵押，其直至2019年4月23日才注销平安普惠公司的抵押登记，且未向银行提前归还贷款；即便如姜某、仇某所述，其已于2019年2月17日偿还了平安普惠公司的贷款，但其并未在2月21日在双方见面协商时将该情况告知高某明、衡某爱，且在双方就合同履行问题协商未果的情况下径行发出解约通知，有失妥当。在姜某、仇某未涤除平安普惠公司的抵押登记的情况下，高某明、衡某爱的先履行抗辩成立，其有权暂停支付后续房款。此外，考虑到系争房屋上设立了两个抵押登记，且贷款总额超过房款总额的50%，要求高某明、衡某爱在姜某、仇某未涤除任何抵押情况下继续支付房款的风险过大，也有失公平。综上，姜某、仇某在合同履行过程中存有过错，其单方要求解除合同缺乏依据，其向高某明、衡某爱发送解约通知也不发生相应法律效力，故法院对其要求确认合同于2019年2月21日解除及判令高某明、衡某爱配合办理网签合同注销手续的诉请不予支持。

关于反诉部分，结合双方资金往来均是通过银行转账，姜某、仇某应当知晓高某明、衡某爱的收款账户，姜某、仇某虽坚持要求解除合同，但自发送解约通知和退款通知以来其一直未退还高某明、衡某爱已付的房款，且用该房款偿还其自身的抵押贷款并占用资金至今；在庭审中，姜某、仇某经释明后仍表示不在本案中处理房款返还问题，表明其占用对方资金的恶意明显，该行为也与其解除合同的意思表示相矛盾；且双方在交易过程中也一直就合同履行相关事宜进行磋商，仅就补偿方案无法达成一致，考虑到维护市场交易秩序，法院认为双方签订的《上海市房地产买卖合同》以继续履行为宜。现高某明、衡某爱已将剩余房款转账至法院代管款账户，合同可以继续履行，高某明、衡某爱要求继续履行合同的反诉诉请可予支持。因系争房屋上存在第三人的抵押权，现高某明、衡某爱一方同意代为清偿债务并消灭抵押权，符合《中华人民共和国物权法》的相关规定，法院予以照准。高某明、衡某爱代为清偿债务后，可在应付姜某、仇某的房款中予以扣除。第三人中国建设银行上海分行、上海住房置业公司应在贷款清偿后协助办理抵押登记的注销手续。抵押登记注销后，姜某、仇某应配合将系争房屋过户至高某明、衡某爱名下，并应在产权过户后一个月内交付房屋，高某明、衡某爱应在房屋交付完成后当日将剩余房款支付姜某、仇某。

上海市嘉定区人民法院依照《中华人民共和国合同法》第六十条、第六十七条、第一百零七条、第一百二十五条第一款，《中华人民共和国物权法》第一百九十一条，《中华人民共和国民事诉讼法》第六十四条第一款以及《最高人民法院关于适用〈中华人民共和国民事诉讼法〉的解释》第九十条之规定，判决如下：

一、原告姜某、仇某应于本判决生效之日起十日内向第三人中国建设银行上海分行、住房置业公司清偿位于上海市嘉定区陈翔公路 1588 弄 × 号 × 室房屋之上的贷款剩余本金及利息（以实际还款之日的剩余本金及利息数额为准）；

二、若原告姜某、仇某不履行上述还款义务，由被告高某明、衡某爱代为清偿；

三、原告姜某、仇某及第三人中国建设银行上海分行、上海住房置业公司应于上述第一项贷款清偿之日起十日内注销上述房屋之上第三人的抵押权登记；

四、原告姜某、仇某应于上述房屋抵押登记注销后十日内协助被告高某明、衡某爱办理过户登记手续，将该房屋的产权过户登记至被告高某明、衡某爱名下；

五、原告姜某、仇某应于上述房屋过户完成之日起三十日内将该房屋交付被告高某明、衡某爱；

六、被告高某明、衡某爱应于上述房屋交付完成当日支付原告姜某、仇某剩余房款 4911112 元（若被告履行了第二项代为清偿义务，代偿金额可予以扣除）；

七、驳回原告姜某、仇某的全部本诉诉讼请求。

【法官后语】

房屋买卖合同属于典型的双务合同，而二手房交易流程长、环节多，合同约定不明则易发生纠纷，尤其是存在抵押的二手房，交易双方往往因履行顺序问题产生纠纷。本案的争议焦点在于存在抵押的二手房交易过程中支付房款与涤除抵押的顺序问题和先履行抗辩权是否成立的判断。

1. 先履行抗辩权的定义

先履行抗辩权是指依照合同约定或者法律规定负有先履行义务的一方当事人，在履行届期未履行义务或者履行义务不符合约定时，相对方为保护自己的期限利益或履行合同的条件而中止履行的权利。先履行抗辩权的本质是一种违约救济权，是对负有先履行义务的当事人违约的抗辩。

2. 先履行抗辩权的要件

在房屋交易过程中，买方的主要义务是支付房款，卖方的主要义务是涤除抵押，配合过户、协助办理贷款与交房。先履行抗辩权的核心要件是考察双方当事人在合同中约定的义务是否存在履行上的先后顺序。这也是先履行抗辩权与同时履行抗辩权、不安抗辩权的重要区别。在实践中，当事人在合同中对于履行顺序的约定有时可能并不十分明确，需要结合相关的合同条款和交易实践、交易惯例对合同义务的履行条件等内容进行综合分析判断。

首先，履行顺序问题应当尊重当事人的意思自治。但是房屋买卖合同纠纷中需要签订数份合同，合同约定可能存在矛盾与冲突，合同中一些条款是为了反复使用的格式条款，在认定何为当事人真实意思表示时不仅要看合同约定，还要结合交易过程中双方的履行行为和交易惯例来具体分析。本案中，交易双方对于《上海市房地产买卖合同补充条款（一）》第一条存在不同理解，法院结合交易流程、交易惯例和双方的履约行为认定，故该条约定不应理解为卖方在该合同签订时就应先行涤除系争房屋上所设立的全部抵押。

其次，在先后存在多份合同情况下认定的总原则为合同有约定从约定，新约定优于旧约定。双方在之后的合同中对于合同权利义务作出了实质性变更的，应当以新的合同约定为准，但未作实质性变更的，仍应以之前的约定为准。因本案双方对涤除抵押未在新合同中重新达成合意，故涤除抵押的时间应当依据双方签订的《房地产买卖居间合同》及其附件中的约定，在高某明、衡某爱支付部分房款后，姜某、仇某负有义务将该房款优先用于归还抵押贷款并涤除抵押。

最后，履行顺序问题还要综合考虑履行双方风险和利益的平衡。本案中，法院考虑到系争房屋上设立了两个抵押登记，且贷款总额超过房款总额的50%，要求买方在卖方未涤除任何抵押的情况下继续支付首期300余万元房款的风险过大，也有失公平。

3. 先履行抗辩权的效力

负有在先履行义务的一方当事人逾期未履行债务时，负有后履行义务的一方当事人虽履行期已经届至，但有权暂不履行合同，而等待其履行。

综合本案情况，买方已累计支付足够卖方偿还最高额抵押贷款和部分银行贷款的情况下，卖方未优先将已付房款用于归还贷款并涤除抵押，且未向银行提前归还贷款。在卖方未涤除抵押登记的情况下，买方的先履行抗辩成立，其有权暂停支付后续房款。卖方在合同履行过程中存在违约行为，其单方要求解除合同缺乏依据，其向买方发送解约通知也不发生相应法律效力。

编写人：上海市嘉定区人民法院　郭海娜　丁雨晴

34

出卖人未将户口迁出的法律责任之认定

——梁某、冼某霞诉卢某逆房屋买卖合同案

【案件基本信息】

1. 裁判书字号

广东省佛山市中级人民法院（2020）粤06民终1615号民事判决书

2. 案由：房屋买卖合同纠纷

3. 当事人

原告（上诉人）：梁某、冼某霞

被告（上诉人）：卢某逆

【基本案情】

梁某与冼某霞为夫妻关系。2017年2月，梁某（买方）与卢某逆（卖方）、中介机构三方签订《佛山市二手房买卖及居间服务合同》《二手房买卖合同补充协议》，约定卢某逆将案涉房屋出售给梁某，该房地产已有户口，卖方承诺于完成交房次日起3个自然月内将户口从该房产中迁出，否则视为违约；如卖方未按照合同约定期限履行义务，买方有权要求卖方以转让总价款为基数按每日万分之五支付违约金并继续履行合同等。

上述合同、协议签订后，双方履行合同，梁某支付了购房款，卢某逆于2017年3月31日将案涉房屋登记至梁某、冼某霞名下，亦将其及亲属4人的户口从案涉房屋地址迁出另落他处。后因前手业主户口至今未迁出，导致梁某无法将户口迁入该地址上，目前亦无法联系前手业主，卢某逆无法将前手业主的户口迁出案涉房屋。梁某、冼某霞认为卢某逆未履行迁出户口义务已构成违约，起诉至法院，请求卢某逆以购房款为本金，按约定支付违约金予梁某、冼某霞。

【案件焦点】

出卖人未履行户口迁出义务，如何认定违约责任。

【法院裁判要旨】

广东省佛山市禅城区人民法院经审理认为：依据涉案买卖合同及补充协议的约定，卢某逆负有将与案涉房屋相关户口迁出的义务。卢某逆曾将其与亲属户口迁入案涉房屋并居住、使用，且其在与梁某、冼某霞从事房屋买卖时明确约定承担户口迁出的义务，其亦未举证证明曾将案涉房屋内有案外人的户口告知梁某、冼某霞及梁某、冼某霞对此予以接受，卢某逆未能迁出前手业主的户口已构成违约。一审法院结合本案的实际履行情况、卢某逆的过错程度及梁某、冼某霞的实际损失、案外人何时迁出户口涉及行政管理事项且无法强制履行等情况，兼顾公平及诚实信用原则，酌情确定违约金为以购房款188万元为本金，按日万分之一的标准从2017年8月13日起计至前手业主户口迁出案涉房屋之日止。

广东省佛山市禅城区人民法院依照《中华人民共和国合同法》第八条、第六十条、第一百零七条、第一百一十四条，《中华人民共和国民事诉讼法》第六十四条第一款，《最高人民法院关于适〈用中华人民共和国民事诉讼法〉的解释》第九十条之规定，判决如下：

一、卢某逆于判决发生法律效力之日起十日内向梁某、冼某霞支付违约金（以188万元为本金，按日万分之一从2017年8月13日计至前手业主户口迁出案涉房屋之日止）；

二、驳回梁某、冼某霞的其他诉讼请求。

梁某、冼某霞、卢某逆均不服一审判决，提出上诉。

广东省佛山市中级人民法院经审理认为：双方在案涉《佛山市二手房买卖及居间服务合同》《二手房买卖合同补充协议》中，虽未详细约定卢某逆户口迁出义务包括前手业主户口在内，但通过双方其后签订的《二手房买卖合同补充协议》及结合庭审调查，梁某、冼某霞的陈述进行分析，双方在该补充协议中明确将户口迁出条款单列作为主合同的补充，清晰表明梁某、冼某霞购置案涉房屋其中一个主要目的在于能够将案涉房屋入户，并排除他人户口占用案涉房屋户口，梁某、冼某霞诉讼中关于该条款理解解释为排除任何人在内的户口与上述证据相印证，亦符合当前的交易习惯。案涉合同约定的户口迁出期限届满后，卢某逆未能将前手业主户口从案涉房屋迁出，其行为已构成违约。

卢某逆未能依约将案涉房屋户口迁出，其行为构成违约，应承担逾期迁出户口之违约责任。从案涉合同履约情况看，卢某逆已依约履行案涉房屋买卖合同中主要的过户及交付义务，并将自身户口迁出，卢某逆未能迁出户口为前手业主户口，对于未能将第三人户口迁出原因，根据公安机关函复，案涉房屋如属于一次或多次二手房交易所得，则在前产权人户口未迁出的情况下，现产权人户口不得迁入。结合本案具体事实，卢某逆在当前客观上无法履行将前手业主户口迁出之义务，属于《中华人民共和国合同法》第一百一十条规定的“当事人一方不履行非金钱债务或者履行非金钱债务不符合约定的，对方可以要求履行，但有下列情形之一的除外：（一）法律上或者事实上不能履行……”不能履行的情形之一，如一审法院认定，判令卢某逆支付违约金至将案涉房屋第一手业主户口迁出案涉房屋之日止不具有可执行性，违约金持续计算有失公允。基于上述事实，兼顾案涉合同履约情况，卢某逆违约情节、过错程度、违约期限等因素，根据公平原则及诚信信用原则，法院酌请判令卢某逆按照案涉房屋成交价5%向梁某、冼某霞支付一次性违约金9.4万元（188万元×5%）。

广东省佛山市中级人民法院依据《中华人民共和国民事诉讼法》第一百七十条第一款第二项之规定，判决如下：

一、撤销广东省佛山市禅城区人民法院（2019）粤0604民初23292号民事判决；

二、卢某逆应于判决发生法律效力之日起十日内向梁某、冼某霞支付违约金9.4万元；

三、驳回梁某、冼某霞的其他诉讼请求。

【法官后语】

现今，由于优质的教育资源的短缺，学位学籍已成为影响房屋价值的重要因素。在学位学籍与户口绑定的政策背景下，房屋上的户口直接影响到买受人子女入学及房屋的市场价值。尤其在二手房买卖交易中，因房屋存在多次转让的情形，同一房屋上可能会存在不同业主的户口，出卖人能否履行户口迁出义务，往往容易引发纠纷。

1. 户口迁出义务属于买卖合同中的一项附随义务

现行法律法规并未明确规定出卖人负有户口迁出义务，在双方有明确约定的情况下，出卖人负有将户口迁出义务固然没有争议。在双方当事人没有明确约定的情况下，应当根据《中华人民共和国民法典》第五百零九条“当事人应当按照约定全面履行自己的义务。当事人应当遵循诚信原则，根据合同的性质、目的和交易习惯履行通知、协助、保密等义务……”的规定，结合买受人购买房屋的目的，是否影响买受人迁入户口及交易习惯等因素来综合认定。一般情况下，户口仍是影响入学、就业、社会保障等方面的重要因素，出卖人未将户口迁出，必然会影响房屋的使用价值，应认定将户口迁出为出卖人负有的附随义务。因此，出卖人拒不将户口迁出的，买受人可向出卖人主张违约责任。

如出卖人未能将前手业主的户口迁出，导致买受人无法迁入户口，应根据《中华人民共和国民法典》第五百九十三条“当事人一方因第三人的原因造成违约的，应当依法向对方承担违约责任。当事人一方和第三人之间的纠纷，依照法律规定或者按照约定处理”的规定，承担违约责任。

2. 户口迁移事项属于公安机关管辖，买受人要求出卖人继续履行户口迁出义务的，应裁定不予受理或驳回起诉

《中华人民共和国户口登记条例》第三条第一款规定：“户口登记工作，由各级公安机关主管。”第十条第一款规定：“公民迁出本户口管辖区，由本人或者户主在迁出前向户口登记机关申报迁出登记，领取迁移证件，注销户口。”户口迁移事项涉及相关行政部门的审批制度，其办理不仅需要公民本人提出申请，迁入地开出户口准迁证，而且需要国家户籍管理机构审查是否具备相关法律规定的条件，该问题属于行政机关管辖的范围，不属于民事案件的受理范围。若法院强制判令义务人迁出户口，既超越自身职权范围，又违反户籍管理制度，容易导致义务人成为“黑户”。因此，在房屋买卖合同中，买受人要求出卖人继续履行户口迁出义务的，法院应依法释明当事人变更诉讼请求，当事人仍坚持主张迁移户口的，应裁定不予受理或驳回起诉。

3. 出卖人未履行户口迁出义务应承担之法律责任

（1）出卖人未将户口迁出，一般不构成根本违约。在房屋买卖合同中，买受人的主要合同义务为支付购房款，出卖人的主要合同义务为将房屋过户及交付予买受人，户口迁出义务不属于出卖人的主要合同义务。出卖人将房屋过户及交付予买受人，买受人即可享有房屋的占有、使用、收益、处分的权利。出卖人未履行户口迁出义务，原则上并不影响买受人合同目的的实现。因此，在合同没有明确约定的情形下，出卖人未履行户口迁出该项合同附随义务，不构成根本违约，买受人据此主张解除合同的，不应支持。

（2）出卖人未履行户口迁出义务，不应持续计算违约金

出卖人未履行户口迁出义务，买受人不能要求出卖人继续履行该义务或解除合同，但可以依据《中华人民共和国民法典》第五百七十七条“当事人一方不履行合同义务或者履行合同义务不符合约定的，应当承担继续履行、采取补救措施或者赔偿损失等违约责任”的规定，要求出卖人赔偿损失。

值得注意的是，出卖人未履行户口迁出义务的，不应持续计算违约金。户口迁出事宜属于公安机关的管辖范围，出卖人是否能顺利将户口迁出，需要公安机关依照法定程序进行审查方可确定，尤其是在房屋存在前手业主户口的情形下，出卖人往往因无法联系上前手业主，或前手业主不配合等客观原因导致未能履行合同义

务，属于《中华人民共和国民法典》第五百八十条规定的“当事人一方不履行非金钱债务或者履行非金钱债务不符合约定的，对方可以要求履行，但是有下列情形之一的除外：（一）法律上或者事实上不能履行……”不能履行的情形之一。在这种情况下，如果机械地适用合同中约定的违约金计算标准，按日持续计算违约金至出卖人将户口迁出案涉房屋之日止，既无法敦促出卖人履行将户口迁出的义务，也将导致出卖人须无休止地计付违约金，甚至会造成违约金高于购房款的情形。因此，判令出卖人计付违约金至出卖人将户口迁出之日止不具有可执行性，违约金持续计算亦有失公允。此时应当综合考虑案涉合同履约情况、合同有关违约金的约定、当事人违约情节、过错程度、户口对房屋价值的影响等因素，根据公平原则及诚实信用原则，酌定出卖人支付一次性违约金或损失赔偿，更加有利于定分止争，兼顾各方当事人的利益。

编写人：广东省佛山市中级人民法院　翁丰好

四、农村房屋买卖

35

利益平衡原则在农村宅基地纠纷中的创新适用

——莫某炽诉梁某光、简某诗房屋买卖合同案

【案件基本信息】

1. 裁判书字号

广东省广州市中级人民法院（2018）粤01民终840号民事判决书

2. 案由：房屋买卖合同纠纷

3. 当事人

原告（反诉被告、上诉人）：莫某炽

被告（反诉原告、上诉人）：梁某光、简某诗

【基本案情】

两被告于1979年7月31日登记结婚。位于广州市新滘镇土华学校边×巷×号，现地址为广州市海珠区土华学校边×巷×号（登记为混合结构3层，建筑面积为168平方米，发证日期1989年7月6日）的宅基地上房屋登记的使用权人为被告梁某光。

2004年11月8日，两被告与原告在广州市海珠区公证处签订《赠与合同》，约定：赠与人梁某光、简某诗与受赠人莫某炽是朋友关系，现决定将梁某光名下的夫妻共同财产坐落于广州市海珠区土华学校边×巷×号房屋的全部份额无偿赠与莫某炽一人，并指定上述房产为莫某炽的个人财产，受赠人莫某炽愿意接受上述赠

与。该《赠与合同》经广州市海珠区公证处进行了公证。

2004年11月23日，原告与被告签订《赠予协议书》，内容为：梁某光现将土华学校边×巷×号房屋、建筑面积168平方米的3层房屋赠与莫某炽永久所有，以后房屋遇到征收、补偿与物质等，与梁某光无关，所补偿费用、物资归莫某炽所有；以后梁某光无须负任何责任，但如需办理转名、换证，提供证明等，梁某光再不负担任何经济开支……无条件地积极配合协助办理，本协议需经结清有偿费用后，双方签字才有效。签订《赠与合同》后，两被告将上述房屋交给了原告，由原告一直居住使用至今。

原告不是案涉房屋所在村社的村民。两被告表示其将案涉房屋赠与给原告，实为作价14.8万元出售给原告，并于2004年11月23日收到被告支付的13.8万元及定金1万元。原告接收房屋后加建了一层，约50平方米。在诉讼过程中，法院根据原告的申请委托了合富公司对讼争房屋的价值进行评估，评估结论：位于广州市海珠区土华乡学校边村×巷×号（现址：土华学校边×巷×号），宅基地及其上盖房屋建筑物，评估建筑面积为168平方米，宅基地面积为56平方米，在价值时点2017年2月17日的价值为：（1）宅基地房屋房地产整体价值196.56万元，评估单价1.17万元/平方米；（2）宅基地使用权楼面地价总价166.32万元，评估单价9900元/平方米；（3）宅基地房屋房地产整体价值扣除宅基地使用权楼面地价后的总价30.24万元，评估单价1800元/平方米。

由于原告与被告因为讼争房屋的买卖问题发生纠纷，被告曾于2015年向法院起诉要求确认双方对讼争房屋的买卖关系无效，原告返还讼争房屋等。法院于2015年7月28日作出（2015）穗海法生民初字第468号判决：（1）确认莫某炽与梁某光、简某诗以赠与方式买卖位于广州市海珠区土华学校边×巷×号房屋的行为无效；（2）莫某炽在本判决生效之日起10日内搬出广州市海珠区土华学校边×巷×号房屋，并将上述房屋腾空后交还给梁某光、简某诗；莫某炽在搬迁时，不得拆除上述房屋内的固定镶嵌物。（3）驳回梁某光、简某诗的其他诉讼请求。莫某炽不服依法向广州市中级人民法院提出上诉，该院于2015年11月25日作出（2015）穗中法民五终字第4844号终审判决：驳回上诉，维持原判。

【案件焦点】

农村宅基地房屋买卖合同确认无效后的损失赔偿问题。

【法院裁判要旨】

广东省广州市海珠区人民法院经审理认为：关于返还购房款双方无异议，有争议的是赔偿损失问题：（1）对合法产权部分，由于讼争房屋属于宅基地房屋，宅基地房屋不能自由买卖，法律已明确规定，双方均应知晓仍进行买卖，因此，造成买卖行为无效的原因双方均有一定责任。由于双方对于损失的计算不能协商一致，应根据评估机构评定该房屋的价值，扣除楼面地价后的差价、双方的过错程度、公平合理的原则赔偿给原告。经合法评估，讼争宅基地房屋房地产整体价值 196.56 万元，宅基地使用权楼面地价总价 166.32 万元，扣除宅基地使用权楼面地价后的总价 30.24 万元，原告购买该房屋时的价格 14.8 万元，与现时评估价 196.56 万元相差 181.76 万元，其中宅基地使用权楼面地价为 166.32 万元。考虑到宅基地房屋中宅基地使用权具有专属性，与被告属于村民身份有紧密联系，得益大部分应归于被告，同时房屋的增值价值较大，根据双方的过错程度，从公平合理原则出发，一审法院酌情认定被告除返还收取的房款 14.8 万元给原告外，还应赔偿 35.44 万元给原告。原告要求赔偿 160 万元损失，依据不足，法院不予支持。（2）关于加建第四层的损失问题。由于加建部分没有合法报建，没有证证据明是合法建筑，评估部门无法对该部分面积进行评估，而原告也没有提供证据证明现时该部分的价值。法院结合加建部分的面积、使用时间、加建时的建筑市场建筑成本价、双方的过错程度等因素，酌定被告赔偿损失 3.5 万元给原告。综上所述，被告除返还房价款外，另还应赔偿合共 38.94 万元（35.44 万元 + 3.5 万元）给原告。由于法院已依法判决原告搬迁，被告反诉要求原告支付判决生效后的房屋使用费，应通过执行程序解决，法院另行制作裁定书依法驳回被告的该反诉请求。

原、被告均不服一审判决，提起上诉。

广东省广州市中级人民法院经审理认为：根据法律规定，莫某炽在本案起诉请求梁某光、简某诗赔偿其因合同无效而受到的损失，可予支持。关于损失赔偿的金额问题，应考虑土地升值的情况及利益归属、案涉房屋的现值与房屋交易价格的差异损失，双方对合同无效的过错程度、双方纠纷源起、房屋现状及使用情况等因素综合分析。一审法院在综合考虑前述因素基础上，酌情确定梁某光、简某诗应赔偿莫某炽的损失金额为38.94万元，较好地避免了因认定合同无效给当事人造成的利益失衡，处理并无不当。在一审法院已考虑房屋现状及使用情况酌情作出赔偿损失金额认定的情况下，莫某炽上诉主张还应增加补偿装修费、加建成本、利息等，依据不充分，不予支持。综上，上诉人莫某炽与上诉人梁某光、简某诗的上诉请求及理由均不成立，法院均不予支持。审查一审判决查明事实清楚，适用法律正确，处理并无不当，法院予以维持。鉴于双方对于合同无效均有过错，由此引发本案损失赔偿纠纷，因纠纷处理需要所产生的评估费可由双方平摊。案件受理费则应按双方当事人胜负比例予以分担。依照《中华人民共和国民事诉讼法》第一百七十条第一款第一项的规定，判决如下：

驳回上诉，维持原判。

【法官后语】

本案的焦点在于农村宅基地房屋买卖合同确认无效后如何处理损失赔偿。作无效处理的情况趋于类型化，一般作无效处理后，判决返还交易款项或赔偿。简言之，可以概括为以下几种情况：第一，仅判定无效，无效后果留待后续解决。依据在于："无法对诉争房屋进行评估"或"经释明，双方均不在诉讼中主张其他权利"，又或"买受人及家人已在该处居住多年且进行了翻修，出卖人未对买受人相关建设成本及房屋差价进行合理补偿""考虑到房屋价值上涨因素和造成合同无效的双方过错程度"，以此为由，判令另案主张合同无效给其造成的经济损失，改判暂不返还房屋。第二，判定无效后，支持互相返还房屋与购房款，但因买受人未提起反诉，或因"应当全面考虑出卖人因房屋、土地升值或拆迁补偿所获利益，以及买受人因房屋现值和原买卖价格的差异造成损失两方面因素"，将损失留待后续解决。第三，判定无效后，仅责令返还房屋，因买受人未提出反诉，将购房款留待后续与其他损失一并解决。第四，判定无效后，既返还房屋和购房款，又一并解决损失赔偿。

在该案中，利益平衡原则扮演了极为重要的角色。利益平衡，是指法官在对具体案件行使审判权时，遇到法律适用上的不确定性，对所涉及的各种各样的、相互发生冲突的利益关系，从其价值重要性角度进行评价、选择和取舍，作出一个法律效果和社会效果高度有机统一的裁判结果，使相关各方的利益在共存和相容的基础上达到合理优化状态的法律方法。法律是一种规则范式，而社会关注点总是多元变化的。因此，面对诸多纠纷，在尊重法律和案件事实的基础上充分发挥法官能动性，强调司法过程中的利益平衡是非常重要的。所以，利益平衡在我国现阶段的司法实践中是客观存在的，具有现实的必要性。对于农村宅基地房的买卖纠纷，既往判例一般确认为买卖无效，接下来则判决返还交易款项，而对于损失赔偿以及附着的违章建筑物或者搭建物，并不作处理。然而，在这次案件中对该问题作了突破与尝试——就出卖人房产交易过错的补偿，买受人使用期间的搭建物等合理作价酌情施以利益平衡，大胆创新，从而为其他类似案件的处理开拓思路。

编写人：广东省广州市海珠区人民法院　徐文慧

36

非同村集体经济组织成员之间订立的农村房屋买卖协议无效

——胡某春诉段某杰、段某作房屋买卖合同案

【案件基本信息】

1. 裁判书字号

四川省广安市中级人民法院（2019）川16民终592号民事裁定书

2. 案由：房屋买卖合同纠纷

3. 当事人

原告（被上诉人）：胡某春

被告（上诉人）：段某杰

被告：段某作

【基本案情】

2012年10月，段某杰一家四人申请在广安市前锋区观塘镇某村×组建房360平方米，土地使用权类型为拨用，土地面积为137.84平方米。行政管理部门批准建房结构为三层砖混结构，但实际修建房屋共五层。2013年7月15日，段某杰出

具委托书一份，委托其父亲段某作全权代理其卖房一事。2013年，经夏某树介绍，胡某春（乙方）的母亲吴某翠代胡某春与段某作（甲方）签订购房协议，约定甲方将新批土地所建门市一个及住房一套卖给乙方永远居住。门市及住房位置：位于三台屠宰场后面，肖仕俊屋对面，紧邻公路，右边紧邻夏开明第二个门市；住房为门市楼上第四套（即五楼）。门市及住房总价款为25.2万元。双方签订协议后，乙方已向甲方交纳定金5.2万元。付款方式：除定金5.2万元，余下20万元分两次付给甲方，第二次付款时间为甲方交房时支付15万元；余下5万元，双方协商办好小产权证交给乙方时付清。楼梯间从地通天共同使用，互不干涉，装修共同备款照摊。

合同签订后，胡某春分别于2013年1月29日、8月22日、2014年10月22日交付购房款5.2万元、15万元、5万元。2013年8月，胡某春接房后，对房屋进行了装修并随后入住。2018年8月18日，广安市前锋区观塘镇该村村委出具证明一份，证明段某杰、段某作为父子，二人为该村×组村民，段某杰所修建的屠宰场后面的房屋土地性质为集体土地。胡某春认为其与段某作签订的购房协议无效，段某作应退还购房款25.2万元，并按银行同期贷款利息支付房款利息，同时要求向段某作退还房屋，故提起诉讼。

【案件焦点】

1. 胡某春与段某作签订的购房协议是否有效；2. 段某杰、段某作是否应当返还胡某春购房款25.2万元及利息（按银行同期贷款支付利息）；3. 胡某春是否应向段某作退还房屋。

【法院裁判要旨】

四川省广安市前锋区人民法院经审理认为：根据《中华人民共和国土地管理法》第六十二条第一款“农村村民一户只能拥有一处宅基地”、第六十三条“农民集体所有的土地的使用权不得出让、转让或者出租用于非农业建设”[①] 之规定，法律对于宅基地使用权的流转一直保持禁止性的规定。宅基地使用权是一种以身份为

---

① 根据2019年《全国人民代表大会常务委员会关于修改〈中华人民共和国土地管理法〉、〈中华人民共和国城乡房地产管理法〉的决定》，第六十三条条文内容有修改。

基础的权利，其权利主体具有特定性，即仅限于本集体经济组织成员。因此，非同村集体经济组织成员之间的房屋买卖协议无效。本案所涉房屋系农村集体宅基地上的房屋，房屋买卖必然涉及宅基地的转让，由于段某杰与胡某春不属同一集体组织成员，双方对宅基地上的房屋进行买卖违反土地管理法的强制性规定，故段某作代段某杰与胡某春签订的《购房协议》应当认定为无效。根据《中华人民共和国合同法》第五十八条“合同无效或者被撤销后，因该合同取得的财产，应当予以返还；不能返还或者没有必要返还的，应当折价补偿。有过错的一方应当赔偿对方因此所受到的损失，双方都有过错的，应当各自承担相应的责任”之规定，现胡某春要求确认其与段某杰之间的《购房协议》无效，并要求返还购房款，合法有据。由于《购房协议》是买卖双方在有偿且不违背真实意思的情况下签订的，对于合同无效，双方均存在过错。根据公平、合理的原则，结合胡某春占有使用房屋实际情况，对胡某春主张购房款利息的请求，不应当得到支持。

案涉房屋系段某杰宅基地上修建，段某杰为房屋的实际权利人。段某作系受段某杰委托与胡某春签订《购房协议》，其在代理权限范围内实施的民事法律行为，由段某杰承担相应民事责任。根据民事损害赔偿的基本法理，要求代理人与被代理人承担连带责任，要以造成他人实际损害为前提。胡某春要求返还的购房款系段某杰因《购房协议》取得的财产，而非胡某春的损失。加之胡某春与段某杰对宅基地上的房屋进行买卖的行为违反法律法规的强制性规定，因该违法行为导致的损害不应当受到法律的保护，故对胡某春要求段某作承担返还购房款的诉讼请求，不应当支持。

四川省广安市前锋区人民法院根据《中华人民共和国民法总则》第一百六十二条，《中华人民共和国土地管理法》第六十二条、第六十三条，《中华人民共和国合同法》第五十二条第五项、第五十八条之规定，判决如下：

一、原告胡某春与被告段某杰之间的《购房协议》无效；

二、被告段某杰返还原告胡某春购房款 25.2 万元，原告胡某春向被告段某杰退还《购房协议》中约定出售的房屋（住房及门市各一套）；

三、驳回原告胡某春的其他诉讼请求。

段某杰不服一审判决提起上诉。

审理过程中，上诉人段某杰于 2019 年 6 月 12 日申请撤回上诉。四川省广安市中级人民法院依照《中华人民共和国民事诉讼法》第一百七十三条规定，裁定如下：

准许上诉人段某杰撤回上诉。

【法官后语】

没有乡村的有效治理，就没有乡村的全面振兴。中共中央办公厅、国务院印发的《关于加强和改进乡村治理的指导意见》指出，到2035年，加强和改进乡村治理总体目标是“乡村社会治理有效、充满活力、和谐有序”。目前，因农村“小产权房”交易引发的民事纠纷正在逐年递增。通过法治渠道解决“小产权房”纠纷，是乡村治理的必然要求。

其实“小产权房”并不是一个法律上的概念，它只是人们在社会实践中形成的一种约定俗成的称谓。“小产权房”是指一些村集体组织或者开发商出售的建筑在集体土地上的房屋或是由农民自行组织建造的“商品房”。根据我国现行法律规定，非本集体经济组织的成员不得购买在集体土地上建设的房屋。因此，“小产权房”的交易违反国家法律的强制性规定，这类房屋买卖的合同本身是违法的也是无效的。因此，正确认识“小产权房”交易的风险对于防范房屋交易风险和化解社会矛盾都具有非常重要的现实意义。现实中主要存在以下四个方面的风险：一是办不了房产证。这类房屋是建在集体土地上，根据法律规定是不允许对外销售的，这样的房屋在没有改变土地性质的情况下是不能办理房产证的，没有房产证的房屋在法律意义上是不受保护的，同时这类房屋在再次转让及遗赠、继承等方面都会面临困难。二是违约风险。由于“小产权房”交易违反了国家法律的强制性规定，其买卖合同是违法的，也是自始无效的，一旦某一方反悔并诉至法院，法院将判决退款、退房。实践中，很多卖方都是抓住这一点进行“一房二卖”或者进行其他的违约行为。三是拆迁难补偿。虽然双方签有购房合同，但却属无效合同，“小产权房”除不能办理房产证外，大多还是违章建筑，有被拆除的危险，业主也不能因为拆迁而得到安置补偿。四是房屋质量没有保证。该房不是商品房，出售方不是合法的开发公司，购买后不能享受到《建设工程质量管理条例》规定的售后保修服务，发生质量问题往往只能自行承担。

针对农村小产权房交易的特点，除普法义务机关加强土地相关法律法规的普及宣传，行政主管部门加大违法用地建设等执法力度外，购房者还需提高“小产权房”交易的风险意识。

编写人：四川省广安市前锋区人民法院 肖波

37

以“其他形式”订立的农村房屋买卖合同效力应当结合当事人实施行为时的意思表示等因素进行综合判断

——王某保诉王某军等农村房屋买卖合同案

【案件基本信息】

1. 裁判书字号

北京市第三中级人民法院（2019）京03民终16770号民事判决书

2. 案由：农村房屋买卖合同纠纷

3. 当事人

原告（被上诉人）：王某保

被告（上诉人）：王某军、王某民、王某英

【基本案情】

王某军、王某民、王某英之父王某德拥有位于北京市顺义区赵全营镇小高丽营村×宅院一所，该宅院内原有北正房六间、西厢房三间。1994年，王某德及家人从该宅院中搬离。同年，王某保占有该宅院并持续居住至今。2002年，王某保将涉诉宅院内原有房屋拆除新建了北正房八间、西厢房四间，王某德及家人未对王某保的建房行为予以阻拦。自1994年起，王某军、王某民、王某英及其父王某德未向王某保主张返还涉诉宅院。王某德于2004年去世，王某德之妻刘某荣于2015年去世。涉诉宅院的集体土地建设用地使用证一直在王某保处保存。现王某保以农村房屋买卖合同纠纷为由将王某军、王某民、王某英诉至法院，要求确认其与王某德于

1994 年就涉诉宅院内房屋达成的买卖合同有效。王某军、王某民、王某英否认存在农村房屋买卖合同关系，并称王某保仅是代为保管涉诉宅院。

【案件焦点】

在未签订书面房屋买卖合同或订立口头合同的情况下，农村房屋买卖合同关系的认定以及合同效力问题。

【法院裁判要旨】

北京市顺义区人民法院经审理认为：《中华人民共和国合同法》第十条第一款规定："当事人订立合同，有书面形式、口头形式和其他形式。"《最高人民法院关于适用〈中华人民共和国合同法〉若干问题的解释（二）》第二条规定："当事人未以书面形式或者口头形式订立合同，但从双方从事的民事行为能够推定双方有订立合同意愿的，人民法院可以认定是以合同法第十条第一款中的'其他形式'订立的合同。但法律另有规定的除外。"由此可见，是否签订书面合同并非判断当事人之间是否形成合同法律关系的绝对标准，应当结合当事人实施行为时的意思表示以及纠纷发生后当事人对相关事实的认知等因素进行综合判断。

本案中，虽然王某保与王某德未就涉诉宅院签署书面的农村房屋买卖合同，但结合王某德于 1994 年搬离涉诉宅院，原告王某保自 1994 年起占有该宅院并持续居住至今，王某德及本案的被告均未曾向原告主张返还以及 2002 年时原告王某保将房屋翻建，王某德及本案的被告当时及之后均未表示反对且涉诉宅院集体土地建设用地使用证由原告王某保占有。综上，本案中王某保提交的证据与客观事实之间能够相互印证，可以认定原告王某保与被告王某德存在房屋买卖合同关系。被告王某军、王某民、王某英辩解原告王某保只是保管涉诉房屋，但其提交的证据不足以证明其主张，法院不予采信。

另外，本案中，王某保现为北京市顺义区赵全营镇小高丽营村集体经济组织成员，其取得涉诉宅院宅基地使用权并不违反相关法律、行政法规的强制性规定。王某军、王某民、王某英主张即使房屋买卖合同存在，但被告之父王某德处分了其妻子刘某荣的共同财产且双方房屋买卖合同未经过村民委员会的同意和批准，故并不能使双方房屋买卖合同有效。但房屋买卖合同为债权合同，合同一方当事人的处分权并不影响合同效力。《中华人民共和国土地管理法》第十条[①]的规定并非效力性、强制性规定，故房屋买卖合同未经过村委会批准同意并不影响合同的效力。

综上，北京市顺义区人民法院判决如下：

王某保与王某德于1994年关于北京市顺义区赵全营镇小高丽营村×宅院内房屋所达成的买卖合同有效。

王某军、王某民、王某英不服，提起上诉。

北京市第三中级人民法院同意一审法院裁判意见，依照《中华人民共和国民事诉讼法》第一百七十条第一款第一项之规定，判决如下：

驳回上诉，维持原判。

【法官后语】

本案争议的焦点是在王某保与王某德就涉诉房屋未签订书面房屋买卖合同或订立口头合同的情况下，双方就涉诉宅院是否存在农村房屋买卖合同关系认定及合同效力问题。

《中华人民共和国合同法》第十条第一款规定："当事人订立合同，有书面形式、口头形式和其他形式。"《中华人民共和国民法典》第一百三十五条基本沿袭了本条规定，并新增"法律、行政法规规定或者当事人约定采用特定形式的，应当采用特定形式"的规定。《最高人民法院关于适用〈中华人民共和国合同法〉若干问题的解释（二）》第二条规定："当事人未以书面形式或者口头形式订立合同，但从双方从事的民事行为能够推定双方有订立合同意愿的，人民法院可以认定是以合同法第十条第一款中的'其他形式'订立的合同。但法律另有规定的除外。"尽管该司法解释现已废止，但是从其立法目的的精神内涵可知，是否签订书面合同并非判断当事人之间是否形成合同法律关系的绝对标准，应当结合当事人实施行为时的意思表示以及纠纷发生后当事人对相关事实的认知等因素进行综合判断。本案中，虽然王某保与王某德就涉诉宅院内房屋未签署书面的买卖合同，也没有证据表明双方曾达成口头协议，但事实上王某德于1994年搬离涉诉宅院，王某保亦自1994年起占有并无偿使用至今，王某德及家人均未曾向王某保主张返还，特别是

① 对应2019年《中华人民共和国土地管理法》第十一条，条文内容不变。

2002年时王某保将涉诉宅院内的房屋拆除并重建，王某德及家人当时及之后亦未表示反对，且涉诉宅院集体土地建设用地使用证也一直由王某保保管。基于上述事实，如若不存在房屋买卖合同关系，那王某保自1994年起占有并无偿使用涉诉宅院长达近30年，特别是在2002年王某德将涉诉宅院内原有房屋拆除并重建的情况下，王某德及家人并未提出反对意见且不要求返还涉诉房屋与一般人的认知不符；如若王某保仅是代为管理涉诉宅院，那涉诉宅院的集体土地建设用地使用证亦无必要一直存放于王某保处。综上，法院依据房屋原始权利情况，房屋交接、占有、使用、翻建及持有涉案宅基地使用权证书等事实，结合一般社会常识和常理，综合认定王某保与王某德之间就涉诉宅院内房屋符合以“其他形式”订立的买卖合同，最终确认王某保与王某德之间存在房屋买卖合同关系。

关于王某保与王某德之间房屋买卖合同的效力。因王某保是涉诉集体经济组织成员，其购买涉诉房屋未导致涉诉房屋所占的宅基地流出原农村集体经济组织，未损害本集体经济组织其他成员权益，未违反相关法律关于农村宅基地使用权的规定。关于王某军、王某民、王某英称王某德未经妻子刘某荣同意处分夫妻共同财产，因涉诉房屋长达近30年的时间不由王某德夫妻控制，刘某荣作为王某德的配偶理应知晓房屋被出卖之事，且根据《最高人民法院关于审理买卖合同纠纷案件适用法律问题的解释》（2012年）第三条的规定，当事人一方以出卖人在缔约时对标的物没有所有权或者处分权为由主张合同无效的，法院不予支持。虽然该条司法解释已于2020年该解释修正时删除，但是结合全案情况，无论刘某荣对此事是否知情均不影响王某德与王某保之间房屋买卖合同效力的认定，据此法院作出相应的判决。

编写人：北京市顺义区人民法院　谢衍明

38

城镇居民为集体经济组织成员亲属购买该村房屋合同有效

——赵某、冯某诉张某农村房屋买卖合同案

【案件基本信息】

1. 裁判书字号

北京市顺义区人民法院（2019）京0113民初17092号民事判决书

2. 案由：农村房屋买卖合同纠纷

3. 当事人

原告：赵某、冯某

被告：张某

【基本案情】

1996年8月17日，买方张某（甲方）与卖方赵某（乙方）签订《房屋买卖协议》，约定："乙方自愿将自有房屋五间的产权转卖给甲方。经双方协商达成以下协议：1. 乙方需向甲方提供土地使用证明。2. 甲方一次将购房款共计1.1万元向乙方付清。3. 由于特殊情况，乙方产权无法过户给甲方，但成交后，房屋产权归甲方所有。同时拥有宅基地的使用权。4. 如因宅基地问题发生邻里纠纷，乙方需配合甲方协助解决。5. 如遇国家征地或其他变故，一切赔偿归甲方所有。6. 本协议自双方法定代表人签章后正式生效。7. 本协议共2份，甲、乙双方各持一份。"该协议下有张某、赵某的签字捺印，并有证人陈某、王某的签字捺印。涉诉房屋所对应的宅基地登记在冯某父亲名下，位于北京市顺义区。赵某、冯某均为该村村民。张某的户籍不在该村，并非该村集体经济组织成员。现二原告起诉要求确认该《房屋买卖协议》无效。

张某辩称，该房屋实际为其养女购买。1996年，为解决孩子户口问题，就决定为养女购买涉诉房屋安家。由于当时被告养女只有6岁，不具有民事行为能力，因

此买房时就由被告代为购买。随后为其养女申请上户口并落户在该宅院坐落处，成为本村集体经济组织成员至今。二原告自愿卖房，有当时村委会书记和两位证人作证。在协议签订后，被告依约支付了价款，原告亦按期交付了房屋及宅院。此后，被告方及其养女在该房屋内居住至今近23年，原告也从未向被告及家人主张过任何权利。为此，被告提交户口簿、派出所证明等证据并申请证人出庭作证。

【案件焦点】

买房人并非本集体经济组织成员，其实际为属于集体经济组织成员的亲属购买该村房屋所签合同是否有效。

【法院裁判要旨】

北京市顺义区人民法院经审理认为：本案中，根据原告方所述，其主张涉诉房屋买卖合同无效的理由主要有二：一是涉诉房屋宅基地登记的使用权人为冯某父亲，《房屋买卖协议》没有经过冯某的同意；二是被告张某不是顺义区某村村民。

就原告方主张涉诉协议无效的理由一，根据物权效力与债权效力区分对待的原则，无权处分本身否定合同效力的辩称意见已被合同相关法律规定所否定。冯某在庭审中自述其当时对买卖涉诉房屋的事知情未提出异议，且在此后也未向被告张某提出异议，另结合二原告的夫妻关系、农村房屋交易习惯、证人证言及被告养女在涉诉宅院落户并居住20余年等情形，法院对原告方主张合同无效的该项事由不予采信。

就原告方主张涉诉协议无效的理由二，依据《中华人民共和国土地管理法》的相关规定，宅基地属于农民集体所有。农村房屋是农村集体经济组织为保障本集体经济组织成员的居住而允许其在农民集体所有的宅基地上建造的房屋。本案中，张某并非该村村民，然而其是为养女购买涉诉房屋，当时张某的养女为未成年人。根据派出所的证明信及北京农商银行客户回单，张某养女的户籍地址即为涉诉房屋坐落的顺义区，虽然因大中专招生张某养女户口农转非，但其仍享受该村集体经济组织成员待遇。就张某养女与张某的关系，根据两份单位证明及张某养女所述，其为张某的养女，且在1991年被收养之时《中华人民共和国收养法》尚未实施。因此，张某购买涉诉房屋的行为与纯粹的城镇居民购买农民宅基地及房屋不应等同，其实质交易结果并未导致诉争院落违背宅基地为该村集体所有这一根本保护原则。因此，涉诉房屋买卖协议并未违反法律、行政法规的强制性规定，不存在合同无效的情形。

综上，原告方现有证据并无法证明涉诉房屋买卖协议存在合同法所规定的认定无效的情形，故对于原告方的诉讼请求，法院不予支持。综上，北京市顺义区人民法院依照《中华人民共和国合同法》第四十四条第一款、第五十二条，《中华人民共和国民事诉讼法》第六十四条之规定，判决如下：

驳回赵某、冯某的全部诉讼请求。

【法官后语】

农村房屋买卖合同纠纷为乡村经济社会中较为常见的一类民事纠纷，尤其是随着农村经济的发展、城乡一体化进程的推进，农村房屋买卖合同纠纷案件也呈逐年增长趋势。鉴于"房地一体"原则的存在，该类纠纷的处理，不仅适用《中华人民共和国合同法》的一般规定，更应与我国的土地管理法及相关土地政策法规相一致。

关于农村房屋买卖合同纠纷类案件，首先应当判断的就是合同的效力。而关于合同无效的情形，《中华人民共和国合同法》第五十二条规定："有下列情形之一的，合同无效：（一）一方以欺诈、胁迫的手段订立合同，损害国家利益；（二）恶意串通，损害国家、集体或者第三人利益；（三）以合法形式掩盖非法目的；（四）损害社会公共利益；（五）违反法律、行政法规的强制性规定。"同时，依据《中华人民共和国土地管理法》的有关规定，我国实行国家所有和集体所有的土地制度，宅基地属于农民集体所有，一般只有本集体经济组织成员才可享有本村宅基地使用权。因此，根据上述法律规定，现行司法实践中通常以农村房屋买卖行为最终是否损害了村集体经济组织成员利益作为判断合同效力的标准。通常，若该农村房屋买卖行为导致该房屋及所附着宅基地的使用权流落至非本集体经济组织成员手中，该买卖合同则被认定为无效。

本案的特殊之处在于，签订农村房屋买卖合同的买受人一方自签订合同至今均非该村集体经济组织成员，而经双方举证质证及法院调查查明，买受人当时实际为其未成年养女购买涉诉房屋且其养女现仍享受该村集体经济组织成员待遇，户籍亦在该宅院坐落之处。故法院考量此农村房屋买卖合同的目的及仍由本村集体经济组织成员居住使用的现状，认为该买卖行为实质并未侵害其他村集体经济组织成员的利益，故该农村房屋买卖合同应属有效。该案的裁判也提醒我们，在处理此类案件时，不可仅以合同签订主体的身份情况对合同效力进行简单的判断，而应综合考虑买卖双方家庭成员的身份情况及在本集体经济组织的宅基地情况、涉诉房屋的实际居住使用情况来判断合同的效力，以作出更为公正合理的裁判，为农村房屋买卖合同纠纷案件作出正确的价值指引。

编写人：北京市顺义区人民法院　邵冲　涂琳

39

"小产权"房买卖合同的合法性认定

——刘某诚诉刘某涛农村房屋买卖合同案

【案件基本信息】

1. 裁判书字号

湖南省岳阳市中级人民法院（2019）湘06民终3422号民事裁定书

2. 案由：房屋买卖合同纠纷

3. 当事人

原告（被上诉人）：刘某诚

被告（上诉人）：刘某涛

【基本案情】

2018年2月20日，原、被告经人介绍订立了一份《房屋购置合同》，约定："一、被告自愿将其坐落于原相思乡政府对面加油站旁的楼房出卖给原告，并将与所出卖房屋相关的土地使用权同时转让给原告，该栋楼房具体位置以房屋土地权证为准。二、出售房屋的附属物同时全部转让，附属物包括本栋楼房左侧8米×12米的屋基。三、上述房地产及附属物合同总价款为40万元。四、被告应在原告付款后将房屋交付原告，届时该房屋应无任何担保、抵押、房产瑕疵，无人租住、使用，无欠账，如电话费、水电费、物业管理费、取暖费、入网费、有线电视费等。五、本合同生效后，一方如不能按规定交付房产或按规定支付房款，每逾期一日，应向对方支付50元违约金。六、被告保证出售房产合法、权属清楚、有合法的土地使用权，并已经取得全部共有人的一致同意。若因产权、使用权或其他产权原因而导致原告无法使用，被告愿意赔付原告全部转让款、房屋的改造、建造、装修等费用及土地增值部分价值。七、合同生效后，被告有配合原告办理相关产权证照转移义务，如因政府原因确实无法办理产权转移手续，被告须把相关证件交原告保存。如遇政府征地拆迁，该院落的拆迁利益（包括拆迁补偿款、回迁房等）全部归原告所有。八、付款方式为在合同签字交付房屋时付款20万元，余款在2018年8月15日支付10万元，12月30日前付清。九、其他：所有权证在余款付清后办理转让手续，被告必须随时配合，所有费用各负50%。未尽事宜须双方协商解决，并签订相应的补充协议，本协议经原、被告双方签字，履行付款手续后和办理房产转让手续后生效。”合同订立后，原告按约向被告支付了购房款20万元，被告也按约将房屋和集体土地使用证一并交给原告，由原告对外出租，但房产证未交给原告，上述房产证与集体土地使用证也未办理产权过户手续。2018年8月29日，原告经向当地国土部门（国土所）询问，其左侧屋基因与加油站临近，未达安全距离，不会被批准建房，加之房产证与集体土地使用证无法办理过户手续等原因，原告反悔要求退房，被告不允，双方发生纠纷。2018年10月24日，原告诉诸法院，请求判如所请。

上述案涉房屋地处原相思乡政府对门，位于乡镇集镇规划区内，其规划用途为商住房屋。2007年10月23日，被告（原系相思乡中毛村，现系毛田镇中兴村人）从徐某龙和许某（原系相思乡方塘村，现系毛田镇朱港村人）二人手中购得现有房屋，并于2008年12月3日办理了集体土地使用证，登记土地使用者为被告刘某涛，使用权类型为批准拨用宅基地。于2009年12月8日办理了房屋产权证，登记房屋所有权人为被告刘某涛。上述原、被告与原房主徐某龙、许某虽均为农村居民，但非同一集体经济组织成员。

【案件焦点】

农村集体土地上所建房屋的买卖合同，即俗称“小产权房”买卖合同的合法性问题。

【法院裁判要旨】

湖南省岳阳县人民法院经审理认为：依照《中华人民共和国民法通则》第六条之规定，民事活动必须遵守法律，法律没有规定的，应当遵守国家政策。依据最高人民法院［2016年11月21日，法〔2016〕399号］《第八次全国法院民事商事审判工作会议（民事部分）纪要》中的关于农村房屋买卖问题的相关精神，在国家确定的宅基地制度改革试点地区，可以按照国家政策及相关指导意见处理宅基地使用权因抵押担保、转让而产生的纠纷。在非试点地区，农民将其宅基地上的房屋出售给本集体经济组织以外的个人，该房屋买卖合同认定为无效。合同无效后，买受人请求返还购房款及其利息，以及请求赔偿翻建或者改建成本的，应当综合考虑当事人过错等因素予以确定。

综上所述，原、被告所签订的农村集体土地上所建房屋买卖合同，违反国家法律政策规定，其合同无效。合同无效或者被撤销后，因该合同取得的财产，应当予以返还，故原告因房屋买卖合同所取得的房屋应返还给被告，被告因房屋买卖合同所取得的购房款应返还给原告。本案中，原、被告明知双方非同一农村集体经济组织成员，仍进行农村集体土地上所建房屋买卖，双方均存在过错，且原告接收买受房屋后收取了房租款，故原告要求被告支付购房款利息及承担申请司法调解所产生的误工费、差旅费的理由不足，法院不予支持。湖南省岳阳县人民法院依照《中华人民共和国合同法》第一百三十条、第五十二条第一款第五项、第五十八条，《中华人民共和国民法通则》第六条之规定，判决如下：

一、原告刘某诚与被告刘某涛于2018年2月20日所签订的农村房屋买卖合同无效；

二、由被告刘某涛于本判决生效之日起三十日内返还给原告刘某诚购房款20万元，由原告刘某诚于本判决生效之日起三十日内将所购房屋退还给被告刘某涛；

三、驳回原告刘某诚的其他诉讼请求。

刘某涛不服一审判决提起上诉。在上诉过程中，因其未按规定缴纳上诉案件受理费，二审裁定本案按上诉人刘某涛自动撤回上诉处理。

【法官后语】

随着城乡一体化建设的飞速发展，城乡差距不断缩小，而农村凭借其特有的“天然氧吧”“辽阔地域”等优于城市的惬意生活氛围，成为很多人越来越中意的选择，不少人更是选择在相对便利的城郊或者僻静的乡村购买居所。但目前关于农村房屋买卖问题在法律上的规制还处于试点阶段，本案不同集体经济组织间成员的房屋买卖问题就体现了这类案件其中一个方面的争议性所在。

本案的审理焦点在于，农村集体土地上所建房屋的买卖合同，即俗称“小产权房”买卖合同的合法性问题如何处理。依照《中华人民共和国民法通则》第六条之规定，民事活动必须遵守法律，法律没有规定的，应当遵守国家政策。依据最高人民法院［2016年11月21日，法〔2016〕399号］《第八次全国法院民事商事审判工作会议（民事部分）纪要》中的关于农村房屋买卖问题的相关精神，在国家确定的宅基地制度改革试点地区，可以按照国家政策及相关指导意见处理宅基地使用权因抵押担保、转让而产生的纠纷。在非试点地区，农民将其宅基地上的房屋出售给本集体经济组织以外的个人，该房屋买卖合同认定为无效。合同无效后，买受人请求返还购房款及其利息，以及请求赔偿翻建或者改建成本的，应当综合考虑当事人过错等因素予以确定。

当然，关于不同集体经济组织成员之间的农村房屋买卖并非一概认定合同无效，对合同的效力认定应适用《中华人民共和国民法典》合同编的有关规定，只要该类合同是双方的真实意思表示，且不违反法律和行政法规，不存在法定的无效情形，这样的合同就对双方当事人具有法律约束力。

当前，对于农村集体所有土地上建设房屋，在农村房屋买卖过程中经常遇到的法律适用问题主要还有关于办理集体土地使用权登记和农村房屋产权登记的相关法律适用问题，关于在原有土地上翻建、新建、添附新的建筑物的相关法律适用问题，关于在农村集体所有土地上合建或改建房屋的相关法律适用问题等，这些问题都还有赖于法律的进一步健全和完善，有赖于人民法院的进一步依法适用法律。

编写人：湖南省岳阳县人民法院　周娜

40

农村房屋买卖合同的效力及农村集体经济组织成员的认定

——车某、陈某玲诉王某雄等农村房屋买卖合同案

【案件基本信息】

1. 裁判书字号

北京市第一中级人民法院（2019）京01民终10699号民事判决书

2. 案由：农村房屋买卖合同纠纷

3. 当事人

原告（被上诉人）：车某、陈某玲

被告（上诉人）：罗某涛

被告（被上诉人）：王某雄、高某飞

【基本案情】

车某与陈某玲系夫妻，二人均系北京市王庄村村民，陈某玲系农业户口，车某系非农业户口。车某在王庄村××号拥有宅基地一处。

2002年1月26日，陈某玲与王某雄签订《契约》，载明：今有王庄村陈某玲自有瓦房4间，现将出售给王某雄，成交额3万元整。契约签订后王某雄将房款付给车某、陈某玲，车某、陈某玲将诉争宅院及集体土地建设用地使用证交给王某雄并腾退了相关物品。

2014年8月14日，王某雄、高某飞与罗某涛签订了《房屋买卖合同》，约定将王庄村××号的诉争房屋及宅院以160万元的价格卖与罗某涛。王某雄为罗某涛出具了收条，并将诉争宅院的集体土地建设用地使用证交给了罗某涛。之后罗某涛将原有房屋全部拆除，建成了二层楼房，该房屋于2018年3月被拆迁。

王某雄与高某飞原为夫妻关系，于2000年4月28日登记结婚。后因王某雄自2014年离家出走，高某飞于2016年3月诉至法院要求与王某雄离婚，法院于2016

年10月14日判决二人离婚。王某雄于2002年11月25日将户口迁至王庄村××号，户口性质为非农业。王庄村村委会出具的《证明》称，王某雄在购买本案涉诉宅院后已成为王庄村集体经济组织成员。

法院另查明，高某飞、罗某涛均不是王庄村集体经济组织成员。2018年7月9日，一审法院对村民陈某进行询问并作出《调查笔录》，陈某表示王某雄是王庄村集体经济组织成员。

车某、陈某玲向一审法院起诉请求：1. 确认陈某玲与王某雄签订的房屋买卖《契约》无效；2. 确认王某雄、高某飞与罗某涛签订的《房屋买卖合同》无效。

【案件焦点】

1.《契约》和《房屋买卖合同》是否符合农村房屋买卖合同有效的五种例外情形；2. 证人陈某所作证言能否证明王某雄属于王庄村集体经济组织成员。

【法院裁判要旨】

北京市延庆区人民法院经审理认为：王某雄并非王庄村集体成员，《契约》应属无效。王某雄、高某飞与罗某涛三人非王庄村集体成员，《房屋买卖合同》亦属无效。判决如下：

一、陈某玲与王某雄签订的《契约》无效；

二、王某雄、高某飞与罗某涛签订的《房屋买卖合同》无效。

罗某涛不服一审判决提起上诉。

北京市第一中级人民法院经审理认为：农村宅基地上的房屋，依法出售给本集体经济组织成员时，合同有效；如果出售给宅基地所在集体经济组织成员以外的人员，因违反了法律、行政法规的强制性规定，合同原则上无效，只在特定情形下有效。例如，（1）诉讼时买受人已经成为宅基地所在集体成员；（2）买受人的配偶为宅基地所在集体成员；（3）多次买卖后最终买受人为宅基地所在集体成员；（4）1999年1月1日《中华人民共和国土地管理法》修订之前回乡落户的干部、职工、退伍军人、华侨以及港澳台同胞购买农村房屋；（5）1999年1月1日《中华人民共和国土地管理法》修订之前，买受人符合《中华人民共和国土地管理法》及《中华人民共和国土地管理法实施条例》规定的条件并办理了相关审批手续。

《契约》和《房屋买卖合同》签订时间在2002年和2014年，不符合第4、第5

种情形。在两次买卖后最终买受人罗某涛不是宅基地所在村的集体经济组织成员，不符合第 3 种情形。《契约》签订时，高某飞作为王某雄的配偶，亦不是宅基地所在集体成员，不符合第 2 种情形。陈某接受询问时表示王某雄是王庄村集体成员，但村民之间可能存在复杂利益冲突，客观上有亲疏远近，受此影响，证明某人是否为某集体经济组织成员，不能单凭村委会的书面材料或个别村民的证人证言，而应看是否有能够证明该人实际享受了集体经济组织成员权益的证据。例如，领取分红款、大米等的账目凭证；是否有能够证明该人加入该集体经济组织的相关记载或文件。例如，村民会议记录；是否有能够证明该人成为该集体成员的特定事实。例如，与某集体成员结婚。因此，在无其他证据作证的情况下，王某雄不是王庄村集体成员，不符合第 1 种情形。罗某涛亦未提供证据证明存在其他有效的特殊情形。综上，《契约》和《房屋买卖合同》应属无效。北京市第一中级人民法院认为，一审判决认定事实清楚，适用法律正确，应予维持。依照《中华人民共和国合同法》第五十二条第五项，《最高人民法院关于适用〈中华人民共和国民事诉讼法〉的解释》第一百一十五条第一款，《中华人民共和国民事诉讼法》第一百七十条第一款第一项之规定，判决如下：

驳回上诉，维持原判。

【法官后语】

农村房屋买卖合同的效力问题是此类案件审理中的焦点和难点问题，随着农村房屋类纠纷的增加，对上述问题进行梳理和明确具有紧迫性。

1. 农村宅基地使用权的特点

具体来说，农村宅基地使用权的特点包括：一是权利主体身份的特定性，大多为非城镇居民，必须为该村集体成员的农民。二是具有强烈的福利色彩，随着人口增多，宅基地数量有限，一旦农村房屋所占宅基地流转出原农村集体经济组织就会损害本集体经济组织其他成员的社会保障效果和社会福利水平。三是内容法定，一般由村级、县级或者更高层政府机构进行划分或认定或通过颁发相关的使用权证书等予以确定相应的内容。四是设定及取得具有一定程度的计划经济体制特点，现如今国家即将开展的农村土地确权将会打破原有的政策。

农村宅基地使用权的特殊特征导致农村房屋买卖合同效力的认定不同于一般的

房屋买卖合同。一般房屋买卖合同效力问题主要依据《中华人民共和国合同法》第三章合同效力一节，主要见于第五十二条合同无效的五种法定情形。而农村房屋买卖合同无效的认定主要依据其中的第五项“违反法律、行政法规的强制性规定”，且主要的法律依据是《中华人民共和国土地管理法》等。

2. 农村土地制度变革对农村房屋买卖合同的影响

我国农村土地制度的历史沿革大致分为四个阶段，第一阶段是1982年之前，城镇人和农村人买卖农村房屋均有效。主要法律依据：1962年《农村人民公社条例修正草案》（1962年9月27日）规定，社员的房屋，永远归社员所有。社员有买卖或者租赁房屋的权利。社员出租或者买卖房屋，可以经过中间人评议公平合理的租金或者房价，由买卖或者租赁的双方订立契约。第二阶段是1982年至1986年12月31日：城镇人、农村人买卖农村宅基地上房屋规定一样，宅基地使用权需要报生产大队（村）、公社（乡、镇）两级批准。主要法律依据：1982年《中华人民共和国宪法》，农村和城市郊区的土地，除由法律规定属于国家所有外，属于集体所有，宅基地和自留地、自留山，也属于集体所有等。第三阶段是1987年1月1日至1998年12月31日，对于城镇人和农村人购买农村房屋有不同的审批要求，即（1）城镇人买农村宅基地上房屋：宅基地使用权通过村、乡（镇）人民政府及县级人民政府三级批准。（2）农村人买宅基地上房屋：宅基地使用权通过村、乡（镇）人民政府两级批准。第四个阶段是1999年1月1日至今。城镇居民原则上不能购买农村房屋，除非其户口已迁入该村，并享受村民待遇，可以认定有效。

3. 农村房屋买卖合同效力的认定

农村房屋买卖合同效力问题，2004年北京市高级人民法院印发的《关于印发农村私有房屋买卖纠纷合同效力认定及处理原则研讨会会议纪要的通知》明确，宅基地使用权是集体经济组织成员享有的权利，与特定的身份关系相联系，不允许转让。农村宅基地上房屋的买卖必然涉及宅基地的流转，此类合同以认定无效为原则，以有效为例外。

五种有效的例外情形为：（1）诉讼时买受人已经成为宅基地所在集体经济组织成员；（2）买受人的配偶为宅基地所在集体经济组织成员；（3）多次买卖后最终买受人为宅基地所在集体经济组织成员；（4）1999年1月1日《中华人民共和国土地管理法》修订之前回乡落户的干部、职工、退伍军人、华侨以及港澳台同胞购买农村房屋；（5）1999年1月1日《中华人民共和国土地管理法》修订之前，买受人符合《中华人民共和国土地管理法》及《中华人民共和国实施条例》规定的条件并办理了相关审批手续。因此，在买受人非本村集体经济组织成员时，不能一律认定农村房屋买卖合同无效，应当认真审查案件事实中是否存在上述五种例外情形。

4. 农村集体经济组织成员的认定标准

对“本集体经济组织成员”的认定直接关系到农村房屋买卖合同是否有效。党的十八届三中全会作出的《中共中央关于全面深化改革若干重大问题的决定》对深化农村改革作出了重要部署。近年来，随着农村集体产权制度改革、户籍制度改革与城乡社会保障一体化发展迅速推进，集体经济组织成员的认定不仅涉及农村房屋买卖合同的效力，还涉及土地征收、拆迁安置补偿、集体利益分配等一系列关系组织成员利益和农村改革等重要问题。然而，对于成员资格的界定标准，相关法律法规却不够明确，只有部分地区法院在总结审判经验的基础上对成员资格的界定出台了一些指导意见，有的地方出台了一些地方规范性文件，统一裁判标准和规范路径的缺乏给审判工作带来了一些困难。

对于“本集体经济组织成员”在司法实务中的认定，我们认为，由于村民之间可能存在复杂的利益冲突或恩怨，客观上有亲疏远近之分，受此影响，无论是村民委员会提出的书面证明材料还是个别村民的证人证言，证明力都不够强，在无其他证据佐证的情况下，仅有村民委员会提出的书面证明材料和证人证言，均不能作为集体经济组织成员的认定标准。

法院审查某人为某集体经济组织成员，不能单凭村民委员会的书面证明材料或个别村民的证人证言，而应看当事人能否提供下述强有力的客观证据：（1）是否实际享受了集体经济组织成员权益的客观证据。例如，领取分红款、大米等的账目凭证。（2）是否有加入该集体经济组织的相关记载或文件。例如，村民会议记录。（3）是否存在应当成为该集体经济组织成员的特定事实。例如，与某集体经济组织成员结婚。只有具备上述证据，才能证明为某集体经济组织成员。

编写人：北京市延庆区人民法院　王华

41

农村房屋买卖合同无效不必然影响拆迁安置协议的履行

——马某华、王某亮诉绿都公司房屋拆迁安置补偿合同案

【案件基本信息】

1. 裁判书字号

北京市密云区人民法院（2019）京0118民初6420号民事判决书

2. 案由：房屋拆迁安置补偿合同纠纷

3. 当事人

原告：马某华、王某亮

被告：绿都公司

第三人：王某海

【基本案情】

1981年，案外人王某华经审批在北京市密云区穆家峪镇新农村建设北正房三间（现为密云区穆家峪镇新农村××号）。1992年8月20日，王某华与王某海签订《房屋买卖协议》，将上述房屋及对应院落卖给王某海，交易价格为4000元。1993年12月3日，王某海及其妻郭某与王某亮签订《房屋买卖协议》，将上述房屋及院落卖给王某亮，房屋价款为2.4万元。郭某于1980年因结婚户口迁入穆家峪镇新农村，为新农村农业家庭户；1994年12月5日，郭某将户口（农业户口）迁出新农村；1995年11月，王某海与郭某离婚。

2011年9月21日，王某海书写《房屋买卖补充契约》，承诺虽没有办理密云区穆家峪镇新农村××号房屋过户手续，但该套房屋无论是正常居住、买卖，还是遇国家或集体拆迁，所有产权都归王某亮所有。

2018年9月25日，北京市密云区人民政府下达了《关于印发穆家峪镇新农村刘林池棚户区改造项目住宅、非住宅拆迁补偿（安置）方案的通知》；11月1日，

被告绿都公司取得了北京市密云区住房和城乡建设委员会核发的密云区穆家峪镇新农村刘林池棚户区改造项目的《房屋拆迁许可证》。

王某亮与马某华系夫妻关系。2018年10月9日，马某华与绿都公司签订《房屋拆迁安置补偿协议》。

2018年12月28日，绿都公司（甲方）与马某华（乙方）签订《补充协议》。

2018年10月10日，王某华及其妻郑某诉至法院，要求确认王某华、郑某与王某海于1992年签订的《房屋买卖协议》无效，同年12月7日，法院判决驳回王某华、郑某的诉讼请求。该判决现已生效。

2019年1月2日，王某海诉于法院，要求确认其与马某华、王某亮签订的《房屋买卖契约》无效，并要求返还位于密云区穆家峪镇新农村××号院的房屋。2019年3月27日，密云区人民法院作出（2019）京0118民初145号民事判决书，认为马某华、王某亮系居民户，非密云区穆家峪镇新农村农民，不具备使用新农村集体土地的资格，故判定王某海与马某华、王某亮签订的《房屋买卖契约》无效；另因争议房屋已交付给拆迁指挥部，故没有支持王某海返还房屋的诉讼请求。

现该案争议房屋已由绿都公司拆除，绿都公司以马某华、王某亮与王某海之间存在纠纷，且双方明示不得发放为由，未向马某华、王某亮发放拆迁补偿协议及拆迁补偿款。

【案件焦点】

农村房屋买卖合同被宣告无效是否会造成拆迁安置补偿协议无法履行。

【法院裁判要旨】

北京市密云区人民法院经审理认为：依法成立的合同，对当事人具有法律约束力。当事人应当按照约定全面履行自己的义务。被告绿都公司取得了行政机关核发的密云区穆家峪镇新农村刘林池棚户区改造项目的《房屋拆迁许可证》，故被告绿都公司对本案案涉房屋的拆迁、拆除行为合法有效。马某华、王某亮按照协议约定将坐落于北京市密云区穆家峪镇新农村××号的房屋及院落交付给绿都公司予以拆除，并取得了《交房验收单》，绿都公司理应按照协议约定将应付的补偿款及双方所签协议给付马某华、王某亮。因此，法院对马某华、王某亮要求绿都公司发放《拆迁安置协议》并支付补偿款497431元的诉讼请求，予以支持。第三人王某海不是《房屋拆迁安置补偿协议》《补充协议》的相对方，主张拆迁补偿协议中的安置财产权益归其所有，于法无据，法院不予支持。原告马某华、王某亮与第三人王某海之间，因涉案农村房屋的拆迁利益分配问题存有争议，在未明确原告马某华、王某亮与第三人王某海谁能合法取得拆迁补偿利益的情况下，为维护三方合法权益，绿都公司延迟向马某华、王某亮支付补偿款的行为，应当得以容忍，故对马某华、王某亮要求绿都公司支付补偿款的逾期给付利息的诉讼请求，法院不予支持。本案争议房屋已经由马某华、王某亮交付给绿都公司，并已被绿都公司拆除，自拆除行为成就时，该房屋的物权消灭。法院于 2019 年 3 月 27 日作出（2019）京 0118 民初 145 号民事判决书，确认王某海在其与郭某夫妻关系存续期间，与马某华、王某亮签订的涉案《房屋买卖协议》无效，但该争议房屋现已被合法拆除，其物权已经消灭，无法返还，故王某海可另案主张马某华、王某亮对其财产损失进行赔偿，本案不予涉及。

北京市密云区人民法院依照《中华人民共和国合同法》第八条第一款、第五十八条、第六十条，《中华人民共和国物权法》第三十条之规定，判决如下：

一、被告绿都公司于本判决生效之日起十日内将其与马某华签订的《房屋拆迁安置补偿协议》发放给原告马某华、王某亮；

二、被告绿都公司于本判决生效之日起十日内给付原告马某华、王某亮房屋拆迁各项补偿款计 497431 元。

三、驳回第三人王某海的诉讼请求。

四、驳回原告马某华、王某亮的其他诉讼请求。

【法官后语】

本案中，马某华与王某海之间的农村房屋买卖合同被宣告无效后，由于房屋已经交付给拆迁指挥部，故对于房屋返还问题未进行处理。本案焦点问题在于房屋买卖合同被宣告无效是否会造成《房屋拆迁安置补偿协议》无法履行。想要回答该问题，必须要解决以下两个问题：

1.《房屋拆迁安置补偿协议》的效力问题

本案中，原、被告之间签订合同是双方的真实意思表示，且不存在欺诈、胁迫、恶意串通之情形。被告系持有拆迁许可证的合法拆迁人，其依法定程序进行拆迁，与原告签订的《房屋拆迁安置补偿协议》不存在违反强制性法律规定。因此案涉房屋拆迁安置补偿合同应属有效合同。

具体到本案，根据《最高人民法院关于审理买卖合同纠纷案件适用法律问题的解释》（2012年）第三条之规定，当事人一方以出卖人在缔约时对标的物没有所有权或者处分权为由主张合同无效的，人民法院不予支持。出卖人因未取得所有权或者处分权致使标的物所有权不能转移，买受人要求出卖人承担违约责任或者要求解除合同并主张损害赔偿的，人民法院应予支持。该司法解释表明无权处分关系到合同是否能够正常履行，但并未否定合同效力。虽然2020年该司法解释修正时删除了本条规定，但退一步讲，即使房屋买卖合同无效，原告并未将房屋交付给被告，原告与被告签订合同系无权处分的情况下，涉案拆迁安置补偿协议也不应因此被认定无效。

2.《房屋拆迁安置补偿协议》履行问题

本案中案涉房屋已经依法拆除，房屋物权已经因事实行为而消灭，任何一方均无法请求返还房屋，即使自身利益受到侵害，只能请求责任方赔偿损失。在此情况下，维护现有拆迁协议的履行力，不仅符合公平原则和诚实信用原则，也有利于维护经济秩序的稳定。

首先，协议履行有利于实现公平原则，符合利益衡量的裁判标准。

一是原告与被告签订《房屋拆迁安置补偿协议》并依据合同将房屋交付被告在先，法院认定原告与第三人之间签订的《房屋买卖协议》无效在后，绿都公司依法拆迁，主观上并不存在过错，在房屋已经被拆除的情况下，依照合同约定的数额进行补偿符合公平原则，保证了原、被告之间的利益平衡。二是协议履行并不否定第三人可继续向原告要求赔偿损失。该协议的履行意味着原告所得的补偿利益确定，第三人在补偿利益确定之后，可以另行提起诉讼，请求法院处理合同无效后的法律后果。因此，该协议履行并不意味着第三人的利益无法受到保护。

其次，协议履行有利于厘清法律关系，维护经济秩序的稳定。

《房屋拆迁安置补偿协议》的签订经过了复杂的磋商、谈判、公示程序，在拆迁人不存在明显过错的情况下，法院应当尽力维护现有的拆迁秩序，促进拆迁的顺利进行，引导当事人通过其他方式对拆迁利益进行合理分配，尽力维护现有拆迁协议的履行力。

最后，协议履行实现了诚信原则和宅基地流转经济秩序的兼顾。

本案中，第三人在房屋已经出卖多年的情况下，为了获得高额的拆迁补偿，向法院提起确认合同无效之诉，其行为违反宅基地流转秩序在先，违反诚信原则再后，应该给予否定评价。维护现有拆迁安置补偿协议的履行力，第三人王某海需要就损失赔偿问题另诉，加大了其维权成本，彰显了法律对诚信原则和宅基地流转经济秩序的维护。

编写人：北京市密云区人民法院 胡增姗

42

农村房屋买卖合同在被认定无效后对所涉房屋的正确处理

——孙某水诉王某杰房屋买卖合同案

【案件基本信息】

1. 裁判书字号

山东省淄博市中级人民法院（2019）鲁03民终357号民事判决书

2. 案由：房屋买卖合同纠纷

3. 当事人

原告（被上诉人）：孙某水

被告（上诉人）：王某杰

【基本案情】

被告王某杰系山东省青州市庙子镇窦家崖村人。2001年7月1日，王某杰与淄博市临淄区辛店街道办事处渠村村民即原告孙某水签订《房屋转卖协议书》，约定孙某水将其位于本村的房屋及院落转卖于王某杰，价款为19680元。后王某杰支付了房款，并在此房居住。后王某杰在青州市邵庄镇租房居住，上述房屋由其父母居住。王某杰及其父母户口均未迁入淄博市临淄区辛店街道办事处渠村。孙某水主张由于王某杰并非渠村村民，其买卖房屋、院落的行为无效，且孙某水确有现实困难，故起诉要求依法确认双方2001年7月1日签订的房屋买卖合同无效；王某杰立即将坐落在临淄区辛店街道办事处渠村××号的房屋及院落返还孙某水（价值4万元）。

【案件焦点】

1. 原、被告双方签订的农村房屋买卖合同是否为无效合同；2. 农村房屋买卖合同无效后，买方（王某杰）在案涉房屋持续居住多年，孙某水能否要求王某杰搬离案涉房屋。

【法院裁判要旨】

山东省淄博市临淄区人民法院经审理认为：根据《中华人民共和国土地管理法》第六十二条的规定，农村村民一户只能拥有一处宅基地。农村房屋与土地不可分离，宅基地使用权是本集体经济组织成员享有的权利，集体经济组织之外的人员购买本集体经济组织成员房屋的，原则上应确认无效。本案中，对孙某水主张确认房屋买卖合同无效的诉求应予以支持。按照法律规定，合同无效后，因该合同取得的财产应当予以返还，不能返还或者没有必要返还的，应当折价补偿，有过错的一方应当赔偿对方因此所受到的损失，双方都有过错的，应当各自承担相应的责任。王某杰并不固定在购买的房屋中居住，又在其他地方租房居住，对案涉房屋应予以返还。王某杰是否主张返还购房款及赔偿经济损失，系另外一法律问题。王某杰辩解已超过诉讼时效，理由不当，不予采信。

山东省淄博市临淄区人民法院依照《中华人民共和国合同法》第五十二条、第五十八条，《中华人民共和国土地管理法》第六十二条，《中华人民共和国民事诉讼法》第六十四条之规定，判决如下：

一、确认孙某水与王某杰于2001年7月1日签订的房屋买卖合同无效。

二、王某杰将淄博市临淄区辛店街道办事处渠村案涉房屋及院落，于本判决生效后六十日内返还给孙某水。

王某杰不服一审判决提起上诉。

山东省淄博市中级人民法院经审理认为：王某杰与孙某水签订的房屋买卖合同因违反了《中华人民共和国土地管理法》的相关规定，应属无效。双方因该合同取得的相关财产应当相互返还。但是，本案中，对于双方合同最终导致无效的结果孙某水负有主要责任，且王某杰及其父母已经在案涉房屋中持续居住了 17 年，现在因合同无效让王某杰搬离势必造成王某杰生活上的不便，产生新的损失。因此，孙某水要求王某杰搬离案涉房屋的主张违反诚实信用原则，显失公平，不应得到支持。王某杰可不予搬离腾退，如遇拆迁，双方可就拆迁利益另行处理。

据此，山东省淄博市中级人民法院依照《中华人民共和国民事诉讼法》第一百七十条第一款第二项之规定，判决如下：

一、维持山东省淄博市临淄区人民法院（2018）鲁 0305 民初 2693 号民事判决第一项；

二、撤销山东省淄博市临淄区人民法院（2018）鲁 0305 民初 2693 号民事判决第二项；

三、王某杰可继续占有使用淄博市临淄区辛店街道办事处渠村案涉房屋及院落，直至实际拆迁。

四、驳回孙某水的其他诉讼请求。

【法官后语】

本案主要涉及农村房屋买卖合同在被认定为无效后对所涉房屋的正确处理问题。

《中华人民共和国合同法》第五十八规定："合同无效或者被撤销后，因该合同取得的财产，应当予以返还；不能返还或者没有必要返还的，应当折价补偿。有过错的一方应当赔偿对方因此所受到的损失，双方都有过错的，应当各自承担相应的责任。"因此，在一般情况下，合同无效后，根据《中华人民共和国合同法》第五十八的规定，双方因该合同取得的相关财产应当相互返还。但相互返还是合同法领域所规定的合同无效法律后果的一般原则，审判实践中对于特殊情形则应予以特殊考虑。如本案中的农村房屋买卖合同即属于应当特殊考虑的情形。

根据《中华人民共和国土地管理法》的相关规定，农村村民一户只能拥有一处宅基地。农村房屋与土地不可分离，宅基地使用权是本集体经济组织成员享有的权利，集体经济组织之外的人员购买本集体经济组织成员房屋的，原则上应确认无效。故对于像本案这样的农村集体经济组织之外的成员购买本村农民房屋的情形，依法确实是应当认定房屋买卖合同无效的。但在合同被认定无效后的相互返还问题上，则应充分考虑农村土地和房屋的特殊性，从而在审判实践中作出正确和合理的处理。本案就是如此。本案一审即是简单机械地按《中华人民共和国合同法》第五十八的规定判决双方相互返还，而二审则考虑本案中对于双方合同最终导致无效的结果，原告其实是负有主要责任的。因为原告要求认定双方房屋买卖合同无效的直接动因就在于拆迁及拆迁背后的巨大利益。而被告及其父母已经在案涉房屋中持续居住了17年，现在因合同无效让被告搬离势必造成其生活上的不便，产生新的损失。原告要求被告搬离案涉房屋的主张违反诚实信用原则，显失公平，不应得到支持。因此二审综合考虑各方面因素，判决被告可不予搬离腾退，如遇拆迁，双方可就拆迁利益另行处理。当然对于未来拆迁利益的处理，可参考《第九次全国法院民商事审判工作会议纪要》第三十三条的规定。该条规定，合同不成立、无效或者被撤销后，在确定财产返还时，要充分考虑财产增值或者贬值的因素。双务合同不成立、无效或者被撤销后，双方因该合同取得财产的，应当相互返还。应予返还的股权、房屋等财产相对于合同约定价款出现增值或者贬值的，人民法院要综合考虑市场因素、受让人的经营或者添附等行为与财产增值或者贬值之间的关联性，在当事人之间合理分配或者分担，避免一方因合同不成立、无效或者被撤销而获益。在标的物已经灭失、转售他人或者其他无法返还的情况下，当事人主张返还原物的，人民法院不予支持，但其主张折价补偿的，人民法院依法予以支持。折价时，应当以当事人交易时约定的价款为基础，同时考虑当事人在标的物灭失或者转售时的获益情况综合确定补偿标准。标的物灭失时当事人获得的保险金或者其他赔偿金，转售时取得的对价，均属于当事人因标的物而获得的利益。对获益高于或者低于价款的部分，也应当在当事人之间合理分配或者分担。故像本案这样在认定农村房屋买卖合同无效后判决双方可就拆迁利益另行处理的，在另行处理拆迁利益时可参照上述纪要规定予以公正合理地解决双方纠纷。

编写人：山东省淄博市中级人民法院　荣明潇

山东省淄博市临淄区人民法院　刘海红　高飞

五、拆迁安置房买卖

43

拆迁安置住房购房人物权期待权的保护

——蒋某侠、巩某立诉平某兴、平某伟房屋买卖合同案

【案件基本信息】

1. 裁判书字号

江苏省无锡市中级人民法院（2019）苏02民终2418号民事判决书

2. 案由：房屋买卖合同纠纷

3. 当事人

原告（被上诉人）：蒋某侠、巩某立

被告：平某兴、平某伟

第三人（上诉人）：王某平

【基本案情】

2009年9月10日，平某兴通过拆迁安置得到两套房屋，安置协议上写明系平某兴及其儿子平某伟共有。2010年7月29日，平某兴以其儿子平某伟的名义与蒋某侠、巩某立签订买卖合同，约定将其中一套房屋及车库卖予蒋某侠、巩某立，并收取了房款、交付了房屋。2015年2月18日，平某伟与蒋某侠、巩某立又重新签订房屋买卖合同，确认了平某兴之前代其签订的房屋买卖合同，并确认收到房款。2016年11月19日，市政府出台了安置房上市交易的相关细则。2017年11月22日，平某兴与平某伟领取了该拆迁安置房的不动产所有权证，登记在二人名下，办

理产权证的费用均系蒋某侠、巩某立支出，但产权证办理后，平某兴、平某伟却以各种理由拒绝办理过户手续。

2017年12月5日，蒋某侠、巩某立向法院起诉要求平某兴、平某伟办理过户手续及赔偿土地出让金上涨损失，在开庭审理前，平某兴、平某伟向王某平借款22万元并就案涉房屋办理了抵押权登记手续。蒋某侠、巩某立申请追加王某平为第三人，要求其注销抵押权登记，王某平认为其抵押权合法、有效，而蒋某侠、巩某立的农村安置房的买卖无效，且所有权尚未登记，故应优先保护其抵押权。

【案件焦点】

1. 拆迁安置房买卖合同是否有效；2. 作为房屋买受人的权利与该房屋上的抵押权，何种权利应优先受保护。

【法院裁判要旨】

江苏省无锡市锡山区人民法院经审理认为：平某兴、平某伟与蒋某侠、巩某立签订的房屋买卖合同，系双方当事人真实意思表示，不违反法律规定，应为有效。蒋某侠、巩某立要求过户的权利优先于王某平的抵押权。蒋某侠、巩某立在抵押权设立之前，已全额交付房款并实际占有并居住多年，且是因平某兴、平某伟擅自抵押给他人的原因未能完成过户。因此，其作为买受人的权利优先于其后在该房屋上设立的抵押权，王某平应协助办理案涉房屋抵押权注销登记手续。平某兴、平某伟将房屋抵押给他人，有违诚信原则，严重阻碍了蒋某侠、巩某立办理过户手续，该违约行为已事实造成蒋某侠、巩某立实际上要多支付土地的出让金。

综上，江苏省无锡市锡山区人民法院判决如下：

一、王某平应于本判决生效之日起十日内协助蒋某侠、巩某立办理案涉房屋的抵押权注销登记手续；

二、平某兴、平某伟应于抵押权注销登记完成后三日内协助蒋某侠、巩某立办理案涉房屋的不动产所有权变更登记手续，变更登记至蒋某侠、巩某立名下，变更登记产生的所有费用由蒋某侠、巩某立负担；

三、平某兴、平某伟应于本判决生效之日起十日内支付蒋某侠、巩某立土地出让金损失19008.36元；

四、驳回蒋某侠、巩某立其他诉讼请求。

王某平不服一审判决，提出上诉。

江苏省无锡市中级人民法院经审理认为：抵押权人对抵押物享有排他性的权利，但这种排他性并不是绝对的，在抵押权与其他权利产生冲突时，法院应考量权利产生时间、权利性质等因素，对何种权利应优先受到保护作出综合判断。同时，抵押权的设立是为债权提供担保，但买受人的权利系对居住性房屋的占有使用，涉及人的基本生存权利，现有法律规定均体现了对生存权的保护优先于其他债权的原则。相反，王某平属于出借款项谋取利息的营利性行为，其享有的是有担保的债权。因此，款项交付、实际占有使用在先的买受人蒋某侠、巩某立应优先于抵押权人王某平而受到保护。

江苏省无锡市中级人民法院依照《中华人民共和国民事诉讼法》第一百七十条第一款第一项的规定，判决如下：

驳回上诉，维持原判。

【法官后语】

财产权一般分为物权和债权，物权优先于债权，是民法的一项基本原则。民法理论将本来属于一般债权的房屋买受人对于成为房屋所有权人的期待利益，定性为“物权期待权”，它是一种从债权请求权出发在取得物权途中的新型权利。为了保障期待利益不受减损并顺利转化成完整权利，法律赋予了物权期待权保障和防御的效力，可以对抗相对人。物权期待权的“对抗性”有着严格的适用条件限制，不得任意扩张，否则会对民法基本理论及交易秩序造成破坏。在具体案件的审理中，法院对“适用条件”的判断是法律适用的关键。

1. 从权利性质看，房屋买受人的物权请求权适用于拆迁安置住房购买人

我国对物权期待权的保护，主要体现在《最高人民法院关于人民法院办理执行异议和复议案件若干问题的规定》《全国法院民商事审判工作会议纪要》等文件中。虽然前述法规、纪要中所指向的买受人主要是“商品房购房者”，但是，随着各地拆迁安置住房上市交易规则的明确，拆迁安置住房市场涌现大量纠纷，拆迁安置住房不同于一般的政策性房屋，该些住房在补缴土地出让金后与普通商品房无异。并且，在一般情况下，安置房买受人是因经济困顿而无力购买商品房，才会购买安置房作为安身之所。因此，安置房买受人和商品房买受人一样，应得到优先保

护，而且其保护需求更迫切。

2. 从交易安全角度看，买受人权利优先性应得到保护

拆迁安置住房的安置、物权登记、上市交易等具有较强的政策特殊性，该些房屋买卖因当时政府部门的管理性规定限制，无法办理产权登记，但这并不影响房屋买卖合同的本身效力。不过买卖在先，权属登记在后的时间差，客观上为违约行为的产生留下了操作余地。对于购房人来说，在支付了购房款并事实占有房屋多年后，若不能获得产权转移登记，将对交易安全的信赖造成严重损害，更不利于拆迁安置住房交易市场的稳定发展。但是，如果可以办理产权转移登记后，买受人在合理期间内未积极行使过户请求权，导致其权利受损的，买受人权利不一定具有优先性。

3. “物权期待权”的核心要义是“生存利益至上”

对物权优于债权一般原则的突破仅是例外，该突破的核心是“生存利益至上”的保护。随着拆迁安置住房市场的规范，出现了一部分基于投资需求的购房者，对于该些购房者，其取得的不是物权期待权，本质上仍是债权，其并不优先于抵押权。只有购房者请求权的基础指向“基本居住权”时，才应受到优先保护。对购房人的判断着眼点在于“居住需要”，一般判断标准是“唯一”住房，但法院不能作机械理解，应结合案件实际情况，衡量利益后作出。以《全国法院民商事审判工作会议纪要》为例，规定了以“同一设区的市”为区域范围，兼顾考虑个案中购买者若第二套房屋在面积上仍然属于满足基本居住需要的，也符合法律规定的保护精神。

编写人：江苏省无锡市锡山区人民法院　柯菲菲

44

恶意串通的房屋买卖合同无效

——殷某诉支某镪等房屋买卖合同案

【案件基本信息】

1. 裁判书字号

江苏省无锡市锡山区人民法院（2019）苏0205民初3435号民事判决书

2. 案由：房屋买卖合同纠纷

3. 当事人

原告：殷某

被告：支某镪、唐某忠、张某伟

【基本案情】

2006年6月7日，支某镪将其所有的云林苑北区××号××室房屋（面积为88.94平方米、车库为23.09平方米），以20万元的价格卖给了殷某，殷某将房款交付后即装修入住。该房系拆迁安置房，当时尚不能办理产权登记。2016年11月19日，无锡市人民政府出台文件，明确征地拆迁安置住房在满足条件后可以办理相关手续及上市交易等。

2017年11月，支某镪又将该房屋及车库以32万元的价格出卖给唐某忠，并将房屋产权登记至自己名下后，迅速于2017年11月6日将房屋过户登记至唐某忠名下。

2017年11月9日，张某伟通过玖玖公司介绍，与唐某忠签订借款协议，唐某忠实际向张某伟借款50万元，并以案涉房屋及车库作抵押，办理了抵押登记，双方的抵押债权金额为70万元。张某伟自述在办理抵押登记前，对抵押房屋的价值进行了测算预估，价值不低于70万元。殷某也提供了安居客官网同小区、同类型房屋均价为6988元/平方米，以及从无锡市住建局官网查询的案涉房屋2017年的土地出让金均价为1080元/平方米（车库需支付土地出让金），据此殷某认为案涉房屋价值在2017年12月应达71.76万元，车库价值达21.69万元，合计93.45万元。

【案件焦点】

1. 殷某与支某镪签订的房屋买卖合同效力如何认定；2. 支某镪与唐某忠签订的房屋买卖合同是否有效；3. 唐某忠与张某伟签订的抵押协议效力如何认定。

【法院裁判要旨】

江苏省无锡市锡山区人民法院经审理认为：支某镪与殷某签订的房屋买卖合同，实为拆迁安置房买卖合同。该房系支某镪以原有房屋置换所得，其将安置房出卖给殷某，是对自有合法财产的处分，而并非取得社会保障性住房后转让谋利。该房屋买卖合同，既不违反法律、行政法规的禁止性规定，也不损害社会公共利益，为有效合同。至于政府部门关于安置房应满足相应条件方可上市交易的规定，只是政府部门的管理性规定，虽对房屋权属登记产生一定影响，但并不影响房屋买卖合同的效力。

支某镪在安置房可以上市交易后，明知该房屋已出卖给殷某，又以房屋、车库共计32万元的价格出卖给唐某忠。无论是参考同小区、同类型、同时段房屋的价格，还是从同时间抵押权人张某伟对案涉房屋价值的判断，可以确定当时房价在70万元以上。支某镪与唐某忠以明显不合理的低价转让房屋，系恶意串通，损害了第三人殷某的利益，双方签订的房屋买卖合同无效。

对唐某忠与张某伟签订的抵押协议，系双方民间借贷合同的从合同。从张某伟自述与唐某忠并不相识，通过玖玖公司介绍并操作等情节，可以认定张某伟系以营利为目的，向不特定的个人出借款项，违反了《中华人民共和国银行业监督管理法》的有关规定，民间借贷合同无效。主合同无效，作为从合同的抵押协议自然无效。因该合同取得的权利，也应当予以消灭。

江苏省无锡市锡山区人民法院依照《中华人民共和国合同法》第五十二条第二项、第五项，《中华人民共和国物权法》第一百七十二条第一款，《中华人民共和国银行业监督管理法》第十九条之规定，判决如下：

一、确认支某镪与唐某忠签订的房屋买卖合同无效，由支某镪与唐某忠于本判决生效之日起十日内办理所有权注销登记；

二、确认唐某忠与张某伟签订的抵押协议无效，由唐某忠、张某伟于本判决生效之日起十日内办理抵押权注销登记；

三、由支某镪、唐某忠、张某伟于本判决生效之日起十日内协助殷某将案涉房屋（包括23.09平方米的车库）登记至殷某名下，登记产生的费用由殷某承担。

【法官后语】

在相当长的一段时间里，拆迁安置房不允许上市交易，但部分房屋所有权人私下出卖房屋现象还是大量存在，买受人贪图价格相对便宜而不顾及风险后果。随着拆迁安置房可以上市交易的政策落地，此类房屋买卖纠纷大幅增长。一种类型是出卖人面对房价上涨，不愿意配合买受人办理过户手续，以增加费用为条件导致诉讼；另一种类型是出卖人办妥房产证后另行出卖或抵押导致诉讼，如本案的“一房二卖”。

支某镪与殷某之间的房屋买卖，属违规交易。按照当时的政策，还不能办理不动产权属登记，更不允许进行房屋买卖交易。但双方以签订合同的方式进行了约定，殷某也付清了房款，并装修入住已达13年之多。对该类房屋买卖合同效力的认定以及如何处置，涉及社会的稳定。在对安置房进行界定时，我们明确了安置房是以原有房屋置换所得，是自有合法财产。在此前提下，法律、行政法规对安置房买卖没有禁止性规定，遂认定房屋买卖合同有效。这对于维护交易安全、倡导诚实守信具有一定的积极意义。

对支某镪又将案涉房屋出卖给唐某忠，涉及一房二卖问题。《中华人民共和国合同法》第五十二条第二项规定，恶意串通，损害国家、集体或者第三人利益的合同无效。对何谓恶意串通？我国法律没有明文规定。我们通常的理解是，双方以恶意通谋实施某种行为，损害了国家、集体或者第三人的利益并从中收益。本案中，支某镪出于恶意非常明显。支某镪在将房屋卖给唐某忠时，主观上是明知“一房二卖”，结果必将会损害第三人殷某的利益，但还故意为之；房屋买受人唐某忠也不具有善意。从双方的房屋交易价格看，只是当时市场价的30%～40%，明显违背了一般的交易常理。唐某忠作为一个完全民事行为能力人，其对交易价格是如此不合理的低价应该是明知的。结合唐某忠在购房之前未到现场看过房，更没有与居住在内的人员了解情况，房屋过户手续办妥后迅速借款抵押等行为，均有违常理。且诉讼中支某镏、唐某忠两人均下落不明，放弃了诉讼权利。故唐某忠在房屋买卖过程中，明显与支某镏串通，通过双方签订房屋买卖合同的方式，将已出卖给殷某的房屋过户登记至唐某忠名下，损害了第三人殷某的利益，双方从中获益。因此，支某镏与唐某忠的房屋买卖合同因恶意串通，损害第三人利益而被认定无效。

对抵押协议的效力问题。唐某忠在案涉房屋过户至其名下后，迅速向张某伟借款，并办理了抵押权登记。从抵押角度看，张某伟是善意第三人，其对抵押房屋进行了形式审核，符合抵押条件后才出借款项。但因唐某忠与张某伟之间的民间借贷合同，违反法律的强制性规定而被认定为无效，故主合同无效，作为从合同的抵押协议自然无效。本案案涉房屋已登记的所有权和抵押权均予以注销，并判令将案涉房屋协助办理至殷某名下。

编写人：江苏省无锡市锡山区人民法院　虞静珠

45

户主订立的安置房指标转让合同可约束其他被安置人

——梅某诉杜某等房屋买卖合同案

【案件基本信息】

1. 裁判书字号

重庆市第一中级人民法院（2019）渝01民终3788号民事判决书

2. 案由：房屋买卖合同纠纷

3. 当事人

原告（被上诉人）：梅某

被告（上诉人）：杜某

被告：杜某华、罗某容、胡某贵

第三人：李某华

【基本案情】

2003年10月15日，杜某华作为户主（乙方）与某区征地办公室（甲方）签订《征地拆迁货币安置住房协议》，约定甲方需对乙方的房屋进行拆迁，确认的安置对象为杜某华（户主）、罗某容（妻）、杜某（子）等5人，明确乙方为5人户。2004年11月左右，杜某华、罗某容（甲方）与梅某（乙方）签订《安置房指标有偿转让协议》，约定甲方拥有某地安置房指标，可回购某安置房小区内房屋一套，现自愿将该指标有偿转让给乙方，指标转让费为25315元，由乙方使用该指标出资选购安置区内××号房一套，房屋产权归梅某所有；安置房回购款由乙方支付给安置回购机构；交房时，甲方应当提供相关证件协助乙方办理相关手续，使乙方取得房屋产权，办理产权过户产生的费用由乙方承担。上述协议签订后，梅某按照杜某华、罗某容的委托实际向第三人李某华支付了指标转让费2万元，并于2004年11月4日以杜某华代理人的身份与某城区建设委员会签订《安置房回购协议书》，约定了安置房的坐落、房屋建筑面积以及该房优惠回购应付款项等内容。协议签订后，梅某按约以杜某华的名义交纳了上述回购价款等共计82735.2元。2005年3月17日，杜某华向梅某出具收条，确认收到梅某9000元作为涉案安置房指标转让费，已一次性付清，收款人杜某华有义务帮助梅某办理房屋过户手续，其费用由梅某承担，杜某华不再提另外的要求。2005年3月24日，杜某华、罗某容出具《承诺书》，确认：安置房转让的所有费用，梅某已一次性付清，其二人将无条件协助梅某办完房屋转让过户的所有办证手续，不再提出任何额外的经济要求，办理房屋过户费用由梅某承担。2005年5月，梅某实际接收上述房屋并居住使用至今。2018年8月8日，上述安置房屋办理了不动产权属证书，登记权利人仅为杜某。

【案件焦点】

户主订立的安置房指标转让合同可否约束该户其他被安置人。

【法院裁判要旨】

重庆市沙坪坝区人民法院经审理认为：梅某与杜某华、罗某容签订的《安置房指标有偿转让协议》有效。关于涉案安置房屋买卖活动的当事人问题。梅某属于买方，应当毫无疑问。至于卖方系何人，首先，杜某华、罗某容以卖方的身份与梅某签订转让协议，其二人属于卖方，也应该没有争议；杜某等其余三人作为杜某华户下可享受安置房回购资格的安置对象，其虽然未在上述协议上签名，但从本案证据来看，《征地拆迁货币安置住房协议》《安置房回购协议书》、缴款收据均系以杜某华（户主）名义签署和处理，作为该户的安置对象，其对此自然应当是知情且认可的，而在杜某华将案涉房屋出卖并交付梅某后长达14年的时间里，均未有证据显示杜某等三人对此提出过任何异议，可视为杜某等三人已认可杜某华、罗某容对该房屋的指标转让行为，杜某等三人应系上述协议的卖方。其次，对于梅某来说，因实践中本区域内安置房办理产权登记的特殊性，在案涉房屋尚未办理产权登记的情况下，其可以信赖的唯有《安置房回购协议书》及缴款收据所体现的杜某华回购了安置房的事实，而上述证据均是以杜某华一人的名义进行，梅某完全有理由相信杜某华即为案涉房屋的唯一权利人或者有权代表所有隐藏在拆迁还房安置协议书背后的其他安置对象处分案涉房屋。梅某作为买方已经按约定付清了房屋指标转让价款，并实际出资回购了涉案安置房屋，作为卖方的杜某华等5人应当按约定配合梅某办理案涉房屋的产权过户登记手续。现实际登记取得不动产权证的权利人仅为杜某一人，杜某作为卖方之一，理当按约定协助梅某将案涉房屋的产权过户登记至梅某名下，遂判决杜某协助梅某办理案涉房屋的产权过户登记手续。

杜某不服一审判决，提起上诉。

重庆市第一中级人民法院经审理认为：一审判决认定事实清楚，适用法律正确，遂依据《中华人民共和国民事诉讼法》第一百七十条第一款第一项之规定，判决如下：

驳回上诉，维持原判。

【法官后语】

在房地产市场日益繁荣的今天，安置房以其显著的价格优势炙手可热，但安置房指标转让是否合法，购房者最终能否如愿取得房屋产权，仍是目前司法实践中亟待解决的问题。本文从合同效力、隐名代理、表见代理等角度分析了安置房指标转让中的相关法律问题，以期降低安置房交易风险，维护房地产市场稳定。

1. 对安置房指标转让合同的效力评价

安置房，是政府进行市政工程建设时，对被拆迁住户进行安置所建的房屋。安置房购房指标，是被拆迁人因原有房屋被征地拆迁而获得的以特定的优惠价格购买安置房屋的资格，其实质是被拆迁人基于拆迁安置利益而享有的一种财产性权利。若具有购房资格的被安置人不想购买安置房屋，可否将这种财产性权利对外出售获取对价，即转让安置房指标。截至目前，我国现行法律法规并没有明确禁止安置房指标转让，虽然各级地方政府均针对安置房交易制定了一些限制性政策（如用地性质变更和上市交易时间等），但这些政策一般系管理性规定，且绝大多数情况下仅影响安置房的过户问题，并非法律、行政法规规定的足以影响合同效力的强制性规定。因此，如果安置房指标转让合同没有其他瑕疵，应当被认定为有效。本案中，虽然安置房指标为该户名下所有被安置人共同享有，但根据《最高人民法院关于审理买卖合同纠纷案件适用法律问题的解释》（2012 年）第三条“当事人一方以出卖人在缔约时对标的物没有所有权或者处分权为由主张合同无效的，人民法院不予支持”之规定，即使在不考虑存在隐名代理和构成表见代理的情况下，户主以个人的名义签订的安置房指标转让协议，也不因欠缺其他共有权利人的真实意思表示而无效。

2. 结合隐名代理认定安置房指标转让合同的当事人

毋庸置疑，缔约之户主系安置房指标转让法律关系中的出卖人；然而，隐藏在协议背后的该户其余被安置人是否属于合同当事人，值得探讨。有观点认为，根据合同相对性原则，协议未列为出卖人的被安置人当然不是该安置房买卖合同的当事人。笔者认为，可以结合隐名代理制度的法律内涵以及安置房的特殊性合理分析认定安置房指标转让合同中的当事人。隐名代理制度是在英美法系上确立起来的，《美国代理法重述》（第三版）第 6.02 条规定：享有实际授权或表见授权的代理人为隐名被代理人的利益与第三人缔结合，同时：（1）该隐名被代理人和该第三人是合同当事人；（2）除代理人和第三人另有约定外，该代理人是合同一方当事人；（3）为合同当事人的，身份未披露的被代理人和第三人如同其本人订立合同一样享有合同上的权利、承担合同上的义务和责任及主张其相互间所享有的抗辩。由此可知，英美法系的隐名代理，相对于显名代理而言，是指代理人既不披露被代理人的姓名也不表明自己的代理人身份，而以自己的名义与第三人发生民事法律行为，行为效果仍归属于代理人和被代理人的法律行为。我国引入隐名代理制度的法律规定详见于《中华人民共和国合同法》第四百零二条及第四百零三条，其中第四百零二条规定为“受托人以自己的名义，在委托人的授权范围内与第三人订立的合同，第三人在订立合同时知道受托人与委托人之间的代理关系的，该合同直接约束委托人和第三人，但有确切证据证明该合同只约束受托人和第三人的除外”。鉴于该条文表述应仅指受托人享有实际授权的情形，而未包含受托人表见授权的情形，故不宜直接适用该条文规定认定受托人与第三人缔结法律行为的后果，但可结合前述英美法系隐名代理制度的法律内涵来分析认识案涉安置房买卖合同的当事人。回到本案，在征地拆迁补偿安置过程中，被拆迁人包括被拆迁房屋的共有权人或使用人，在实践中，拆迁人在安置时通常只与户主签订安置协议，或者向户主出具安置证明，即户主代理该户所有被拆迁安置人员取得了安置房指标。对卖方而言，缔约之户主明确知晓购房指标的共有情况，其在订立合同时欲代理其他权利人处分指标的主观意思显而易见，结合其他被安置人多年来也未对外主张相关权利的事实可知，其对户主代为处分购房指标的行为也应当是知晓并同意的；对买方而言，安置房指标属于该户名下所有被安置人共同共有，应是普通公众广为知晓的事实，无须出卖人以明示方式告知，买受人依照日常经验法则即可推知该交易中可能隐藏的代理情况。因此，无论户主在订立合同时是否向买受人披露代理情况，双方对户主代理其余安置对象处分安置指标的行为应是明知的，所以安置房指标转让合同当事人应为买受人与该户所有被拆迁安置人。

3. 结合表见代理认识户主处分行为的法律后果

具体到本案，根据《中华人民共和国民法总则》第一百七十二条及《中华人民共和国合同法》第四十九条的规定，行为人没有代理权、超越代理权或者代理权终止后以被代理人名义订立合同，相对人有理由相信行为人有代理权的，该代理行为有效。由此可见，表见代理本质上系无权代理，是意思自治对善意相对人交易安全在法律上的妥协，表见代理的成立不以被代理人过失作为必要条件。也就是说，即使被代理人毫无过错或代理人的代理行为与被代理人的主观意思大相径庭，其也应当承担代理人代理行为带来的全部法律后果，亦需受无权代理人与相对人所缔结合同之约束。虽然户主在未获得该户其他安置对象授权的情形下，处置共同享有的安置房指标，属于无权代理。但是，鉴于安置房的特殊性，户主明显具有可以处分安置房指标的权利外观：首先，户主与该户其余被安置人之间往往具有夫妻、父母子女等特殊的身份关系，且在这些关系网络中，户主通常处于核心或主导地位；其次，如前所述，与拆迁人签订安置协议或持有安置证明的通常是户主个人，故在安置房尚未办理不动产权属证书的情形下，买受人购房时，可以信赖的唯有载明户主名字的安置协议或安置证明；最后，买受人对户主的信赖是合理的，其购房时审查户主提供的安置协议或安置证明，已尽到了社会一般理性人的审慎注意义务，其主观上并不明知、亦不应明知户主欠缺代理权，应视为善意买受人。因此，买受人完全有理由相信户主有权代表所有隐藏在协议背后的被安置人处分安置指标，户主的处分行为构成表见代理，其代理行为的法律后果应由全体被代理人承担，也就是说，户主签订的安置房指标转让协议可约束隐藏在协议背后的其他被安置人，买受人有权请求其他被安置人履行过户义务。

编写人：重庆市第一中级人民法院　刘润荔　陈紫薇

46

房屋质量问题索赔标准的认定

——刘某经诉丹阳公司房屋拆迁安置补偿合同案

【案件基本信息】

1. 裁判书字号

河北省衡水市中级人民法院（2019）冀11民终1262号民事判决书

2. 案由：房屋拆迁安置补偿合同纠纷

3. 当事人

原告（上诉人）：刘某经

被告（上诉人）：丹阳公司

【基本案情】

2012年3月25日，刘某经与衡水市某安置拆迁建设指挥部（以下简称拆迁指挥部）、丹阳公司签订《房屋拆迁异地安置补偿协议书》（以下简称协议书），该协议约定了被拆迁房屋的位置、房屋类别、建筑面积、土地使用面积、房产证号以及拆迁补偿方式（异地安置方式）。协议书同时约定了安置楼房的位置、按照补偿标准主楼的安置面积、安置房屋每平方米的价格。另外，合同约定了安置楼房于2013年12月交付使用，被告自行过渡期间，自签订协议交钥匙具备拆除条件之月起，拆迁指挥部按拆迁建筑面积给付原告××个月过渡费××元。如因被告交房延期而产生的过渡费由丹阳公司向原告支付，并按相关政策予以增加。被告丹阳公司必须按照国家工程技术规范的要求施工，如发生质量问题由被告丹阳公司承担一切责任和损失。2017年11月21日，原告刘某经与被告丹阳公司、盛鼎公司签订了《关于××回迁楼×单元××室问题的会议决议》（以下简称会议决议），内容为：（1）案涉房屋物业费自2017年1月1日开始给业主计费，2014年4月1日至2016年12月31日的物业费由丹阳公司代付；（2）2017年11月30日之前对以上三户进行一次整体查验，房屋质量质保期顺延，2017年1月1日开始计算质保期，该会议决议同时约定："此决议要求业主于7日内完成物业费交付，如7日内未交付，此决议自动作废。"原告刘某经在签订该会议决议后于第二日向盛鼎公司交付了物业费。

另查明，2016年8月17日原告刘某经在入房验收表上签字确认。截至2018年5月14日，被告丹阳公司共对案涉房屋进行修复共计6次，涉及房屋墙面裂纹、墙皮脱落、厨房卫生间、墙面瓷砖脱落、卫生间屋顶漏水等多方面问题。原告起诉后，被告丹阳公司于2018年5月14日对案涉房屋进行了维修，并已修复完成。原告刘某经系案涉房屋的业主。

【案件焦点】

1. 被告丹阳公司应否赔偿原告损失，以及原告刘某经房屋损失如何计算；2. 原告刘某经主张房屋质保期顺延能否得到支持；3. 原告主张的精神损害抚慰金、免物业费、水费、电费，以及要求被告赔付交通费、电话费的问题。

【法院裁判要旨】

河北省衡水市桃城区人民法院经审理认为：原告刘某经与被告丹阳公司、拆迁指挥部签订的协议书，合法有效。被告丹阳公司交付案涉房屋后又继续进行修复，应当承担赔偿责任。结合双方履约情况，法院酌定案涉房屋月租金约为××元，损失应自2014年4月开始计算至2018年5月。刘某经与盛鼎公司、丹阳公司签订的会议决议合法有效，会议决议对质保期的约定，法院予以认可。原告要求顺延质保期，缺乏事实及法律依据，法院不予认可。原告主张免物业费、水费、电费，赔偿交通费、电话费、精神损害赔偿金，证据不足，法院不予支持。

依照《中华人民共和国合同法》第八条、第六十条，《最高人民法院关于审理商品房买卖合同纠纷案件适用法律若干问题的解释》第十三条、第十七条之规定，判决如下：

一、被告丹阳公司于本判决生效之日起十五日内赔偿原告刘某经××元；

二、驳回原告刘某经其他诉讼请求。

刘某经、丹阳公司不服原审判决，提起上诉。

河北省衡水市中级人民法院经审理认为：根据刘某经提交的证据，可以证实案涉房屋在2014年4月通知交房时存在墙体裂纹等问题，且该问题至2016年8月17日刘某经实际办理入住手续时依然未得到全部解决，并持续至2018年5月才修复完毕。前述质量问题虽尚未达到根本违约的程度，但因修复时间长，必然对刘某经正常使用房屋产生不利影响，并造成相应损失，丹阳公司依法应承担赔偿责任。鉴于刘某经在此期间并未实际另行租赁房屋居住，一审法院根据相关网络平台公布的同地段、同类型房租价格以及对案涉房屋周边同类型房屋出租价格的询问，结合双方履约情况、过错承担、兼顾公平原则，酌定每套房屋每月××元，自2014年4月开始计算刘某经的损失至2018年5月并无不当，法院予以维持。关于质保期的顺延及物业费、水费、电费、交通费、精神损害赔偿金的问题，二审法院同意一审法院的裁判意见。衡水市中级人民法院依照《中华人民共和国民事诉讼法》第一百七十条第一款第一项之规定，判决如下：

驳回上诉，维持原判。

【法官后语】

目前我国的拆迁补偿方式主要以货币补偿和房屋置换两种方式为主。其中房屋置换的方式虽然解决了住房的问题，但容易因房屋质量问题而引发纠纷。根据《中华人民共和国民法典》第五百一十一条以及《中华人民共和国建筑法》第六十二条的规定，建筑企业保障交付的房屋在质量保修期内应符合国家或行业标准，或者符合开发商房屋质量保证书等材料中所承诺的质量标准。对于买受人来说，购买商品房的主要目的大多数情况下是居住使用。因此，如果买受人所购买的房屋不能居住使用，那么其购房目的显然不能实现。因此，开发商交付的商品房或者安置房是要通过竣工验收合格并具备正常居住使用条件的。

无论是安置房还是商品房出现的房屋质量问题，按照性质和程度可分为房屋的主体结构质量不合格、影响正常使用的严重质量问题和其他一般质量问题三种情况。(1) 房屋出现主体结构质量不合格的情况，依据《商品房销售管理办法》第三十五条及2020年《最高人民法院关于审理商品房买卖合同纠纷案件适用法律若干问题的解释》第九条的规定，买受人有权要求解除合同，办理退房手续，造成损失的，买受人可以要求开发商赔偿损失。其中买受人认为主体结构质量不合格的，可以依照有关规定申请相关的房屋质量监督部门的司法鉴定机构进行鉴定，一般买受者的单方鉴定无法作为法院的判决依据。(2) 房屋出现影响正常使用的严重质量问题。依据2020年《最高人民法院关于审理商品房买卖合同纠纷案件适用法律若干问题的解释》第十条的规定，买受人请求与开发商解除合同，并要求开发商赔偿损失的请求，应予支持。(3) 其他一般质量问题。在实际生活中，房屋主体不合格或质量存在严重问题的情况是比较少见的，若房屋出现上述情况，一般很难通过商品房竣工验收。因此，大多数房屋质量问题是其他一般质量问题，即房屋出现质量瑕疵，该瑕疵尚未达到影响房屋的正常使用。例如，房屋渗水、部分墙面细小开裂、地面空鼓、墙皮脱落等情形。本案即属于这一情形。在这种情况下，由于未对居住使用造成严重影响，不能要求退房，当然也不能以这样的一般质量问题而拒收房屋。如果买受人要求退房，这时需要仔细查看买受人和开发商签订的商品房买卖合同约定的条款内容，若合同中没有相关的约定，买受人坚持退房并拒绝办理交房手续的，有可能因未按约定履行合同义务，反而致使买受人违约，需要承担违约责任。买受人在面对这一情形时，可以依据2020年《最高人民法院关于审理商品房买卖合同纠纷案件适用法律若干规定问题的解释》第十条的规定，在保修期内要求开发商承担修复责任，若开发商拒绝修复或者在合理期限内拖延修复，买受人可自行或找第三人维修，修复费用和修复期间造成的损失由开发商负担。

业主（买受人）在与开发商签订商品房买卖合同或者拆迁安置补偿协议时均需要仔细核对条款内容，避免后期合同履行将出现的风险，切实维护自身合法权益。

编写人：河北省衡水市桃城区人民法院　王倩

六、一房多卖合同

47

"一房二卖"中后手买受人与出卖人构成"恶意串通"的认定标准

——姚某霞诉皮某根等房屋买卖合同案

【案件基本信息】

1. 裁判书字号

江苏省南京市中级人民法院（2019）苏01民终2985号民事判决书

2. 案由：房屋买卖合同纠纷

3. 当事人

原告（被上诉人）：姚某霞

被告（上诉人）：皮某根、朱某平

被告（被上诉人）：皮某燕、王某才、徐某芳

【基本案情】

皮某根与王某红原系夫妻，两人生育一女皮某燕，王某红于2018年4月9日因道路交通事故死亡，王某才、徐某芳分别系王某红之父、母。2017年4月11日，姚某霞向王某红支付购房定金2.8万元。2017年4月13日，皮某根、王某红（卖方、甲方）与姚某霞（买方、乙方）签订房屋买卖合同一份，约定甲方自愿将南京市江宁区江宁街道盛江花苑银杏园×幢××室（含储藏室一间）出售给乙方，建筑面积为90平方米，房价款为55.8万元；乙方于2017年4月11日已付甲方定金

2.8万元，2017年4月13日前支付房款32.8万元（含定金2.8万元），2017年5月10日前支付房款18万元，余款5万元于甲方配合乙方过完户后立即付清；甲方在房屋具备领取产权证、土地证相关手续的条件时，应及时领取房产证、土地证，所需费用由乙方承担，在取得产权证和土地证后应无条件且积极配合乙方办理产权过户，过户时的税费由乙方承担等。同日，姚某霞于合同签订后向皮某根、王某红支付房款30万元，皮某根、王某红向姚某霞交付了房屋，姚某霞于2017年4月15日入住。2017年6月2日，姚某霞又向皮某根、王某红支付房款5万元。姚某霞系本市户籍居民，其家庭于本市具备购住房一套的资格。上述房屋系皮某根家拆迁安置房，皮某根于2017年7月上旬自所在社区领取到不动产权证书。

朱某平从事房产交易中介，门店位于上述房屋所在小区的临街商铺，店主系其丈夫李某。2017年7月31日，朱某平与皮某根签订协议一份，载明："今皮某根出售位于江宁区盛江花苑银杏园×幢××室，双方约定成交总价为90万元，房屋过户时支付房款为45万元，买方领到房产证时支付35万元，另尾款10万元于皮某根交付房屋时当场支付。"协议签订后，双方于同日即到不动产登记机构办理了过户手续。向不动产登记机构提交的备案合同约定上述房屋的转让价款为32万元。同日，朱某平向皮某根转账44.8万元（李某账户转款），皮某根向朱某平出具收到45万元房款的收条。2017年8月4日，朱某平领取了不动产权证书。同日，朱某平向皮某根转账34.8万元（其中从李某芳账户转款24.8万元），皮某根向朱某平出具收取到35万元房款的收条。

皮某根将上述房屋过户至朱某平名下后，王某红向公安机关报案，公安机关对皮某根进行了立案侦查。在公安机关讯问过程中，皮某根先陈述：其与王某红因收取房款发生分歧，姚某霞不愿意向其单独支付房款，其即找到朱某平，将房屋过户至朱某平名下，以此逼迫姚某霞向其单独支付尾款，其未收取朱某平的房款；其与朱某平口头约定，如果姚某霞2017年8月底未支付尾款，其就将房屋出售给朱某平，房价再协商等。皮某根后又陈述：其确实又将房屋出售给朱某平了，朱某平已经支付房款80万元；签订合同前，其告知朱某平房屋已经售予他人且已经交付，但朱某平称只要过户给她即可，等等。李某陈述：2017年7月31日，皮某根和一位朋友一起到其门店咨询房价，其给的建议是净得价90万元；皮某根询问是否有购房客户，并对其讲在未拿到不动产权证书之前已经将房屋出售给他人，房价50

多万元，但对方还有十几万元未按时支付；其认为房屋买卖以过户为准，且这套房屋价格合理，就以妻子朱某平的名义购买该房屋；其未查勘过房屋等。朱某平陈述：其2018年年初时就想买房，就到李某的店里看了看，让李某为其留意合适的房源；7月底，李某电话告诉其有合适的房源，其即赶到李某的店里，皮某根介绍了房屋情况，并告诉其房屋已经卖给他人了，但对方还有十几万元房款未支付，要将房屋卖给朱某平，然后再退还前面买房人的钱；其认为皮某根虽然与前面的购房者有纠纷，但只要房屋过户至其名下即属于自己的，所以觉得可以买；其未查勘过房屋等。

【案件焦点】

后手买受人朱某平与出卖人皮某根签订的房屋买卖合同的效力。

【法院裁判要旨】

江苏省南京市江宁区人民法院经审理认为：《中华人民共和国合同法》第五十二条规定："有下列情形之一的，合同无效：（一）一方以欺诈、胁迫的手段订立合同，损害国家利益；（二）恶意串通，损害国家、集体或者第三人利益；（三）以合法形式掩盖非法目的；（四）损害社会公共利益；（五）违反法律、行政法规的强制性规定。"本案中，原告姚某霞与被告皮某根，以及被告皮某燕、王某才、徐某芳的近亲属王某红之间签订的房屋买卖合同，系双方真实意思表示，不违反法律、行政法规的强制性规定，合法有效。皮某根在明知已经将案涉房屋售予姚某霞的情况下，又将房屋售予被告朱某平，具有主观恶意。朱某平作为专业的房产交易中介人员，在明知案涉房屋已经出售且交付他人使用、未对房屋进行查勘的情况下，即与皮某根签订房屋买卖协议，并随即将房屋过户至自己名下，且前后签订两份房屋价款差价较大的协议，故从朱某平与皮某根建立买卖关系的过程来看，结合朱某平等人在公安机关的陈述，朱某平与皮某根在协议的签订时间、协议形式、房屋价格、相关手续办理等方面存在诸多疑点和不合理之处，朱某平的解释有悖于常理，应认定朱某平与皮某根之间存在恶意串通，朱某平与皮某根之间签订的房屋买卖协议应属无效。朱某平辩称其与皮某根之间的房屋买卖协议合法有效，缺乏依据，不予采纳。朱某平与皮某根、皮某燕、王某才、徐某芳应协助姚某霞，将案涉房屋过户至姚某霞名下。被告王某才、徐某芳经传票传唤无正当理由拒不到庭参加诉讼，依法缺席判决。

江苏省南京市江宁区人民法院依照《中华人民共和国合同法》第六十条、第五十二条第二项、第一百零七条、第一百三十二条，《中华人民共和国民事诉讼法》第一百四十四条之规定，判决如下：

一、被告皮某根与朱某平之间签订的关于南京市江宁区江宁街道盛江花苑银杏园×幢××室不动产买卖的合同无效；

二、被告皮某根、皮某燕、王某才、徐某芳、朱某平于本判决发生法律效力之日起二十日内协助原告姚某霞将位于南京市江宁区江宁街道盛江花苑银杏园×幢××室不动产的产权变更登记至原告姚某霞名下，变更登记的税费由原告姚某霞承担。

皮某根、朱某平不服原审判决，提起上诉。

江苏省南京市中级人民法院经审理认为：本案的争议焦点为皮某根与朱某平签订的关于案涉房屋买卖合同的效力。当事人对自己提出的诉讼请求所依据的事实或者反驳对方诉讼请求所依据的事实有责任提供证据加以证明。没有证据或者证据不足以证明当事人的事实主张的，由负有举证责任的当事人承担不利后果。本案中，姚某霞与皮某根及王某红签订房屋买卖合同，系双方真实意思表示，不违反法律、行政法规的强制性规定，当属合法有效。皮某根将案涉房屋售予姚某霞后，又在王某红不知情的情况下，擅自将该房屋售予朱某平；朱某平作为专业房产交易中介人员，在明知案涉房屋已经出售且交付他人使用、未对房屋进行查勘的情况下，即与皮某根签订房屋买卖协议，并随即将房屋过户至自己名下，一审结合王某红、皮某根、朱某平等人在公安机关的陈述、朱某平与皮某根签订协议时间、协议形式、房屋价格、相关手续办理等因素，认定朱某平与皮某根之间存在恶意串通，并据此认定朱某平与皮某根之间签订的房屋买卖协议无效并无不当。

关于皮某根、朱某平提出案涉房屋系皮某根一人所有，其有权处分，一审追加王某红的法定继承人参与诉讼不当的问题，经查，王某红、皮某根在离婚时协议约定该房屋归女儿皮某燕所有，后二人作为皮某燕的法定代理人共同签订房屋买卖合同当属合法有效，皮某根、朱某平认为该房屋归皮某根一人所有的证据不足，该上诉理由无事实和法律依据，不予采信。

关于皮某根、朱某平提出姚某霞存在违约，其二人签订买卖合同前皮某根已提出解除合同，后签订合同并非恶意串通的问题，经查，鉴于王某红、皮某根在卖房时已经离婚，离婚协议约定该房屋归女儿皮某燕所有，故姚某霞要求王某红、皮某根同时到场收取购房款符合情理，姚某霞虽延迟支付购房尾款，但上诉人并无证据证明姚某霞存在故意违约行为。皮某根、朱某平称二人签订合同前已经提出与姚某霞解除房屋买卖合同，姚某霞对此并不认可，该行为亦未经司法程序确认，在前买卖合同未实际解除的情形下，皮某根、朱某平仍私自签订房屋买卖合同，主观恶意明显，故该上诉理由无事实和法律依据，不予采信。

关于姚某霞承诺补偿卖房人 5 万元钱款的问题，系当事人对自己权利、义务的处分，不违反法律、行政法规的强制性规定，南京市中级人民法院予以确认。鉴于皮某根、王某才、徐某芳对该房款的分配未达成一致意见，不予分割，当事人如有异议可另案处理。

综上，上诉人皮某根、朱某平的上诉请求依据不足，应予驳回；一审判决正确，应予维持。因姚某霞、王某才、徐某芳同意在本案一并处理购房尾款，予以加判。据此，江苏省南京市中级人民法院依照《中华人民共和国民事诉讼法》第一百七十条第一款第一项之规定，于 2019 年 5 月 14 日作出判决：

一、维持江苏省南京市江宁区人民法院（2017）苏 0115 民初 12059 号民事判决；

二、姚某霞于本判决生效之日起十日内给付皮某根、皮某燕、王某才、徐某芳购房款及补偿款共计 23 万元。

【法官后语】

损害第三人利益的“恶意串通”，既可能是“恶意通谋为一定虚伪行为”，也可能是“恶意通谋为一定真实行为”。两相比较，“恶意通谋为一定真实行为”的认定更加疑难复杂，具体到“一房二卖”案件中，对后手买受人与出卖人之间是否构成“恶意串通”存在认识上的偏差就会导致截然不同的裁判结果。本案例围绕“一房二卖”案件中“恶意串通”之认定问题进行探讨，以供审判实践予以借鉴。

《中华人民共和国合同法》第五十二条规定，恶意串通，损害国家、集体或者第三人利益的合同无效，但现行法律及司法解释未对“恶意串通”作出明确界定，理论上认为其构成要件为：(1) 主观上有恶意动机，损害他人利益的故意；(2) 客观上有串通行为，实际上恶意串通就是民法上的虚伪表示。“恶意”侧重于行为人对事实的认知，行为人在认知到自己的行为会损害他人的利益的情况下，若仍有相应行为，即应认定为其主观上具有“恶意”，而无论其行为的动机如何，即不论行为人的行为是否直接以损害他人利益为目的，均不影响“恶意”的认定。“串通”除明示的“串通”外，亦包括一方作出意思表示，而对方或其他当事人明知实施该行为所要达到的目的非法，而用默示的方式表示接受，亦即“默示的恶意串通”。直接判断行为人的主观心理状态是很困难的，法官需要依据当事人表现在外的行为等客观情况，结合交易习惯、日常生活经验等对其主观心理进行推定，应综合考虑以下三个方面：(1)“后买受人”是否尽到了必要的注意义务，即合同签订前是否对房屋及其权属状况等进行了合理审查；(2)“后买受人”是否实际支付了合理对价；(3)“后买受人”与出卖人之间是否存在特殊关系或“后买受人”系特殊职业。

本案中，朱某平作为专业房产交易中介人员，在明知该房屋已经出售且交付他人使用、未对房屋进行查勘的情况下，即与皮某根签订房屋买卖协议，并随即将房屋过户至自己名下，上述协议的签订时间、协议形式、房屋价格、相关手续办理等方面存在诸多疑点和不合理之处，可以认定皮某根与朱某平之间存在恶意串通，双方就案涉房屋所签房屋买卖合同协议应属无效。

编写人：江苏省南京市江宁区人民法院　汪印

48

一房数卖纠纷中买受人权利的保护顺位

——基督教委员会诉赵某等第三人撤销之诉案

【案件基本信息】

1. 裁判书字号

湖北省宜昌市中级人民法院（2019）鄂05民终2895号民事判决书

2. 案由：第三人撤销之诉

3. 当事人

原告（被上诉人）：基督教委员会

被告（上诉人）：赵某

被告：李某、刘某

【基本案情】

李某、刘某系夫妻关系，位于宜昌市城区珍珠路××号的房屋（建筑面积为51.79平方米）属于李某、刘某共同共有。

2017年7月5日，李某和赵某签订房屋买卖合同，合同约定："李某将其位于宜昌市珍珠路××号的房屋出售给赵某，总价为20万元。房款分两次付清，2017年7月5日当天支付8万元，剩余房款12万元于2017年8月15日付清，双方需在签订本合同之日起一年内办理产权过户。"截至2018年4月13日，赵某已经向李某支付购房款项14.89万元，但双方一直未办理过户手续。2018年6月15日，赵某以房屋买卖合同纠纷为案由向法院起诉李某、刘某，请求判令：(1) 李某、刘某立即协助赵某办理位于宜昌市西陵区珍珠路××号房屋及土地过户手续；(2) 由李某、刘某承担本案诉讼费、保全费。法院依法予以受理，并依赵某申请作出(2018) 鄂0502民初1994号民事裁定书，裁定查封了案涉房屋。后双方达成调解协议，法院于2018年8月29日作出（2018）鄂0502民初1994号民事调解书。调解协议内容：(1) 李某、刘某于2018年10月15日前协助赵某办理位于宜昌市西陵区珍珠路××号的房屋及土地权属变更手续；(2) 赵某于房屋及土地权属变更手续完成后3日内向李某、刘某支付剩余房款5.11万元。

2018年3月22日，李某、刘某（甲方）与宜昌市基督教委员会（乙方）签订房屋买卖合同，该合同约定："甲方将珍珠路××号房屋（即本案案涉房屋）出售给乙方，总价款为23万元。乙方在签订合同当日向甲方支付购房款15万元，房产过户后向甲方支付购房款8万元。甲、乙双方商定在签订本合同之日起7日内办理过户手续。甲方承诺在2018年4月1日前将该房屋钥匙交付给乙方。"宜昌市基督教委员会于2018年3月22日向刘某名下的账户支付房款15万元，于2018年3月23日向李某名下的账户支付房款4万元，于2018年3月26日又向李某名下的账户支付房款4万元。至此，宜昌市基督教委员会已付清全部房款。2018年4月，李某、刘某将房屋及相关产权证件交付宜昌市基督教委员会。宜昌市基督教委员会占有使用该房屋至今。2019年年初，宜昌市基督教委员会要求李某、刘某协助办理该房屋过户手续，通过查档得知赵某与李某、刘某已就该房屋的买卖纠纷在法院达成调解协议，故于2019年3月5日向法院提起第三人撤销之诉，请求判令：（1）撤销宜昌市西陵区人民法院（2018）鄂0502民初1994号民事调解书；（2）依法确认赵某与李某、刘某之间签订的房屋买卖合同无效；（3）依法确认宜昌市基督教委员会与被告李某、刘某于2018年3月22日签订的房屋买卖合同合法有效，位于宜昌市西陵区珍珠路××号的房屋归宜昌市基督教委员会所有，李某、刘某立即配合宜昌市基督教委员会办理房屋及土地使用权等不动产权属转移过户手续；（4）本案诉讼费用由赵某和李某、刘某承担。后宜昌市基督教委员会于2019年5月6日书面申请撤回了上述第二项诉讼请求，法院予以准许。

另查明，从2017年1月20日至今，李某因借用赵某的信用卡透支消费，与赵某产生过经济纠纷。

【案件焦点】

如何确定两个买受人的权利保护顺位。

【法院裁判要旨】

湖北省宜昌市西陵区人民法院经审理认为：本案属于典型的一房数卖纠纷，本案所涉两份房屋买卖合同均系各方真实意思表示，且不违反法律的强制性规定，合法有效。故对于宜昌市基督教委员会要求确认其与李某、刘某于2018年3月22日签订的房屋买卖合同合法有效的诉请，法院予以支持。案涉房屋目前尚登记在李某、刘某名下，根据不动产所有权以登记为准的原则，李某、刘某仍是案涉房屋的所有权人。故对于宜昌市基督教委员会要求确认位于宜昌市西陵区珍珠路××号的房屋归其所有的诉请，法院不予支持。

本案的争议焦点在于基督教委员会与赵某的房屋所有权及土地使用权属过户请求权的保护顺位问题。最高人民法院发布的《第八次全国法院民事商事审判工作会议（民事部分）纪要》第十五条规定，审理一房数卖纠纷案件时，如果数份合同均有效且买受人均要求履行合同，一般应按照已经办理房屋所有权变更登记、合法占有房屋以及合同履行情况、买卖合同成立先后等顺序确定权利保护顺位。本案中，基督教委员会已经支付了全部的购房款并且实际占有使用了该房屋，还持有案涉房屋的房屋产权证和土地使用权证，这表明该交易的绝大多数义务已经充分得以履行，也反映了出卖人李某、刘某的真实意愿。而本案另一购房人赵某尚有5.11万元购房款未支付，且未实际占有使用该房屋，其房屋买卖合同的履行程度与前者相比较低。为维护交易秩序的稳定，法院将优先保护宜昌市基督教委员会的房屋所有权及土地使用权属过户请求权。故对于宜昌市基督教委员会请求李某、刘某配合其办理房屋及土地使用权等不动产权属转移过户手续的诉请，法院依法予以支持。法院于2018年8月29日作出的（2018）鄂0502民初1994号民事调解书的内容损害了宜昌市基督教委员会的民事权益，依法应当予以撤销。

综上，湖北省宜昌市西陵区人民法院依照《中华人民共和国合同法》第六十条、《中华人民共和国民事诉讼法》第五十六条第三款、《最高人民法院关于适用〈中华人民共和国民事诉讼法〉的解释》第三百条的规定，判决如下：

一、撤销本院（2018）鄂0502民初1994号民事调解书；

二、确认宜昌市基督教委员会与李某、刘某于2018年3月22日签订的《房屋买卖合同》合法有效；

三、李某、刘某应在本判决生效之日起十五日内配合宜昌市基督教委员会办理位于宜昌市西陵区珍珠路××号的房屋的房屋产权证及土地使用权等不动产权属转移过户手续；

四、驳回宜昌市基督教委员会本案其他诉讼请求。

赵某不服一审判决，提出上诉。

湖北省宜昌市中级人民法院经审理认为：宜昌基督教委员会就其已向李某支付案涉房屋全款的事实向法院提交了相应的银行转账流水、收据等证据予以证实，前述证据能够相互印证，达到一般证明标准，在不能提供有效相反证据的情形下，足以证实宜昌基督教委员会已经全款支付购房款。且从李某于2018年4月13日向赵某出具的收据内容看，该收据上明确了赵某支付给李某的房款数额为14.89万元以及李某使用赵某信用卡的账款11万元，“合计25.89万（原文如此）”，承诺“于2018年8月30日前所收到的赵某的钱款全款归还赵某。”由此可见，在李某向赵某出具该收据时，双方已就之前支付的购房款以及信用卡欠款达成了全部归还赵某的合意。赵某辩称该借据载明的归还的款项仅系信用卡欠款，但明显与该借据上的文字表述不符。故有理由相信赵某在当时已同意李某退还之前其已经支付的购房款，即双方当时协议解除房屋买卖合同的意思明显。一审法院据此优先保护宜昌基督教委员会的房屋所有权及土地使用权属过户请求权并无不当，法院予以维持。

综上所述，赵某的上诉理由不能成立，应予驳回。湖北省宜昌市中级人民法院依照《中华人民共和国民事诉讼法》第一百七十条第一款第一项之规定，判决如下：

驳回上诉，维持原判。

【法官后语】

本案虽然是第三人撤销之诉，但案件的本质是“一房数卖”情形下法院如何确权的问题，即在两份或者数份买卖合同均为合法有效的情形下，如何确定买受人权利的保护顺位。

最高人民法院《第八次全国法院民事商事审判工作会议（民事部分）纪要》第十五条规定，审理一房数卖纠纷案件时，如果数份合同均有效且买受人均要求履行合同的，一般应按照已经办理房屋所有权变更登记、合法占有房屋以及合同履行情况、买卖合同成立先后等顺序确定权利保护顺位。但恶意办理登记的买受人，其权利不能优先于已经合法占有该房屋的买受人。对于买卖合同的成立时间，应综合主管机关备案时间、合同载明的签订时间以及其他证据确定。

按照最高人民法院的指导意见，解决此类纠纷首先要确保是合法有效的买卖合同，且买受人应当是善意的。根据《中华人民共和国民法典》物权编规定的物权变动规则，动产的物权变动以交付为准，不动产的物权变动以登记为准。那么，在此情形下，谁已经办理房屋所有权变更登记，谁就已经取得了房屋的所有权。又根据“物权高于债权”的原则，未办理房屋所有权变更登记的买受人仅仅享有对出卖人的请求权（债权），而办理了房屋所有权变更登记的买受人取得的是所有权（物权），债权无法对抗物权，法院自然优先保护已取得物权的买受人。这样的裁判规则有利于维护财产权属关系的稳定。

当买受人均未办理房屋所有权变更登记的，应该坚持占有在先的原则。《中华人民共和国民法典》第二百四十条规定，所有权人对自己的不动产或者动产，依法享有占有、使用、收益和处分的权利。可见，占有是物权的核心，只有占有物，才可以使用并且取得收益。并且，占有具有排他性，因而具有一定的公示作用。故合法占有房屋的买受人的过户请求权要优先于其他买受人的过户请求权。

当买受人均未合法占有房屋时，应该根据合同履行情况、买卖合同成立先后等顺序来确定权利保护顺位。债权具有平等性，有关合同的法律规定其基本原则是鼓励交易，那么同为合法有效的合同，履行程度更高的买受人的权利更应得到保护，这就是履行在先原则。如果两份买卖合同均未履行，那么就应该判决履行先成立的合同，即先签订买卖合同的买受人取得房屋所有权，而后签订买卖合同的买受人无法取得房屋所有权，但有权利要求出卖人承担违约责任。

编写人：湖北省宜昌市西陵区人民法院　王思源

49

“一房二卖”的合同效力及所有权的认定

——周某酉诉周某明、长乐中心商业广场房屋买卖合同案

【案件基本信息】

1. 裁判书字号

湖南省岳阳市中级人民法院（2018）湘06民终2199号民事判决书

2. 案由：房屋买卖合同纠纷

3. 当事人

原告（被上诉人）：周某酉

被告：周某明、长乐中心商业广场

第三人（上诉人）：许某霞

【基本案情】

2011年11月1日，周某明开发长乐中心商业广场。在开发过程中，因周某明借了何某明的钱，何某明担心要不回钱，就提出要购买其开发的门面，双方经过结算，就商业广场×号商铺（由南往北）出让给何某明的儿媳周某酉达成了一致意见。后承租人甘某波在房屋建筑过程中，找周某明协商租赁其开发的门面。周某明应甘某波的要求，带甘某波和周某酉等6名购房户协商一起租赁。2012年10月26

日，甘某波与周某酉签订了租赁房屋协议，对租金等进行了约定，并要求在2012年10月底前将房屋交给甘某波，以便其装修、装饰。周某酉于2013年1月与周某明签订了《长乐中心商业广场商铺买卖合同》，2013年1月31日，周某明向周某酉出具收到周某酉购商铺房款54.6万元的收据，并加盖了长乐中心商业广场的印章。2015年10月28日，规划局同意保险设备公司在该宗土地红线内按规划要求用地，用地性质为居住兼容商业用地。2015年周某酉从甘某波处得知案涉商铺还有其他人购买后，即找到周某明。

另查明，许某霞也想购买商业广场的案涉商铺。2012年10月15日，许某霞与周某明签订了《长乐中心商业广场商铺买卖合同》，并加盖了商业广场的印章。2012年10月30日，周某明向许某霞出具收到许某霞购商铺房款54.8万元的收据，并加盖了商业广场的印章。周某明带许某霞找到出租户甘某波，当着许某霞的面告诉甘某波，说门面周某酉不要了，现在门面卖给了许某霞，要甘某波和许某霞签订租赁合同。2013年2月5日，甘某波与许某霞签订了租赁房屋协议。再查明，该商业广场未在工商管理部门办理相关登记手续。

【案件焦点】

周某酉要求确认本案诉争商铺的产权及要求办理产权证书的请求能否得到支持。

【法院裁判要旨】

湖南省汨罗市人民法院经审理认为："一房二卖"是指卖方以同一房屋为标的，在与一方当事人签订买卖合同但尚未办理过户登记时，又与第三方签订买卖合同，从而导致新买方和旧买方均希望获得同一房屋的利益冲突。我国采用的物权变动原则是合意加公示原则，即除当事人就债权达成合意外，还必须履行交付或登记等法定形式。所以动产的交付和不动产的过户登记行为，才是直接引起物权变动的法律事实，从而才认定为物权行为。依据《中华人民共和国物权法》的规定，占有是一种法律事实，当事人对不动产的占有并不能证明其对该不动产享有所有权。本案中，长乐中心商业广场因未在工商管理部门办理相关登记手续，主体资格不存在，诉争的案涉商铺的所有权应属共同开发人周某明所有。2013年1月，周某酉与周某明签订的《长乐中心商业广场商铺买卖合同》和2012年10月15日第三人许某霞与周某明签订的《长乐中心商业广场商铺买卖合同》是双方的真实意思表示，均应有效。因周某西与许某霞均没有办理物权登记，就不动产物权变动而言，当事人已经达成了合意且已经交付了财产，但在没有办理登记手续的情况下，应当认定当事人之间只是设定了债权，而没有设立或移转物权。对于周某西要求依法判决周某明协助办理该商铺房屋产权证和土地使用证的诉讼请求予以支持。至于周某明与许某霞的商铺买卖合同，因只是设定了债权，而没有设立或移转物权，由于其标的物是同一的，房屋只能实际交付给一个买方，只有一个买卖合同能够被卖方所实际履行。故许某霞可以依据该合同另行向周某明主张权利。关于 2012 年 10 月 26 日，甘某波与周某西签订的租赁房屋协议，是双方的真实意思表示，合法有效。根据法律规定，基于与建设单位之间的商品房买卖民事法律行为，已经合法占有建筑物专有部分，但尚未依法办理所有权登记的人，可以认定为《中华人民共和国物权法》第六章所称的业主。故周某西应为诉争房屋的业主。至于 2013 年 2 月 5 日，甘某波与许某霞签订的租赁房屋协议，因周某明当着许某霞的面告诉甘某波，说门面周某西不要了，现在门面卖给了许某霞，要甘某波和许某霞签订租赁合同。许某霞在明知该房屋可能存在“一房二卖”的情况下，仍与甘某波签订租赁合同。根据法律规定，属恶意串通，损害第三人利益，该合同无效。故对于第三人许某霞陈述的意见不予采信。综上所述，周某明应当依据其与周某西签订的商铺合同的约定协助周某西办理案涉房屋的过户手续。据此，汨罗市人民法院判决如下：

一、周某明协助周某西办理坐落于汨罗市长乐镇长乐中心商业广场案涉商铺（由南往北）的房屋产权证和土地使用证等不动产登记手续；

二、驳回周某西的其他诉讼请求。

许某霞不服一审判决提起上诉。

湖南省岳阳市中级人民法院经审理认为：本案双方当事人对争议的焦点为周某西要求确认本案诉争商铺的产权及要求办理产权证书的请求能否得到支持。

本案中，周某明与许某霞于 2012 年 10 月签订《长乐中心商业广场商铺买卖合同》，周某明与周某西于 2013 年 1 月就同一商铺也签订《长乐中心商业广场商铺买卖合同》，两份合同均合法有效，现许某霞、周某西在签订合同后均未办理产权过户手续。双方当事人对一审查明的基本事实没有异议。本案属典型的“一房二卖”纠纷，买售人周某西与许某霞均希望获得同一商铺的所有权，由此产生争议。在处理类似纠纷时，数份合同均有效且买受人均要求履行合同的，一般应按照已办理房屋所有权变更登记、合法占有房屋及合同履行情况、买卖合同成立先后等顺序确定权利保护顺位。《最高人民法院关于审理买卖合同纠纷案件适用法律问题的解释》第九条规定："出卖人就同一普通动产订立多重买卖合同，在买卖合同均有效的情况下，买受人均要求实际履行合同的，应当按照以下情形分别处理：（一）先行受领交付的买受人请求确认所有权已经转移的，人民法院应予支持；（二）均未受领交付，先行支付价款的买受人请求出卖人履行交付标的物等合同义务的，人民法院应予支持；（三）均未受领交付，也未支付价款，依法成立在先合同的买受人请求出卖人履行交付标的物等合同义务的，人民法院应予支持。"从上述规定看，在处理类似案件时，应以产权已转移、受领交付、合同履行合同成立先后顺序确定权利保护顺位。本案中，2012年10月26日，周某西与甘某波签订租赁房屋协议，并约定在2012年10月底前将房屋交给甘某波。许某霞于2013年2月5日才与甘某波签订租赁房屋协议，甘某波陈述第一年租金支付给了周某西。周某西与甘某波签订租赁房屋协议，并将房屋交给甘某波使用，应视为周某西对诉争房屋先行受领并占有使用。依据上述先后顺序确定权利保护顺位标准，周某西对该诉争房屋先行受领占有使用，其主张履行买卖合同、办理过户手续的请求应予支持。湖南省岳阳市中级人民法院依照《中华人民共和国民事诉讼法》第一百七十条第一款第一项之规定，判决如下：

驳回上诉，维持原判。

【法官后语】

该案例涉及"一房二卖"，如何认定房屋买卖的效力及对房屋所有权的处理。

1. 关于"一房二卖"的认定

"一房二卖"是指卖方以同一房屋为标的，在与一方当事人签订买卖合同但尚未办理过户登记时，又与第三方签订买卖合同，从而导致新买方和旧买方均希望获得同一房屋的利益冲突。本案中，周某明与许某霞于2012年10月签订《长乐中心商业广场商铺买卖合同》，周某明与周某西于2013年1月就同一商铺也签订《长乐中心商业广场商铺买卖合同》，两份合同均合法有效，现许某霞、周某西在签订合同后均未办理产权过户手续。双方当事人对一审查明的基本事实没有异议。本案周某明出售商铺属典型的“一房二卖”纠纷。

2. 关于“一房二卖”案件中的合同履行问题

本案中，买售人周某西与许某霞均希望获得同一商铺的所有权，由此产生争议。在处理类似纠纷时，数份合同均有效且买受人均要求履行合同的，一般应按照已办理房屋所有权变更登记、合法占有房屋及合同履行情况、买卖合同成立先后等顺序确定权利保护顺位。本案中，2012 年 10 月 26 日，周某西与甘某波签订租赁房屋协议，并约定在 2012 年 10 月底前将房屋交给甘某波。许某霞于 2013 年 2 月 5 日才与甘某波签订租赁房屋协议。甘某波陈述将第一年的租金支付给了周某西。周某西与甘某波签订租赁房屋协议，并将房屋交给甘某波使用，应视为周某西对诉争房屋先行受领并占有使用。依据上述先后顺序确定权利保护顺位标准，周某西对该诉争房屋先行受领占有使用，其主张履行买卖合同、办理过户手续的请求应予支持。

3. 关于一房两卖案件中的法律适用问题

我国法律中对“一房两卖”的问题并无具体规定，尤其对权利保护的先后顺序更无规定。2020 年新修正的《最高人民法院关于审理买卖合同纠纷案件适用法律问题的解释》第六条规定，出卖人就同一普通动产订立多重买卖合同，在买卖合同均有效的情况下，买受人均要求实际履行合同的，应当按照以下情形分别处理：(1) 先行受领交付的买受人请求确认所有权已经转移的，人民法院应予支持；(2) 均未受领交付，先行支付价款的买受人请求出卖人履行交付标的物等合同义务的，人民法院应予支持；(3) 均未受领交付，也未支付价款，依法成立在先合同的买受人请求出卖人履行交付标的物等合同义务的，人民法院应予支持。从上述规定来看，在处理类似案件时，以产权转移、受领交付、合同履行、合同成立先后顺序确定权利保护顺位。

4. 本案例中应注意的问题

本案中，周某西与许某霞均以与周某明签订房屋买卖合同，签订合同后均未办理产权过户为由，要求履行合同及办理产权过户。在“一房二卖”的案件处理中，因只有一套房屋，在双方均主张权利的情况下，法院只能确权给一方当事人，另一方当事人的利益无法得到保护，法院只能按实际使用及合同履行情况予以确定。

编写人：湖南省岳阳市中级人民法院　许进

50

“一房多卖”案件中恶意串通签订的房屋买卖合同无效

——赵某兰诉陆某元、吴某文确认合同无效案

【案件基本信息】

1. 裁判书字号

北京市第三中级人民法院（2019）京03民终14982号民事判决书

2. 案由：确认合同无效纠纷

3. 当事人

原告（被上诉人）：赵某兰

被告（上诉人）：吴某文

被告：陆某元

【基本案情】

2007年9月5日，陆某元夫妇与赵某兰签订协议约定：陆某元夫妇将案涉房屋作价90万元卖给赵某兰。房款结清后，案涉房屋的买卖合同及收据、房屋所有权证、房屋租赁合同、物业服务合同等原件均由赵某兰保管，案涉房屋由赵某兰管理使用。赵某兰就案涉房屋与物业公司、供暖公司分别签署了《临时管理规约》《北京市居民供热采暖合同》，但房屋一直未办理过户登记手续。

2016年9月，赵某兰起诉陆某元及其家人，要求确认陆某元夫妇与赵某兰签订的房屋买卖协议有效。在案件审理过程中，陆某元与吴某文于2017年3月5日签订房屋买卖合同，陆某元将案涉房屋卖予吴某文，交易价款为480万元。案涉房屋于2017年3月31日过户至吴某文名下，后吴某文强行换锁致使赵某兰一家搬离案涉房屋。

赵某兰起诉陆某元、吴某文至法院，要求确认该二人签订的房屋买卖合同无效，并将案涉房屋恢复登记至陆某元名下。经审理查明，2017年3月5日，陆某元、吴某文与链家公司签订《居间服务合同》，与方源公司签订《房屋交易保障服

务合同》，同日，陆某元与吴某文签订房屋买卖合同，案涉房屋成交周期仅为1天，且吴某文在签订合同前，并未实际进入案涉房屋看房。

根据吴某文、陆某元的银行交易记录，吴某文向陆某元支付房款前，案外人李某华向吴某文多次转账，数额近400万元。2017年3月31日，陆某元向吴某文转账50万元，向宋甲转账150万元，宋甲又向陆某元转账20万元。经核实，李某华与宋乙系夫妻关系（已于2017年年底离婚），宋乙与宋甲系姐妹关系，李某华系借用宋甲的银行账户。

另查，关于陆某元与吴某文签订的《买卖定金协议书》、房屋买卖合同中所留联系方式，根据电信业务专用收据及法院核实情况，该电话号码系为李某华所有。

【案件焦点】

陆某元与吴某文签订房屋买卖合同时是否存在恶意串通的情形。

【法院裁判要旨】

北京市平谷区人民法院经审理认为：恶意串通，损害国家、集体或者第三人利益的合同无效。当事人对恶意串通事实的证明，人民法院确信该待证事实存在的可能性能够排除合理怀疑的，应当认定该事实存在。

本案中，吴某文与陆某元之间的交易过程存在多处有悖常理之处，诸如未实地看房，成交周期极短，成交价格明显低于当时的市场价，交易前后吴某文、陆某元及其他案外人银行账户之间存在频繁款项往来且不能提供合理解释等情况，综合全案情况，能够确认吴某文与陆某元之间存在恶意串通之事实，故陆某元与吴某文之间签订的房屋买卖合同应属无效。

另外，因北京市西城区人民法院的生效判决确认赵某兰与陆某元夫妇签订的房屋买卖合同有效，且陆某元如不到案涉房屋的房屋登记机关，案涉房屋就无法恢复登记到陆某元名下，故赵某兰请求将案涉房屋恢复登记至陆某元名下的诉求，无法得到支持。

北京市平谷区人民法院依照《中华人民共和国合同法》第五十二条、《最高人民法院关于适用〈中华人民共和国民事诉讼法〉的解释》第一百零九条、《中华人民共和国民事诉讼法》第一百四十四条之规定，判决如下：

一、确认被告陆某元与被告吴某文于2017年3月5日签订的以案涉房屋为标的物的房屋买卖合同无效；

二、驳回原告赵某兰的其他诉讼请求。

吴某文不服一审判决，提出上诉。

北京市第三中级人民法院经审理认为：恶意串通，损害国家、集体或者第三人利益的合同无效。当事人对恶意串通事实的证明，人民法院确信该待证事实存在的可能性能够排除合理怀疑的，应当认定该事实存在。根据查明的事实，陆某元在其与赵某兰等人就案涉房屋买卖合同纠纷的诉讼期间，补办房产证后将案涉房屋售予吴某文，而吴某文在购房过程中未实际看房即与陆某元签订相关合同。买卖期间，陆某元、吴某文、李某华之间，陆某元与宋甲之间存在多笔大额转账，吴某文称其协助陆某元转款还债，李某华表示其与陆某元存在借贷关系，但吴某文、李某华等人与陆某元此前并无交集，相识时间很短即出现上述交易情形，而陆某元在《买卖定金协议书》和房屋买卖合同中所留联系方式均为李某华的手机号码，与交易习惯及日常生活经验法则明显不符，而上述人员未能对此情形作出充分合理的解释。陆某元与吴某文签署并履行了关于案涉房屋买卖的相关合同，客观上损害了赵某兰的利益。

综上，北京市平谷区人民法院综合考虑上述情况及其他相关事实，认定陆某元、吴某文存在恶意串通事实，并据此判决陆某元、吴某文签订的房屋买卖合同无效，并无不当，应予维持。北京市第三中级人民法院依照《中华人民共和国民事诉讼法》第一百七十条第一款第一项之规定，判决如下：

驳回上诉，维持原判。

【法官后语】

本案审查的重点在于陆某元与吴某文之间是否存在恶意串通之行为，2017年3月15日，《中华人民共和国民法总则》颁布，其中第一百五十四条继续保留了《中华人民共和国民法通则》和《中华人民共和国合同法》的相关条款，规定："行为人与相对人恶意串通，损害他人合法权益的民事法律行为无效。"司法实践中认定"恶意串通"存在一定困难，主要原因如下：

1. 主观评价要件无法通过直接证据予以证明

"恶意串通"的构成要件有三个：其一，恶意，即合同双方当事人均对合同损害特定权益具有明知或应知的主观态度；其二，串通，合同双方当事人明确以侵犯特定利益为共谋意思（明示的恶意串通）或者一方作出意思表示，对方明知该行为会损害他人权益，而用默示的方式表示接受（默示的恶意串通）；其三，损害他人合法权益。以上三个构成要件均属于主观评价要件，很难通过直接证据予以证明，只能通过间接证据加以证明。

2. “恶意串通”行为隐蔽性强，当事人信息不对称，举证困难

“恶意串通”行为本来就是私下苟且，出卖人与后手买受人往往互相包庇、隐藏真实意图，作出虚伪陈述或提供虚假证明。在以“恶意串通”为由提起的确认合同无效的案件中，原告对出卖人与后手买受人之间的交易细节不了解，存在信息不对称的情况，其作为信息弱势方很难进行充分举证。

3. “恶意串通”之证明标准缺乏行之有效的审查规则

《最高人民法院关于适用〈中华人民共和国民事诉讼法〉的解释》第一百零九条规定：“当事人对欺诈、胁迫、恶意串通事实的证明，以及对口头遗嘱或者赠与事实的证明，人民法院确信该待证事实存在的可能性能够排除合理怀疑的，应当认定该事实存在。”该规定确定了“恶意串通”的证明标准是“排除合理怀疑”，但通过何种审查规则运用“排除合理怀疑”标准，审判实践中尚无明确结论。

本案例的典型意义即在于提供了运用“排除合理怀疑”标准认定“恶意串通”的审查规则，即要素式审查 + 基本可能性 + 无相反证明，具体审查过程如下：

1. 通过“要素式审查”查明案件基本事实

“恶意串通”是人的行为，属于主体行为要件，所以“恶意串通”的认定应以出卖人和后手买受人的行为过程为线索进行“要素式审查”。

首先，身份关系要素。着重审查出卖人与后手买受人之间是否存在亲属、同学、朋友、控股、出资等可能影响交易真实性的特殊身份关系。其次，合同履行要素。着重审查交易周期、成交价格、是否通过中介公司交易、房款支付情况、银行转账及存取款记录是否存在异常等情况。最后，后手买受人应尽之义务要素。房屋买卖属生活重大事项，应审查后手买受人是否实地看房、是否核实房屋权属状况、装修及居住使用状况等。

2. 结合日常经验法则判断是否存在“基本可能性”

经验法则是人类以经验归纳抽象后所获得的关于事物属性及事物之间常态联系的一般性知识。《最高人民法院关于民事诉讼证据的若干规定》第十条规定，根据

法律规定或者已知事实和日常生活经验法则能推定出的另一事实，当事人无须举证证明。这一规定明确了日常经验法则在事实认定中的作用。在“一房多买”案件中，应根据审查确认的事实，结合日常经验法则判断出卖人与后手买受人之间的交易行为是否严重违背生活常理及交易惯例，进而确定是否存在“恶意串通”的“基本可能性”。

3. 以出卖人、后手买受人是否提供相反证明作为认定“恶意串通”之事实的最后“关卡”

日常经验法则具有相对性、地域性和实效性的特点，如果仅依靠日常经验法则判断是否存在“恶意串通”，很有可能误伤善意行为人。故利益受损方证明存在“恶意串通”的可能性之后，证明责任发生转移，给予出卖人和后手买受人辩解、提供相反证明的权利，以达到“排除合理怀疑”的效果。如出卖人和后手买受人针对有违生活常理、交易惯例之行为不能提供有效辩解及充分反证，则可认定存在“恶意串通”之事实。

编写人：北京市平谷区人民法院　苏建莹　朱政

51

“一房多卖”情形下，应从交易方式、习惯、价格等因素判断是否存在恶意串通情形

——尤某根诉陆某、王某军确认合同无效案

【案件基本信息】

1. 裁判书字号

江苏省无锡市新吴区人民法院（2018）苏0214民初1752号民事判决书

2. 案由：确认合同无效纠纷

3. 当事人

原告：尤某根

被告：陆某、王某军

第三人：杨某全、陆某新、中国工商银行滨湖支行

【基本案情】

江苏省无锡市新吴区城色佳园××房原登记于陆某名下。2010 年 9 月 8 日，陆某的父亲陆某新以陆某的名义与尤某根签订一份《二手房屋买卖合同》。合同签订后一个月左右，尤某根从陆某新处取得房屋以及该房屋的房产证、土地证，随后尤某根家庭入住、使用房屋至今。

关于房款 110 万元的支付，尤某根通过现金向陆某支付 55 万元，因房屋上存有陆某名下的银行贷款，对于该部分，约定自 2010 年 10 月至 2017 年 9 月，尤某根每月以现金存款以及银行转账方式，向陆某还贷账户支付 3500 元。

2017 年 8 月 7 日，陆某与杨某全签订一份《房屋买卖合同》，约定陆某将城色佳园××房（即案涉房屋）以 103 万元的价格卖给杨某全。2017 年 8 月 4 日，杨某全支付陆某 27 万元，陆某为杨某全出具公证授权委托书。同日，陆某还办理了抵押权人为杨某全的抵押登记，约定抵押借款 180 万元。

2017 年 9 月 6 日，杨某全又作为陆某的代理人与王某军签订《无锡市存量房买卖合同》，约定王某军以 104 万元购买该房屋。随后该房屋被过户至王某军名下，王某军随即向中国工商银行滨湖支行付款 102 万元，约定收款人为杨某全，同时以该案涉房屋为借款办理了抵押登记。

【案件焦点】

陆某与王某军签订的《无锡市存量房买卖合同》是否构成恶意串通损害第三人利益，进而应被认定无效。

【法院裁判要旨】

江苏省无锡市新吴区人民法院经审理认为：《中华人民共和国合同法》第五十二条第二项规定，恶意串通，损害国家、集体或者第三人利益的，合同无效。陆某在 2017 年 9 月 6 日与王某军签订《无锡市存量房买卖合同》时，明知房屋早已出卖并交付给尤某根，尤某根已付清约定房款的现金部分、按月正常支付房款的贷款部分，陆某在该房屋上已无权再获取额外利益，而仅有在贷款还清后配合办理过户

的义务，陆某为谋取非法利益而将房屋二次出卖，主观上恶意明显。

王某军方面，若恰如杨某全、王某军所称，当时陆某告知的是因其父亲与他人有经济纠纷房屋被占用，但仅是陆某父亲与他人的经济纠纷，他人有何理由占用陆某的房屋，更有何理由禁止房主带其他人看房。买受方不作进一步深究却表示愿意相信，该行为有违正常的交易常理、常识。此外，在与陆某签订过户合同前，杨某全在支付部分款项时即办理了高额的抵押权登记，还由陆某出具经公证的卖房全权委托书，表现出较高的关于买卖房屋的专业知识与技能，但所涉巨额交易，杨某全、王某军却不需实地看房，也不去核实、了解他人占用的原因，回避与在先购房人见面，直至变更完成产权登记再上门要房，实难认定其非故意为之，其真实目的应当是顺利取得房屋的所有权。而事实上，在尤某根了解陆某将房屋他卖意向后于2017年9月5日向法院提起诉讼及财产保全，但仍未来得及限制所有权在次日的变更。此外，王某军购房的成交价仅为103万元，王某军、杨某全认可该房屋当时的市场价为150万元至160万元，尤某根则主张可达170万元，前述成交价属明显不合理的低价，杨某全、王某军的主观目的是牟取暴利。尤某根主张陆某与王某军买卖房屋的行为构成恶意串通损害其利益，有事实和法律依据，应予支持。

无锡市新吴区人民法院依照《中华人民共和国合同法》第五十二条第二项之规定，判决如下：

确认陆某与王某军于2017年9月6日签订的关于无锡市新吴区城色佳园××房屋的《无锡市存量房买卖合同》无效。

【法官后语】

本案是确认合同无效纠纷。案例的争议难点在于如何认定后买受人与出卖人之间存有恶意串通，损害前买受人权益的行为，进而导致合同无效。

1. 恶意串通的构成要件

恶意串通导致合同无效源于法律行为及目的欠缺社会妥当性，可以看作法律行为违反公序良俗无效规则的一个子类型。所谓恶意串通，就是当事人为了谋取私利，相互勾结，采取不正当方式，共同实施损害他人的行为。当事人恶意串通，订立损害国家、集体或者第三人利益的合同，违反了订立合同应当遵守法律、尊重公德、诚实信用的基本原则，因内容严重违法，合同应当被认定为全部无效。构成

“恶意串通”导致合同无效的构成要件包含“恶意”“串通”“损害第三人的利益”三个方面的要件。恶意既包含积极的侵害意思（直接故意），也包括对侵害后果的放任（间接故意）。串通的典型样态既包括当事人的事先通谋、共同行为，也包括一方当事人作出意思表示、对方当事人明知其不法目的而仍默示接受的情形。

2. 实务中的具体情形及认定

在“一房二卖”或“一房多卖”的情形下，出卖人对于房屋已被出卖通常是知晓的，因此证明出卖人的恶意通常不存在障碍，但是买受人要举证证明后买受人也存在恶意，进而构成恶意串通往往存在一定难度，因为串通行为大多较隐蔽。对于此类纠纷，虽然法律未明文规定适用推定理论，但是司法实践中可根据理性认识和经验法则适用民事推定方法进行综合认定。虽然事实推定对反映客观真实的程度可能还达不到排除合理怀疑和绝对确信的程度，根据民事诉讼的证明标准，在当事人外在表示行为存在重大疑点，在订立房屋买卖过程中意思表示损害第三人的权益，存在恶意串通损害先买房人利益之盖然性较高，即可认定该房屋买卖合同的双方有恶意串通的情形。总体来说，应当结合主、客观要素，观察交易样态及其实施在整体上是否合乎正常的社会交往和商业交往规则、是否超越了合理的竞争秩序，即判断法律行为内容及目的是否违背善良风俗。

在“一房二卖”的情形下，认定卖房人与后卖房人是否存在恶意串通，可以从以下几个方面着手：(1) 当事人之间是否存在特殊的关系。当事人之间是否为朋友、同事、亲属等亲友关系。在此情形下，若卖房人与后买房人之间是熟知的亲友关系，则更容易获得房屋的信息，双方之间更容易产生合谋。(2) 当事人之间的交易是否违背商业惯例、交易习惯、一般常理、大众的交易思维。例如，购房者是否在购房前实际查看房屋。购房者在购买现房前一般会要求查看所购房屋，了解房屋内是否有住户，以及房屋的建筑质量、房屋结构、装修状况等情况。(3) 房屋买卖合同的交易价格是否正常。一般情况下，售房者必然会将房屋高价出售以获取自己可能取得的最大利益，正常的房屋买卖，其交易价格应当与同时期、同地段、同类型房屋的市场价格大致相当。(4) 房屋买卖的交易方式。作为大宗交易，购房者通常会采取银行转账的方式支付至卖房人或中介的账户。若收款全为或多为现金支付，或款项支付至第三人的账户，则需要进行合理性判定，看是否存在虚假交易的情况。

编写人：江苏省无锡市新吴区人民法院　徐贞　王成英

七、房屋买卖代理

52

隐名代理行为的司法认定

——曾某珠诉陈某明等房屋买卖合同案

【案件基本信息】

1. 裁判书字号

福建省厦门市中级人民法院（2019）闽02民终4458号民事裁定书

2. 案由：房屋买卖合同纠纷

3. 当事人

原告（上诉人）：曾某珠

被告（被上诉人）：陈某明、陈某月、陈某财

第三人：曾某雄、陈某婵、陈某礼

【基本案情】

福建省厦门市思明区新华路×3、×5号前座及其后座的原门牌号为新华路×3号。厦门市国土资源与房产管理局房地产权籍管理处于2004年9月和2008年1月分二次通知陈某琳的继承人从2008年2月1日起新华路×3号房屋全幢（共三层）归业主自行管理。2008年3月11日，厦门市公证处作出《继承权公证书》，载明，被继承人陈某琳的上述房屋遗产由孙某瓒享有3/4份额；陈某元享有1/4份额。2008年3月21日，厦门市公证处作出《受赠公证书》，载明，受赠人陈某元系赠与人孙某瓒的儿子；孙某瓒在菲律宾表示将上述房屋中属于其份额全部无偿赠与陈

某元，陈某元表示愿意接受上述赠与。

2007 年 4 月 17 日，陈某元出具《特别授权委托书》，将讼争房屋的继承、赠与、收回、出售、出租等权利委托给曾某珠。此后，曾某珠多次以陈某元名义进行收房诉讼。

2011 年 6 月 7 日，曾某珠又以陈某元代理人身份与厦门市国土资源与房产管理局签订《新华路×3 号侨房用地扩建房屋赎买协议书》，约定由陈某元赎买新华路 33 号前座房屋产权。此后，讼争房屋产权于 2013 年 8 月 22 日登记至陈某元名下。

2016 年 10 月 10 日，厦门市公证处作出《公证复查决定书》，该决定书载明，撤销前述《继承权公证书》和《受赠公证书》，该二份公证书自始无效。

2009 年 1 月 27 日，陈某元（甲方）与 ZENG ZHI XIONG（乙方）在菲律宾签订一份《房屋买卖合同》，约定甲方将讼争房屋出售给乙方；甲方同意办一份全权委托书让乙方过户。该合同中外文名 ZENG ZHI XIONG 的中文名载明为“曾某龙”。在审理中，曾某珠提交曾某雄的《声明书》，载明“曾某雄又名曾某龙，代曾某珠向陈某元支付讼争房屋的购房款”。

曾某珠以曾某雄系其代理人，因此，《房屋买卖合同》基于该委托关系应直接拘束其与陈某元，陈某元于 2014 年 5 月 4 日在菲律宾去世，各被告系陈某元继承人。故起诉至法院，请求法院判令确认曾某雄与陈某元 2009 年 1 月 27 日签订的《房屋买卖合同》有效。

【案件焦点】

曾某珠主张的隐名代理行为是否成立，其是否为讼争《房屋买卖合同》的合同主体。

【法院裁判要旨】

福建省厦门市思明区人民法院经审理认为：曾某珠援引《中华人民共和国合同法》第四百零二条之规定，主张合同直接约束其与陈某元，就应举证证明陈某元在订立合同时知道受托人与委托人之间存在代理关系，该待证事项包括存在真实的委托代理关系以及陈某元在签约时即知道该委托代理关系的存在。现曾某珠仅能提供其与曾某雄的事后陈述，并无其他证据佐证订立合同时确实存在其主张的委托代理关系以及陈某元知道该代理关系。此外，在前述《房屋买卖合同》签订前，陈某元就曾将讼争房屋相关权利委托给曾某珠，曾某珠也曾以陈某元名义进行收房诉讼。因此，该合同签订后，陈某元于2011年5月1日再次出具《特别授权委托书》以及曾某珠以陈某元名义进行赎买等事实都并不足以推断陈某元在签约时知道曾某珠所主张的委托代理关系。

厦门市思明区人民法院依照《中华人民共和国民事诉讼法》第一百一十九条、第一百五十四条第一款第三项、《最高人民法院关于适用〈中华人民共和国民事诉讼法〉的解释》第二百零八条第三款之规定，裁定如下：

驳回曾某珠的起诉。

曾某珠不服一审判决，提出上诉。

福建省厦门市中级人民法院经审理认为：曾某珠并不能举证证明曾某珠与曾某雄存在委托代理关系，即使曾某珠与曾某雄系兄妹关系，亦不能当然推断双方之间存在委托代理关系，因为双方之间并无委托代理合同或委托书，且其亦不能举证证明陈某元在订立合同时知道受托人与委托人之间存在代理关系，仅能提供其与曾某雄的事后陈述，并无其他证据佐证陈某元知道该代理关系。虽然在前述《房屋买卖合同》签订前，曾某珠以陈某元名义进行收房诉讼；合同签订后，其未及时办理产权过户手续，而仍以陈某元名义进行赎买，因此，更无法推断陈某元在签约时知道曾某珠所主张的委托代理关系。

福建省厦门市中级人民法院依照《中华人民共和国民事诉讼法》第一百七十条第一款第一项、第一百七十一条之规定，裁定如下：

驳回上诉，维持原裁定。

【法官后语】

在民法理论上，代理行为按照代理人是否以被代理人名义与相对人进行业务往来，可以分为显名代理和隐名代理。《中华人民共和国民法典》总则编确认了显名代理，而未对隐名代理作出规定；《中华人民共和国合同法》第四百零二条和第四百零三条则对受托人以自己的名义对外订立合同的法律效果进行了明确，《中华人民共和国民法典》第九百二十五条和第九百二十六条基本沿袭了上述规定。

由此可见，对于代理人以自己的名义与相对人签订的合同，相对人在订立合同时知道代理人与被代理人之间的代理关系的，该合同直接约束被代理人和相对人，但有确切证据证明该合同只约束代理人和相对人的除外。

从前述规定可以直观地体现：合同直接拘束被代理人和相对人的前提是相对人在订立合同时，知道或应当知道代理人与被代理人之间存在代理关系。而在诉讼当中，相对人知道或应该知道的举证责任在于代理人和被代理人这一方。也就是说，被代理人援引前述规定提起民事诉讼的，则其应有证据证明其符合《中华人民共和国民事诉讼法》第一百一十九条第一款规定的起诉主体要件，即原告是与本案有直接利害关系的公民、法人和其他组织。前述主体要件具体到证明责任至少应有证据证明：相对人知道或应当知道代理人与被代理人之间的关系。否则，被代理人即不应被认定为符合起诉条件，即应认定为原告主体不适格而驳回起诉。

本案中，曾某珠已证明了其曾以相对人陈某元名义进行收房诉讼，但该等诉讼行为实施的原因存在着多种可能；在本案庭审当中，曾某珠以其与曾某雄系兄妹关系，并补充提供曾某雄的书面证言；意图通过组织证据链以达到补强证明相对人陈某元知道或应当知道曾某雄与曾某珠之间为代理关系。但因相对人陈某元已于本案起诉前过世，加之本案涉及遗产继承主体认定问题较为复杂，故而为避免侵害到其他继承人的合法权益，故而对于陈某元知道或是应当知道曾某雄与曾某珠之间的代理关系的证明，应课以曾某珠较高的证明标准；故而在没有其他证据得以佐证的前提下，曾某珠在本案当中提供的证据无法达到高度盖然性的标准，故而依法不能认定亦不能当然推断曾某雄与曾某珠双方之间存在委托代理关系。据此，曾某珠无法证明其为本案的适格原告，不符合起诉条件，故依法驳回其起诉。

编写人：福建省厦门市思明区人民法院　王瑛

53

房屋买卖合同中无权代理导致合同自始无法履行的违约责任承担

——崔某、杨某康诉彭某毓、彭某琴房屋买卖合同案

【案件基本信息】

1. 裁判书字号

北京市朝阳区人民法院(2019)京0105民初32357号民事判决书

2. 案由:房屋买卖合同纠纷

3. 当事人

原告:崔某、杨某康

被告:彭某毓、彭某琴

第三人:链家公司

【基本案情】

彭某忠与樊某灵系夫妻,二人育有彭某毓、彭某琴、彭某英3名子女。彭某忠于1975年9月18日因死亡注销户口,彭某忠去世后樊某灵未再婚,樊某灵于2010年11月21日去世。

2016年9月18日,周某(彭某毓之妻)代樊某灵与交通运输部住房制度改革领导小组办公室签署《房屋买卖契约》,约定将××号房屋出售给樊某灵。2017年8月22日,该房屋登记至樊某灵名下。

2017年10月30日,出卖人樊某灵(彭某毓代签)与买受人崔某、杨某康签订《房屋买卖合同》及《补充协议》,约定出卖人出售××号房屋,房屋成交价150万元,房屋家具、家电、装饰装修及配套设施设备作价435万元,共计585万元。《补充协议》约定,出卖人提供的该房屋所有权证、原购房合同等相关产权证明手

续不真实、不完整、无效，导致买受人无法取得房屋所有权的、逾期履行所有权转移登记义务超过15日的系根本违约，出卖人应在违约行为发生之日起15日内，以相当于该房屋总价款的20%向买受人支付违约金。《补充协议》其他约定中载明“如果出卖人在过户前丧失行为能力或者过世导致无法过户的，指定继承人（彭某毓）无条件配合过户”。当日，崔某、杨某康向彭某毓支付定金5万元，其他费用均未支付。链家公司的《交易方留存信息表》记载：房屋出售方为樊某灵，代理人为彭某毓，落款签字为彭某毓代樊某灵。

2017年12月20日，北京市潞州公证处出具公证书确定案涉房屋由彭某毓、彭某琴继承，彭某英表示放弃继承上述遗产。2018年1月8日，中央国家机关房改办中直机关房改办出具《变更通知单》，记载：朝阳区不动产登记事务中心，经审核，同意樊某灵，已故，案涉房屋办理已购公房继承变更登记。

后房屋交易流程均未履行，双方发生争议。

【案件焦点】

彭某毓无权代理亡母与崔某、杨某康签订自始无法履行的房屋买卖合同的违约责任承担。

【法院裁判要旨】

北京市朝阳区人民法院经审理认为：行为人没有代理权、超越代理权或者代理权终止后以被代理人名义订立的合同，未经被代理人追认，对被代理人不发生效力，由行为人承担责任。根据合同约定及相关证据查明的事实，樊某灵早已在2010年11月21日去世，在没有可能获得樊某灵授权委托手续且在未告知樊某灵其他继承人的情况下，彭某毓故意隐瞒事实将樊某灵所有的案涉房屋予以出售，并代樊某灵签订了《房屋买卖合同》《补充协议》等合同，导致双方签订的全部合同均无法履行。鉴于樊某灵去世，其继承人对于房屋买卖也不知情，彭某毓签订的《房屋买卖合同》及《补充协议》对樊某灵及其他继承人均不发生效力，应由行为人即彭某毓承担相应责任。彭某毓故意隐瞒事实且多次虚假表示的行为具有明显过错，其应承担赔偿损失的责任。法院综合考虑房地产估价报告、双方对合同履行不能的过错程度等因素，参照合同中关于违约责任的约定，依据公平原则和诚实信用原则酌情确定彭某毓应当向崔某、杨某康赔偿损失的具体数额。因合同无法履行，崔某、杨某康要求彭某毓退还定金，法院予以支持。对于彭某毓主张本案已经生效裁判处理的问题，虽然崔某、杨某康以同样事由诉至法院，但法院出具的民事裁定书仅认为彭某毓一人作被告不适格而驳回崔某、杨某康的起诉，并未对实体权利义务进行处理，因此对彭某毓的主张，法院不予认可。彭某琴经合法传唤，无正当理由拒不到庭，法院依法缺席判决。综上，北京市朝阳区人民法院依据《中华人民共和国合同法》第四十八条、第六十条，《中华人民共和国民事诉讼法》第一百四十四条之规定，判决如下：

一、彭某毓于本判决生效之日起十日内赔偿崔某、杨某康损失29.25万元；

二、彭某毓于本判决生效之日起十日内退还崔某、杨某康定金5万元；

三、驳回崔某、杨某康其他诉讼请求。

【法官后语】

行为人没有代理权仍然以被代理人的名义和第三人进行民事法律行为，现实生活中实属多见。无权代理的原因复杂多样，当事人的心理态度和利益追求各有不同。立法者在充分考虑各方当事人利益的基础上，就无权代理的法律效力以及各方当事人的责任承担进行了妥善的规制。《中华人民共和国民法总则》第一百七十一条规定："行为人没有代理权、超越代理权或者代理权终止后，仍然实施代理行为，未经被代理人追认的，对被代理人不发生效力。相对人可以催告被代理人自收到通知之日起一个月内予以追认。被代理人未作表示的，视为拒绝追认。行为人实施的行为被追认前，善意相对人有撤销的权利。撤销应当以通知的方式作出。行为人实施的行为未被追认的，善意相对人有权请求行为人履行债务或者就其受到的损害请求行为人赔偿，但是赔偿的范围不得超过被代理人追认时相对人所能获得的利益。相对人知道或者应当知道行为人无权代理的，相对人和行为人按照各自的过错承担责任。"《中华人民共和国民法典》第一百七十一条沿袭了这一规定。

根据上述法律规定，无权代理的情形主要有三种：自始无代理权的无权代理、超越代理权的无权代理和代理权消灭后的无权代理。在法律效果上，三种无权代理没有差别，被代理人未追认的，都将导致代理行为无效。具体到本案，是彭某毓在其母即房屋所有权人已经去世的情况下，其"代理"其母与崔某、杨某康签订《房屋买卖合同》。在这种情况下，原告崔某、杨某康主张自始无权代理，仅须证明被代理人已去世，且彭某毓未在房屋买卖过程中告知过该事实、未出示过授权即可。

在无权代理行为发生以后，本案的《房屋买卖合同》自始无法履行，此时让相对人，尤其是善意相对人一直处于等待状态，显属不公。在无权代理发生后，导致合同自始无法履行，相对人如何向“代理人”主张法律责任。根据上述规定，“代理人”对相对人承担相应的法律责任应符合如下构成要件：

第一，无权代理行为必须没有被追认。如果无权代理行为已经被追认，自始变为有权代理，相对人应向被代理人主张相应的权利。本案中的被代理人已经去世，不存在追认的问题。第二，相对人需为“不知情”的善意相对人。相对人不是善意的责任承担问题，系相对人和行为人按照各自的过错承担责任。而相对人是否是善意的，需“代理人”来举证证明其是否事先知道无权代理的存在。本案中的买房人均为真实买房人，系善意相对人。第三，善意相对人有权选择请求行为人履行债务或者就其受到的损害请求行为人赔偿，但是赔偿的范围不得超过被代理人追认时相对人所能获得的利益，本条明确了行为人承担责任的方式和具体的赔偿范围。具体到本案，善意相对人即买房人可参照《房屋买卖合同》中的违约条款向彭某毓主张赔偿。

相对人主张损害赔偿的，应当证明自己遭受损害的事实、行为人无权代理的事实，以及损害和无权代理行为之间存在因果关系。本案中因被代理人去世，上述证明事项较其他无权代理案件也变得简单。双方焦点一在于彭某毓主张自己不知不可代理去世母亲出售母亲名下遗产，不知即无过错，由此免除或者减轻自己的赔偿责任；焦点二在于如果认定彭某毓需要赔偿，赔偿的限度为何。

关于焦点一，最高人民法院在对《中华人民共和国物权法》进行司法解释时指出：“由于善意系一种内在心理活动状况，它并不直接显露于外部，因而难以度测，但是作为一个法律概念，在司法实践中，需要明确认定善意的裁量标准，从而准确地适用法律。”任何过错类型都表现为行为人的主观心理状态，只是在判断方法上存在差异。故意是行为人明知自己行为可能造成的后果，而在主观上追求或放任该结果的发生，本案中，彭某毓故意隐瞒事实且多次虚假表示的行为具有明显过错，其应承担赔偿损失的责任，“不知”不能作为免除或者减轻责任的抗辩理由。

关于焦点二，赔偿限度的问题。本案中，买房人可以参照《房屋买卖合同》违约条款的约定，向彭某毓主张赔偿。但是本案发生的背景是房屋价格正在下行，虽彭某毓具有明显过错，导致《房屋买卖合同》自始无法履行，但综合考虑房地产估价报告、双方对合同履行不能的过错程度等因素，法院依据公平原则和诚实信用原则酌情确定彭某毓应当向崔某、杨某康赔偿损失的具体数额。

基于法律规定和事实情况综合考量，法院对无权代理的行为人作出了民事赔偿的判决，法治社会生活中的诚实信用的秩序需要所有人守法维护。

编写人：北京市朝阳区人民法院　毛文蝶

54

房屋买卖合同解除后居间服务费是否应当全额支付

——福进万家公司诉梁某艾、邵某悦居间合同案

【案件基本信息】

1. 裁判书字号

北京市密云区人民法院（2019）京0118民初7866号民事判决书

2. 案由：居间合同纠纷

3. 当事人

原告：福进万家公司

被告：邵某悦、梁某艾

第三人：李甲、李乙

【基本案情】

2018年10月31日，李乙的父亲李甲、梁某艾的母亲邵某悦在福进万家公司居间服务下，分别代理李乙（出卖人）与梁某艾（买受人）签订《北京市存量房屋买卖合同》（以下简称《房屋买卖合同》）。当日，李甲代理李乙（甲方、出卖人）与邵某悦代理的梁某艾（乙方、买受人）以及福进万家公司（丙方、居间方）签

订补充协议，约定交易房屋价款及家具、家电装饰、装修、私家花园和配套设施设备作价总计为1000万元。定金：乙方支付首付款时，已支付的定金视为首付款的一部分。乙方于签约当日向甲方支付定金10万元。

当日，李甲代理李乙（甲方、出卖人）与邵某悦代理的梁某艾（乙方、买受人）以及福进万家公司（丙方、居间方）签订买卖定金协议书。

当日，李甲代理李乙（甲方、出卖人）与邵某悦代理的梁某艾（乙方、买受人）以及福进万家公司（丙方、居间方）签订《居间服务合同》，约定鉴于甲、乙双方在丙方的居间服务下，就坐落于北京市密云区密溪路×号全部房屋，于2018年10月31日签订了买卖定金协议书。乙方应向丙方支付的居间代理费为20万元，并应于本合同签订当日向丙方支付。居间服务内容包括：（1）提供房屋买卖市场行情咨询；（2）寻找、提供并发布房源、客源信息；（3）引领买受人实地看房；（4）协助查看房屋权属证明文件；（5）协助交易双方协商房屋买卖合同的相关条款内容；（6）促成交易双方签署合法有效的买卖合同。

2018年11月3日和2018年12月13日，邵某悦两次代理梁某艾通过福进万家公司办理了购房资格核验手续。

2019年7月3日，福进万家公司诉至法院，要求梁某艾及邵某悦向该公司支付居间代理费。

2019年10月25日，法院作出（2019）京0118民初9235号民事判决书，判决解除了双方签订的房屋买卖合同。

本案在审理过程中，法院依法追加了房屋出卖人李乙及其房屋买卖合同的代理人李甲作为第三人参加诉讼。福进万家公司变更诉讼请求，要求解除三方签订的《居间服务合同》，李乙及李甲向该公司支付居间代理费20万元并支付违约金。梁某艾及邵某悦表示同意解除合同，但以福进万家公司的居间服务存在瑕疵且房屋买卖交易并未全部完成为由，不同意支付居间代理费及违约金，并提出，如果法院判决原告方承担违约金，则要求法院对违约金的数额进行调整。

【案件焦点】

房屋买卖合同解除后居间服务费是否应当全额支付。

【法院裁判要旨】

北京市密云区人民法院经审理认为：当事人协商一致，可以解除合同。本案中，经福进万家公司居间介绍，邵某悦代理梁某艾、李甲代理人李乙签订了《房屋买卖合同》。后因贷款问题，双方的《房屋买卖合同》未能继续履行。现福进万家公司请求判令解除该公司与梁某艾、李乙之间签订的居间服务合同，梁某艾与李乙均表示同意解除居间服务合同，法院对此不持异议。居间人促成合同成立的，委托人应当按照约定支付报酬。本案中，在福进万家公司的居间促成下，邵某悦用梁某艾的名义作为购房人，李甲用李乙的名义作为出卖人签订了《房屋买卖合同》。签订《房屋买卖合同》当日，邵某悦代理梁某艾，李甲代理李乙，与福进万家公司签订了《居间服务合同》。在《居间服务合同》中，三方明确约定了支付居间代理费的主体为乙方梁某艾，并约定了居间服务的相关内容，居间费的具体数额及支付时间。梁某艾未按约定向福进万家公司支付居间代理费，现福进万家公司主张梁某艾向该公司支付居间代理费，法院予以支持。但居间代理费的具体数额，应结合福进万家公司提供的居间服务内容，李乙与梁某艾房屋买卖合同的履行情况综合予以认定。当事人一方不履行合同义务或者履行合同义务不符合约定的，应当承担继续履行、采取补救措施或者赔偿损失等违约责任。梁某艾未按照居间服务合同的约定支付居间代理费，现福进万家公司向其主张合同内约定的违约金，合理合法，法院予以支持。约定的违约金过分高于造成的损失的，当事人可以请求人民法院予以适当减少。梁某艾向福进万家公司支付违约金的具体数额，法院结合梁某艾所提调整违约金之请求及本案具体审理情况予以酌定。关于福进万家公司主张邵某悦向该公司支付居间代理费及违约金等请求，因房屋买卖合同及居间服务合同的双方均系梁某艾与李乙，邵某悦并非合同主体，故该请求缺乏事实及法律依据，法院不予支持。福进万家公司关于居间代理费及违约金过高部分的请求，法院不予支持。

北京市密云区人民法院依据《中华人民共和国合同法》第六十条、第一百零七条、第一百一十四条、第四百二十四条、第四百二十六条，《中华人民共和国民事诉讼法》第六十四条第一款之规定，判决如下：

一、解除原告福进万家公司与被告梁某艾及第三人李乙于2018年10月31日签订的《居间服务合同》；

二、被告梁某艾于本判决生效之日起十日内给付原告福进万家公司居间代理费

4 万元；

三、被告梁某艾于本判决生效之日起十日内给付原告福进万家公司违约金 1200 元；

四、驳回原告福进万家公司的其他诉讼请求。

【法官后语】

居间人促成合同订立的，委托人应当按照约定支付报酬。本案中，经福进万家公司居间介绍，邵某悦与李甲分别以梁某艾与李乙的名义签订了《房屋买卖合同》，福进万家公司与双方亦签订了《居间服务合同》。在居间服务合同中，明确约定了居间服务的内容，福进万家公司依照居间服务合同的约定，作为居间人已经促成交易，根据《中华人民人和国合同法》第四百二十六条第一款之规定，居间人促成合同成立的，委托人应当按照约定支付报酬。故梁某艾应当支付报酬，现因梁某艾与李乙的《房屋买卖合同》解除，法院根据房屋买卖合同的实际履行情况确定梁某艾需向福进万家公司支付居间代理费 4 万元并承担相应的违约责任。梁某艾称，福进万家公司对梁某艾不能贷款 440 万元应承担过错责任。法院经审理认为，梁某艾应当对自己签约后的支付能力及贷款能力进行全面的了解后再行签订《房屋买卖合同》，福进万家公司作为中介公司不负有保证第三方能够向梁某艾提供 440 万元贷款的义务，对于梁某艾与李乙的《房屋买卖合同》解除，福进万家公司亦无过错，因此，梁某艾不能据此要求免除其承担居间代理费的责任。

关于居间服务费的具体数额，福进万家公司依照居间服务合同的约定向被告主张 20 万元。法院查明本案事实，根据福进万家公司向双方提供的居间服务内容，提供服务的时间长度，结合房屋买卖合同的实际履行等情况综合予以认定，原告主张 20 万元的居间服务费的意见，法院未予采纳。

编写人：北京市密云区人民法院　王静

55

农村房屋买卖中隐名代理的认定

——何某顺诉何某瑞等农村房屋买卖合同案

【案件基本信息】

1. 裁判书字号

北京市第三中级人民法院（2019）民上字第 11129 号民事判决书

2. 案由：农村房屋买卖合同纠纷

3. 当事人

原告（上诉人）：何某顺

被告（被上诉人）：何某瑞、马某荣、王甲、王乙

【基本案情】

1985 年何某顺购买北京市密云区新城子镇崔家峪村平房一处（现门牌号为崔家峪村平厂××号内×号），1996 年 11 月 21 日，何某瑞将该房屋卖与王某华，何某顺认为何某瑞无权处分该房屋，买卖协议应无效，要求请求确认何某瑞与王某华于 1996 年 11 月 21 日签订的房屋买卖协议无效并返还房屋。何某瑞、马某荣、王乙、王甲认为何某顺委托何某瑞卖房不存在上诉情况，故不同意其全部要求。

【案件焦点】

何某瑞在房屋买卖合同上的签字是否构成隐名代理。

【法院裁判要旨】

北京市密云区人民法院经审理认为：不动产物权请求返还财产之请求权的主张不适用诉讼时效的规定，故马某荣、王乙主张何某顺之诉讼请求已过诉讼时效之答辩意见，法院不予采信。民事主体从事民事活动，应当遵循诚信原则，秉持诚实，恪守承诺。结合原、被告双方提供的证据及法院查明的事实综合判断，何某顺对何

某瑞将案涉房屋卖给王某华一事应为明知，理由在于：（1）依照当地乡规民俗，1996年时案涉房屋所在地的村民法律意识不高、交通不便，亲属间委托处分物权的情况十分常见，且一般均系口头委托；（2）王某华自1996年即占有使用案涉房屋，何某顺的户口一直在崔家峪村，因清明扫墓、选举等事宜，其或其家人几乎每年都回崔家峪村，其称2017年起诉时方知房屋被王某华占有使用之主张，期间间隔长达20余年，与常理不符；（3）结合崔家峪村委会之两份证明及村干部谈话、证人证言等证据可见，村内虽无人见到何某顺委托何某瑞出卖案涉房屋的委托书，但王某华购买案涉房屋且使用至今系村内公认之事实，结合当地熟人社会之特点，何某顺虽全家搬至顺义区生活，但其在崔家峪村尚有亲属及熟人，王某华在占有案涉房屋期间拆除了两家之间的院墙并占用案涉房屋院落内的面积加盖了洗澡间，何某顺在起诉前从未就此事向村委会提出异议与常理不符。综上，法院认为被告方提交的证据，证明力要明显大于何某顺提交的证据，故何某顺主张判令被告马某荣、王甲、王乙返还案涉房屋之诉讼请求，证据不足，法院不予支持。退一步说，无权处分他人财产的买卖合同，亦是有效的债权合同。即便何某瑞确是在没有何某顺委托的情况下擅自出卖的案涉房屋，故何某顺要求主张确认何某瑞与王某华于1996年11月21日签订的房屋买卖协议无效之诉讼请求，亦于法无据，法院不予支持。北京市密云区人民法院判决驳回何某顺的全部诉讼请求。

何某顺不服一审判决，提起上诉。

北京市第三中级人民法院经审理认为：何某顺要求马某荣等返还涉诉房屋，其认为本人没有出售涉诉房屋。然而结合查明的事实，二审法院高度认同一审法院对于本案所作的说理性分析，故针对何某顺的上诉理由，仅作如下补充性论证。

首先，从主体性角度。何某顺和何某瑞系兄弟关系，何某瑞于本案中辩称其是接受何某顺的委托出售涉诉房屋。同胞兄弟，面对市场交易，所作陈述不利于己方亲属者，当更接近事实本来面目，除非亲属间存在冲突性利害关系，综观本案，未见此类证据。

其次，从时间性角度。对于何某顺而言，若故居被他人无理占有近20余年而不过问，显然与常理相悖，何某顺以数次回村未进院落查看为由否定知晓王某华占有房屋难以令人信服，再结合相关的村委会调查笔录，法院认为何某顺不仅知晓且同意出售涉诉房屋，且缺乏否定涉诉契约效力的法律依据。

另外，何某顺提出何某瑞与王某华、马某荣、王甲、王乙恶意串通一事，法院认为，何某顺的主张无证据支持，法院不予支持。

综上所述，何某顺的上诉请求不能成立，应予驳回；一审判决认定事实清楚，适用法律正确，应予维持。北京市第三中级人民法院依照《中华人民共和国民事诉讼法》第一百七十条第一款第一项之规定，判决如下：

驳回上诉，维持原判。

【法官后语】

现代社会分工日益精细，社会交易愈加频繁，事必躬亲，殆不可能，借他人之力，不失良策，代理的作用莫过于此。有关代理之概念，史尚宽先生认为，代理者，以他人之名义为他人对于第三人自己为意思表示，或为他人由第三人自己受领意思表示，因之直接使行为效力归属于该他人之行为也。《中华人民共和国民法总则》关于代理的规定为，代理人在代理权限内，以被代理人名义实施的民事法律行为，对被代理人发生效力。比较两者我们不难发现，史尚宽先生对代理的描述与该法一致，都是对直接代理的阐述，自2021年1月1日起施行的《中华人民共和国民法典》沿袭了上述规定。

所谓直接代理实际上针对代理人在进行有关代理行为时以本人名义向第三人显示委托人。对于直接代理《中华人民共和国民法总则》与《中华人民共和国民法通则》都有明确的规定。与直接代理相对的间接代理，却并未在上述法律中予以规定，原因之一对于间接代理的研究存在较大争议，如何区分间接代理与隐名代理未能莫衷一是，《中华人民共和国合同法》中对于隐名代理予以规定，受托人以自己的名义，在委托人的授权范围内与第三人订立的合同，第三人在订立合同时知道受托人与委托人之间的代理关系的，该合同直接约束委托人和第三人，但有确切证据证明该合同只约束受托人和第三人的除外。《中华人民共和国民法典》第九百二十五条则沿袭了上述规定。这一规定可进一步解析为：(1) 委托人与受托人之间存在委托的合意且具有授权行为；(2) 受托人在委托人授权范围内从事活动；(3) 第三人知道隐藏于后的委托人存在。在满足上述三个要件后，根据隐名代理制度，委托人与第三人之间便建立起直接的权利义务关系。

具体到本案，何某顺与何某瑞为近亲属关系，案涉房屋确为何某顺所有，但是在签订案涉房屋买卖合同时，何某瑞却以自己的名义在合同上签字，这也为20多年后，何某顺以房屋买卖合同非本人签字为由要求返还房屋提供了可能。何某顺认为何某瑞未经其同意擅自处分自己的房屋属于无权处分，购买人在房屋买卖之际便知该房屋实际权利人为何某顺，何某瑞与购买方存在恶意串通。从何某顺的角度出发，结合无权处分的构成要件，何某瑞非房屋实际权利人在未得到授权下却处分了该房屋，第三人在明知而非善意的情形下进行了交易，不难得出完全符合无权处分。何某瑞则认为其在何某顺的授意下出卖该房屋，但双方之间却未存在书面委托授权合同，从何某瑞的角度出发，何某瑞是在何某顺授权下进行的房屋买卖，但是在签订房屋买卖合同之际，以自己的名义在合同上署名，作为第三人的王某华等人实际上在签订合同之际便知道房屋权属及何某瑞是作为何某顺中间人即代理人，其符合隐名代理的构成要件，尽管合同上的署名非何某顺本人，但是合同直接约束其本人，进而在没有合同无效的条件下，合同合法有效。在厘清了审判思路后，便是围绕隐名代理法律关系寻找支持的有关证据。本案的疑难点在于如何收集有关证据予以证明何某顺与何某瑞之间存在口头的委托。正如二审所言，首先，从主体性角度，何某顺和何某瑞系兄弟关系，何某瑞于本案中辩称其是接受何某顺的委托出售涉诉房屋；同胞兄弟，面对市场交易，所作陈述不利于己方亲属者，当更接近事实本来面目，除非亲属间存在冲突性利害关系，综观本案，未见此类证据。其次，从时间性角度，对于何某顺而言，若故居被他人无理占有近20余年而不过问，显然与常理相悖，何某顺以数次回村未进院落查看为由否定知晓王某华占有房屋难以令人信服，再结合相关的村委会调查笔录，何某顺不仅知晓且同意出售涉诉房屋，且缺乏否定涉诉契约效力的法律依据。这一系列事实认定过程是在依据社会经验下进行的，这也进一步突显了涉及农村房屋买卖存在的证据难以获取困境。

编写人：北京市密云区人民法院　王雪

56

亲属代售、代买行为构成表见代理的效力认定

——肖某玉诉肖某芳房屋买卖合同案

【案件基本信息】

1. 裁判书字号

湖北省荆州市沙市区人民法院（2019）鄂1002民初1060号民事判决书

2. 案由：房屋买卖合同纠纷

3. 当事人

原告：肖某玉

被告：肖某芳

第三人：张某洪

【基本案情】

2018年8月31日，原告肖某玉与第三人张某洪签订了《不动产买卖合同》，约定原告肖某玉将其所有的位于荆州开发区北京东路××号（阳光家园）×栋×单元×层×号的房屋作价23.3万元售于第三人张某洪，原告在该合同第一页署名，该合同经办人系原告之子肖某阳，合同载明卖方代理人为肖某阳。随后第三人将前述购房款全部支付给原告肖某玉的儿子肖某阳。

2018年10月13日，第三人张某洪与被告肖某芳就案涉房屋签订房屋买卖合同，约定房款34.5万元，后被告肖某芳将购房款全额支付给第三人张某洪。

2018年10月13日，原告肖某玉与被告肖某芳签订了《房屋买卖合同》，随后将该房屋过户给被告肖某芳。现原告肖某玉认为被告肖某芳未支付购房款，要求解除合同并返还房屋。

【案件焦点】

1. 原告肖某玉之子肖某阳的代理行为是否有效；2. 原告肖某玉与被告肖某芳于2018年10月13日签订的《房屋买卖合同》是否符合法定解除条件。

【法院裁判要旨】

湖北省荆州市沙市区人民法院经审理认为：被告提交了《不动产买卖合同》原件，原告虽对其真实性有异议，但经法院多次释明，其明确表示不申请鉴定，故该证据的真实性法院予以认可，该合同效力及于原告与第三人。

2018年10月13日，虽然原告与被告签订了《房屋买卖合同》，约定的付款时间是原告将房屋过户给被告，被告未支付购房款，但是通过庭审调查情况，结合法院确定的有效证据，能够确认原告系基于其与第三人签订的《不动产买卖合同》而直接将房屋过户给被告，且根据被告提交的原告与第三人签订的《不动产买卖合同》第一页载明肖某阳系原告之子作为卖方代理人，故第三人将购房款直接支付给肖某阳，应当视为该第三人履行了合同约定的付款义务。在此情形下，该交易行为也符合原告与第三人之间签订的《不动产买卖合同》第3－3、3－4条的约定，故第三人陈述，原告受第三人的指示与被告签订了《房屋买卖合同》，将房屋直接过户给被告的陈述意见法院予以采纳。

综上，原告的合同解除权条件不成就，其要求解除其与被告签订的房屋买卖合同，并返还房屋的诉讼请求法院不予支持。据此，湖北省荆州市沙市区人民法院依据《最高人民法院关于民事诉讼证据的若干规定》第二条之规定，判决如下：

驳回原告肖某玉的诉讼请求。

【法官后语】

随着城乡一体化进程的加快和城市经济的发展，围绕着房屋买卖为争议焦点的案件呈现出快速增长态势。其中亲属代售，代买的案件也时有发生。

《中华人民共和国合同法》第四十八条第一款规定："行为人没有代理权、超越代理权或者代理权终止后以被代理人名义订立的合同，未经被代理人追认，对被代理人不发生效力，由行为人承担责任。"第四十九条规定："行为人没有代理权、超越代理权或者代理权终止后以被代理人名义订立合同，相对人有理由相信行为人有代理权的，该代理行为有效。"那何种理由，符合什么样的条件才能够让相对人相信被代理人的亲属代售、代买是否具备代理资格呢？此处我们仅指向行为人所应当具备的条件。具体到本案，对于行为人的代理权限应当根据行为人的内部属性和外部属性进行综合判断，行为人肖某阳系原告之子，此种亲属关系是行为人的内部属性，也可以看作造成相对人相信行为人具备代理权限的前提，如一般商事活动中公司高管、项目负责人等，具备一定的身份属性，是相当多无权代理行为认定为表见代理行为的前提；肖某阳在合同中列明为肖某玉的代理人，此时书证的内容为外部属性。单独而言，仅仅只有亲属关系，肖某芳不会认可肖某阳的代理权限，而仅仅只有书证内容，而缺少其他内部条件，肖某阳的行为也不构成表见代理。因此，在判断亲属代售、代买行为是否构成表见代理时，对于身份属性的审查应当更加的细致。

对于原告与被告、原告与第三人而言，其子肖某阳的行为均构成表见代理，现在原告要求解除合同的诉讼请求没有事实和法律依据，不应该得到支持。

编写人：湖北省荆州市沙市区人民法院　曹硕

八、房屋确权纠纷

57

以裁判文书确立物权变动

——奥莱公司诉姚某明等房屋买卖合同案

【案件基本信息】

1. 裁判书字号

新疆维吾尔自治区乌鲁木齐市乌鲁木齐县人民法院（2019）新0121民初1045号民事判决书

2. 案由：房屋买卖合同纠纷

3. 当事人

原告：奥莱公司

被告：姚某明、张某兰、姚某利

【基本案情】

2014年10月14日，原告奥莱公司与姚某全签订了一份《商品房买卖合同》，约定姚某全以银行按揭贷款形式购买原告位于乌鲁木齐市九华山东街1198号中城国际城×栋×单元××号房屋，房屋建筑面积为97.26平方米，单价为每平方米4660元，总金额为453232元。首付总房款的30%即143232元，剩余70%的房款31万元以按揭贷款方式支付。姚某全向原告奥莱公司支付了首付款143232元。2014年11月6日，姚某全与兴业银行签订《个人购房抵押（保证）借款合同》，约定由兴业银行向姚某全贷款31万元，贷款期限为240个月（自2014年11月7日起至2034年11月7日止)，借款利率为6.8775%。当日，三方签订了一份《个人购房按揭贷款担保及回购协议》，约定由原告为姚某全在借款合同下的债务提供连带保证责任，约定若姚某全出现未按期偿还贷款本息的情况，由原告承担回购义务，姚某全同意原告对回购房产依法处理，并协助原告奥莱公司到房产交易管理部门办理相关手续。2014年11月7日，姚某全向兴业银行抵押，并办理了抵押登记手续。姚某全自2018年8月10日起未按合同约定偿还贷款，2019年2月11日起，兴业银行根据《个人购房按揭贷款担保及回购协议》要求原告奥莱公司承担回购责任。原告奥莱公司在无法联系姚某全的情况下，于2019年4月3日按照《个人购房按揭贷款担保及回购协议》的要求履行了保证责任，向兴业银行支付了姚某全应承担的剩余借款、利息及罚息共计285695.49元，回购了房屋。兴业银行于2019年12月30日向乌鲁木齐县规划建设局出具了解押通知，同意解除抵押登记。经查，姚某全于2018年8月19日溺水死亡，未留有遗嘱，其生前未结婚，未有配偶及非婚生子女或养子女，法定第一顺序继承人为其父亲姚某明、母亲张某兰，第二顺序继承人为胞妹姚某利。2019年9月30日上述三人均向法院书面出具《放弃继承权声明书》，声明对于该遗产（位于乌鲁木齐市九华山东街1198号中城国际城×栋×单元××号的房屋）自愿无条件放弃继承权。目前该案涉房屋及首付款143232元由原告奥莱公司实际占有。

【案件焦点】

如何确认法律文书导致物权变动之效力。

【法院裁判要旨】

新疆维吾尔自治区乌鲁木齐市乌鲁木齐县人民法院经审理认为：首先，姚某全于2018年8月19日死亡后，产生法定第一顺序继承人姚某明、张某兰，第二顺序继承人姚某利。2019年9月30日，被告姚某明、张某兰、姚某利向法院出具书面《放弃继承权声明书》，明确自愿放弃案涉房屋继承权。被告姚某明、张某兰作为被继承人姚某全第一顺序继承人，被告姚某利作为姚某全的胞妹系法定的第二顺序继承人，在自愿情况下全部放弃案涉房屋继承权的声明合法有效，因此，三被告放弃继承权的行为合法有效，法院予以认可。原告的相关意见，法院予以采纳。其次，原告奥莱公司与姚某全签订的《商品房买卖合同》是双方真实意思表示，不违反法律法规的强制性规定，且双方按照合同约定如约履行了该合同，应当认定为合法有效。原告奥莱公司与姚某全签订的《商品房买卖合同》属于财产性质的合同，现姚某全已经去世，其法定第一顺序、第二顺序继承人均明确表示放弃继承姚某全的遗产，原告奥莱公司与姚某全签订的合同自然终止。因此，原告奥莱公司要求确认与姚某全于2014年10月14日签订的《商品房买卖合同》自三被告放弃继承时终止的诉讼请求，法院予以支持。最后，原告奥莱公司与姚某全、兴业银行三方签订《个人购房按揭贷款担保及回购协议》不违反法律法规的强制性规定，应当认定为合法有效，各方当事人均应按照诚实信用原则全面履行合同约定的权利和义务。回购条款实际上是在出借人与借款人之间的债权债务关系基础上设立的担保物权，其目的是保障出借人债权的实现。依据约定，出借人兴业银行与借款人姚某全、保证人奥莱公司之间，由原告奥莱公司为姚某全借款合同下的债务提供连带保证责任，姚某全如果出现未按期偿还贷款本息的，由原告奥莱公司回购借款人姚某全的房产偿还债务。原告奥莱公司在无法联系借款人姚某全的情况下，依据《个人购房按揭贷款担保及回购协议》的相关条款，于2019年4月3日向兴业银行垫付了借款人所欠出借人的全部款项，按约回购了该涉案房产。因此，原告奥莱公司作为回购方，在履行完保证责任后，依法享有向借款人姚某全追偿的权利。但鉴于姚某全已死亡，且所有继承人均明确放弃继承案涉房屋及其他遗产，按照约定，原告奥莱公司的垫付行为应当视为已按约完成房屋回购义务。兴业银行作为债权人，与姚某全就该案涉房屋办理的抵押登记，依法享有抵押权。但根据《个人购房按揭贷款担保及回购协议》的约定以及兴业银行2019年12月30日出具的解押通知可以看出，兴业银行作为债权人已经按照《个人购房按揭贷款担保及回购协议》约定的方式于2019年4月3日实现了债权，且也办理了抵押权解押手续。因此，原告奥莱公司应当在继承人明确表示放弃继承时依法取得位于乌鲁木齐市九华山东街1198号中城国际城×栋×单元××号房屋的所有权。综上所述，原告提出的确认案涉房屋所有权归原告所有的诉求符合本案事实及相关法律规定，法院予以支持，但应当以法院确定的所有权取得时间为准。综上，根据《中华人民共和国继承法》第二十五条、第三十三条，《中华人民共和国合同法》第四十四条、第九十一条，《中华人民共和国物权法》第一百七十六条，《中华人民共和国民事诉讼法》第一百四十四条的规定，判决如下：

一、原告奥莱公司与姚某全于2014年10月14日签订的《商品房买卖合同》自2019年9月30日起终止；

二、位于乌鲁木齐市九华山东街1198号中城国际城×栋×单元××号房屋产权于2019年9月30日起归原告奥莱公司所有。

【法官后语】

物权变动是《中华人民共和国物权法》的核心组成部分，其对现实生活发挥着极其重要的作用。《中华人民共和国物权法》第九条和第二十三条确立了“非经登记或者交付，物权变动不生效”的物权变动公示原则，即除法律另有规定外，物权从登记或者交付时发生变动。如果仅有导致物权变动的原因，而没有完成登记或交付，物权变动的效力并不发生。然而该法第二十八条对基于法律文书之物权变动的规定中并未提及登记或交付对于物权变动的作用，显然该条即为《中华人民共和国物权法》第九条和第二十三条所指的“法律另有规定”的情形。

《中华人民共和国物权法》第二十八条之所以规定因法律文书导致的物权变动自法律文书生效时即生效力，是立法者基于贯彻和实现《中华人民共和国物权法》第一条所述之“明确物的归属，发挥物的效用，保护权利人的物权”的立法目的而作出的法政策上的选择。该条规定的关于非依法律行为引起的物权的变动，具有如下特征：首先，从物权变动的时间看，法律文书生效时，物权变动即发生效力而无须经过公示；其次，从物权变动的原因看，此类非基于法律行为引起的物权变动，是基于公权力的行使而发生，并不是当事人合意的结果，不以原权利的人意愿为前提；最后，从物权变动的构成要件来看，基于法律文书发生物权变动不必经公示，物权变动自法律文书生效时发生效力，且无须通过任何强制执行的程序实现。

在公法层面上，法律文书引起物权的变动，是司法裁判权、仲裁裁决权、强制执行权行使的结果，即代表着国家行使公权力。人民法院的裁判具有权威性、公开性、权益判定终局性等特点，从某种意义上也就论证了为何该类物权的变动无须经过公示即可生效的正当性和合法性。若因生效的法律文书而取得的物权变动仍然需要以公示为要件，则与裁判的形成力相互矛盾。为此立法者便直接规定，在因法律文书导致的物权变动中，法律文书生效时即发生物权变动的效力。唯其如此，方能清晰地确定物的归属，为因法律文书而取得物权的权利人提供足够的保护。但它却也给物权交易带来一定的风险，当真实权利人怠于行使公示时，表象权利人可与善意第三人发生交易。这势必导致我国民法上的善意取得制度与《中华人民共和国物权法》第二十八条规定之间产生冲突，是要保护善意第三人的利益和维护法院判决书的权威之间发生冲突，即是要保护真实权利人的利益还是保护善意第三人的利益之间发生了价值的权衡。如果第三人信赖登记簿的记载，以法律物权为标的进行了交易，为维护交易之安全，依据《中华人民共和国物权法》的公信原则，自然应保护善意第三人，使其发生与真实物权相同的法律效果。此外，在不涉及交易安全的情况下，权利人已因法律文书而取得了不动产物权，即便未登记，权利人的物权也应受到法律之保护。当第三人侵害其物权时，事实物权人有权针对第三人行使物权请求权和侵权赔偿请求权。

编写人：新疆维吾尔自治区乌鲁木齐市乌鲁木齐县人民法院　古丽努尔·玛纳斯

58

确认合同效力不受诉讼时效限制

——李某春诉李某来农村房屋买卖合同案

【案件基本信息】

1. 裁判书字号

北京市顺义区人民法院（2019）京0113民初27798号民事判决书

2. 案由：农村房屋买卖合同纠纷

3. 当事人

原告：李某春

被告：李某来

【基本案情】

原告李某春与被告李某来系北京市顺义区杨镇地区井上村人。原告李某春系北京市顺义区杨镇地区井上村农业户口。

李某春与李某来于2001年10月29日签订书面协议，约定李某来将涉诉宅院卖与李某春，李某春持有的书面协议内容为："立字人李某来、李某春，经李某来、李某春二人协商，中人当面说合，李某来愿将自家瓦房5间、西厢房3间，院内土木相遂共折合5800元，立字曰笔下一次交清现金，空口无评，立字为证，院内使用面积以土地使用证为准。中人杨某平、李某，代笔人韩某江，立字人李某来，2001年10月29日。"双方认可该书面协议上文字内容系代笔人韩某江书写，书面协议上签字除李某春签名系李某来代写外，其他签名均系签字人本人书写；购房款5800元，写完协议后李某春已经支付给李某来，李某来在收到房款后将涉诉宅院及集体土地建设用地使用证交给李某春；现涉诉宅院由李某春居住使用。

涉诉宅院位于北京市顺义区杨镇地区井上村，该宅院处宅基地对应的集体土地建设用地使用证上，登记的土地使用者为李某来。李某春表示买卖时涉诉宅院有北正房五间、西厢房三间；现在涉诉宅院分为南北两院，北院有北正房五间，系购买时原有北正房，开西院门，南院有北正房三间，南院北正房西侧有车库一间，南院北正房南侧西部有厕所一间，厕所北侧为彩钢顶门道，南院北正房南侧东部有厨房二间，开西院门；南院房屋系2015年由其出资建造。李某来表示除对涉诉宅院南院房屋建造时间不清楚外，对李某春陈述的其他上述内容认可。

另查明，李某春配偶柴某芬，就本案纠纷与李某春持相同意见，李某来配偶谢某华，就本案纠纷与李某来持相同意见。

【案件焦点】

1. 原告起诉是否已经超过诉讼时效；2. 涉诉宅院处宅基地登记应否变更一事、村委会是否盖章是否会影响书面协议之效力。

【法院裁判要旨】

北京市顺义区人民法院经审理认为：依法成立的合同，自成立时生效。李某春户籍在北京市顺义区杨镇地区井上村为农业户口，具备购买该村宅基地上房屋的条件。经法院核实，李某春与李某来就涉诉宅院内房屋的交易，自愿达成合意，并就涉诉宅院房屋的交易签订书面协议，且已履行完毕多年，法院对双方达成的书面协议之效力依法予以确认。李某来虽持答辩意见不同意李某春的诉讼请求，但本案系农村房屋买卖合同纠纷，涉诉宅院处宅基地登记应否变更一事不属于本案审理范围，村委会是否盖章也不影响书面协议之效力。另外，结合李某春之诉讼请求，本案属于确认之诉，因此不受诉讼时效制度的限制，综上，法院对于李某来之答辩意见不予采纳，对李某春的诉讼请求，依法予以支持。

北京市顺义区人民法院《中华人民共和国合同法》第四十四条之规定，判决如下：

确认2001年10月29日原告李某春与被告李某来关于北京市顺义区杨镇地区井上村，集体土地建设用地使用证登记的宅院达成的书面协议合法有效。

【法官后语】

本案中，李某春在2001年签订合同后直至2019年才起诉，李某来主张已经超过法定诉讼时效期间。确认合同效力请求权是否适用诉讼时效的问题，存在的主要观点分为三种："肯定说"，即认为确认合同效力的请求权应当受到诉讼时效的限制；"折中说"，即认为是否适用诉讼时效应区别对待，在涉及无效的合同中，对于绝对无效的合同，应当不适用诉讼时效，反之，相对无效的合同应当适用；"否定说"，即认为该种请求权不适用诉讼时效。

"肯定说"认为，确认合同效力请求权应当适用诉讼时效，主要理由如下：第一，适用诉讼时效可防止合同长期处于悬而未决的不稳定状态，否则不利于交易安全。第二，确认合同效力请求权也是法律上的权利之一，凡是权利都应受到限制。第三，适用诉讼时效可防止恶意抗辩的发生，遏制当事人为自己的利益故意签订无效合同。第四，如确认合同效力不适用诉讼时效，将导致因合同被确认无效而可能产生的给付之诉不受诉讼时效限制。

"折中说"将合同分为绝对无效与相对无效两类，对于绝对无效的合同，即违反了法律、行政法规的强制性规定，或损害了公共利益的合同，由于其违反了社会的法律秩序，因此不应适用诉讼时效，权利人随时可起诉请求确认无效；相对无效的合同是指主要涉及第三人利益的合同，例如，恶意串通损害第三人利益的合同，此时应当适用诉讼时效，以督促第三人行使权利。

"否定说"认为，确认合同效力的请求权不应当受到诉讼时效的限制。理由主要有以下几点：第一，确认合同效力诉讼在诉的分类中属于确认之诉，而确认之诉不属于诉讼时效的客体范围。而当事人起诉请求确认合同效力后，一经审判机关认定，合同即自始有效或无效，无须对方当事人协助即可完成。第二，单纯的时间经过不能改变合同本身的合法性或违法性。合同有效或无效是由于其满足法律所规定的要件，是法律对当事人意思自治产物的定性评价。因此，只要相应的法律规范与公序良俗未发生改变，合同的合法性或违法性便一直存在，合同应当自始有效或无效。

笔者认为，应当坚持否定说，确认合同效力请求权不适用诉讼时效。第一，确认合同效力体现的是法律对当事人意思自治的评价，合同是合法还是违法，其评价应当恒定。第二，适用诉讼时效并非防止恶意抗辩的唯一途径。恶意抗辩可以援引其他法律规定予以制裁。第三，合同被认定无效后，可能产生返还原物、赔偿损失的请求权，此时请求权仍然受到一般诉讼时效的限制。第四，对确认合同效力有一定期限的限制，也完全可以通过除斥期间的设定来解决，并非必然需要使用诉讼时效的方式来实现。

综上，确认合同效力是法律对合同的定性评价，是对合同合法或违法的判断，是国家公权力的意志体现，故此应当认为确认合同效力不适用诉讼时效更有利于彰显法律态度，保护当事人利益。

编写人：北京市顺义区人民法院　王晓磊

59

房屋的物权权益人及房屋买卖合同的效力认定

——陈某、王某学诉尹某祥、刘某桥房屋买卖合同案

【案件基本信息】

1. 裁判书字号

湖北省武汉市武汉经济技术开发区人民法院（2019）鄂0191民初235号民事判决书

2. 案由：房屋买卖合同纠纷

3. 当事人

原告：陈某、王某学

被告：尹某祥、刘某桥

第三人：尹某浩、尹某海、尹甲、尹乙、尹某禄、尹某方、尹某冬、尹某书

【基本案情】

原告陈某、王某学系夫妻关系，被告尹某祥、刘某桥系夫妻关系。被告尹某祥的父亲尹某良于1932年2月12日出生，于2015年1月18日去世。被告尹某祥的母亲杨某英于1932年12月11日出生，于2012年12月22日去世。尹某良和杨某英共生育7个子女，分别为第三人尹某书、被告尹某祥、尹某刚、第三人尹某冬、尹某兵、第三人尹某方、尹某万。其中，尹某刚于1985年去世，其生育两子即第三人尹某浩和第三人尹某海。尹某兵于2003年去世，其生育一子一女即第三人尹甲和第三人尹乙。尹某万于2005年去世，其生育一子即第三人尹某禄。2009年，在尹某良和杨某英夫妻关系存续期间，因房屋拆迁还建了一套位于武汉经济技术开发区黄陵社区×栋×单元××室房屋，该房屋于2012年12月12日初始登记在尹某良名下。

2013年8月18日，出卖人（甲方）尹某良和买受人（乙方）原告陈某签订房屋买卖合同，合同约定：“甲方自愿将其位于武汉开发区黄陵幸福社区×栋×单元××号一室一厅房屋出售给乙方，本房屋建筑面积为57.04平方米，甲、乙双方约定按11万元的价格甲方全权出售给乙方。乙方一次性将房款交付甲方，甲方于当日将本房屋钥匙及相关证件交付给乙方……甲方应于2013年8月19日前将本房屋交付给乙方等。”合同尾部甲方处有尹某良、被告尹某祥、被告刘某桥签字，乙方处有原告陈某签字。签订合同的当日，被告尹某祥向原告陈某出具收条一张，载明：“今收到黄陵社区×栋×单元××室房款11万元。注：2013年8月18日收10万元整。过户手续办理完毕付余款1万元整。”后该收条上载明：“由于买方要求，房款已结清。”被告尹某祥在庭审中认可已收到原告陈某支付的全部购房款11万元。自此，原告陈某、原告王某学占有案涉房屋至今。

2013年9月19日，委托人尹某良向被委托人即被告尹某祥出具房屋过户委托书一份，载明：“本人需将位于黄陵幸福小区×栋×单元××室房屋过户至陈某名下，现因本人年岁已高不能亲自办理相关手续，特委托尹某祥作为我的合法代理人全权代表我办理如下相关事项：(1) 代为办理房产过户及与之相关的一切手续。

(2) 代为签署与过户有关的文件等。对被委托人在办理上述事项过程中所签署的有关文件我均予以认可并承担相应的法律责任。委托期限：自签字之日起至上述办完为止。”该委托书尾部有尹某良签字并捺印。

另查明，原告陈某和原告王某学于2008年11月26日登记结婚。庭审中，原告陈某和原告王某学申请自行承担本案诉讼费和案涉房屋的所有过户费用，且庭后协商一致后申请将本案案涉房屋过户至原告陈某名下。被告尹某祥和被告刘某桥在庭审中均认可原告陈某和原告王某学提交的所有证据，并表示同意配合两原告办理案涉房屋的过户手续。第三人尹某方和第三人尹某书庭后向法院陈述其两人对案涉房屋买卖合同和将案涉房屋过户给两原告均无异议。

【案件焦点】

案涉房屋的物权权益人以及尹某良和原告陈某签订的房屋买卖合同的效力及效力范围的认定。

【法院裁判要旨】

湖北省武汉经济技术开发区人民法院经审理认为：案涉房屋虽然初始登记在尹某良名下，但因其属于尹某良和杨某英夫妻关系存续期间取得的合法财产，故尹某良和杨某英均共同享有案涉房屋的物权权益。2012年12月22日，杨某英去世，归属于杨某英名下的份额应作为遗产由其法定继承人即配偶尹某良和子女（即本案被告尹某祥、尹某刚、尹某兵、尹某万、第三人尹某方、第三人尹某冬、第三人尹某书）依法继承，但由于其子尹某刚（1985年去世）、尹某兵（2003年去世）、尹某万（2005年去世）均先于杨某英死亡，故此时第三人尹某浩和第三人尹某海代位继承尹某刚有权继承的份额，第三人尹甲和第三人尹乙代位继承尹某兵有权继承的份额，第三人尹某禄代位继承尹某万有权继承的份额。在本案8名第三人未明确放弃继承、进行析产分割情形下，此时尹某良、被告尹某祥和8名第三人开始共同享有案涉房屋的物权权益。2015年1月18日，尹某良去世，被告尹某祥和8名第三人共同享有案涉房屋的物权权益。

关于案涉房屋买卖合同是否有效，如果有效，其效力范围如何的问题，法院认为，案涉房屋买卖合同系尹某良（出卖人、甲方）与原告陈某（买受人、乙方）签订，但在签订案涉房屋买卖合同当日，原告陈某支付了购房款10万元，后续余款1万元亦已付清，被告尹某祥和被告刘某桥在房屋买卖合同尾部共同签字认可，且房屋已交付两原告。同时，尹某良亦将由其保管的案涉房屋的房产证和土地证交付两原告保管至今。在案涉房屋转让至本案诉讼发生约五年多的时间内，案涉房屋由两原告实际占有，8名第三人从未对案涉房屋提出过异议，故两原告有理由相信尹某良的行为是其与被告尹某祥和8名第三人的共同意思表示。8名第三人辩称不知道案涉房屋买卖的情况，无充分证据佐证，亦与社会常情常理不符，法院不予支持。尹某良生前作为家庭成员、案涉房屋共有权人和实际管理人，在被告尹某祥和8名第三人知晓并同意的情况下，将案涉房屋出卖给原告陈某，虽然案涉房屋买卖合同存在一定的瑕疵，但不影响房屋买卖合同的效力，案涉房屋买卖合同有效并且其效力直接及于案涉房屋的物权权益人，即被告尹某祥和8名第三人。

综上，武汉经济技术开发区人民法院依照《中华人民共和国合同法》第六十条、第一百零七条，《中华人民共和国继承法》第二条、第十条第一款，《中华人民共和国婚姻法》第十七条，《中华人民共和国民事诉讼法》第六十四条、第一百四十四条之规定，判决如下：

一、原告陈某与尹某良于2013年8月18日签订的房屋买卖合同合法有效；

二、被告尹某祥、被告刘某桥、第三人尹某浩、第三人尹某海、第三人尹甲、第三人尹乙、第三人尹某禄、第三人尹某方、第三人尹某冬、第三人尹某书于本判决生效之日起二十日内协助原告陈某、原告王某学办理湖北省武汉市武汉经济技术开发区黄陵社区×栋×单元××室房屋的权属变更登记手续，变更登记至原告陈某名下，变更登记手续所需全部费用均由原告陈某、原告王某学承担；

三、驳回原告陈某、原告王某学的其他诉讼请求。

【法官后语】

本案主要涉及房屋的物权权益人以及房屋买卖合同的效力及效力范围的认定问题。

本案中，案涉房屋虽然初始登记在尹某良名下，但因其属于尹某良和杨某英夫妻关系存续期间取得的合法财产，故尹某良和杨某英均共同享有案涉房屋的物权权益。2012年12月22日，杨某英去世，归属于杨某英名下的份额应作为遗产由其法定继承人即配偶尹某良和子女（即本案被告尹某祥、尹某刚、尹某兵、尹某万、第三人尹某方、第三人尹某冬、第三人尹某书）依法继承，但由于其子尹某刚、尹某兵、尹某万均先于杨某英死亡，故此时第三人尹某浩和第三人尹某海代位继承尹某刚有权继承的份额，第三人尹甲和第三人尹乙代位继承尹某兵有权继承的份额，第三人尹某禄代位继承尹某万有权继承的份额。在本案8名第三人未明确放弃继承、进行析产分割情形下，此时尹某良、被告尹某祥和8名第三人开始共同享有案涉房屋的物权权益。2015年1月18日，尹某良去世，被告尹某祥和8名第三人共同享有案涉房屋的物权权益。

案涉房屋买卖合同系尹某良与原告陈某签订，在签订案涉房屋买卖合同当日，原告陈某支付了购房款10万元，后续余款1万元亦已付清，被告尹某祥和被告刘某桥在房屋买卖合同尾部共同签字认可，且房屋已交付两原告。同时，尹某良亦将由其保管的案涉房屋的房产证和土地证交付两原告保管至今。在案涉房屋转让至本案诉讼发生约五年多的时间内，案涉房屋由两原告实际占有，8名第三人从未对案涉房屋提出过异议，故两原告有理由相信尹某良的行为是其与被告尹某祥和8名第三人的共同意思表示。8名第三人辩称不知道案涉房屋买卖的情况，无充分证据佐证，亦与社会常情常理不符，法院不予支持。尹某良生前作为家庭成员、案涉房屋共有权人和实际管理人，在被告尹某祥和8名第三人知晓并同意的情况下，将案涉房屋出卖给原告陈某，虽然案涉房屋买卖合同存在一定的瑕疵，但不影响房屋买卖合同的效力，案涉房屋买卖合同有效并且其效力直接及于案涉房屋的物权权益人，即被告尹某祥和8名第三人。

依法成立的合同受法律保护，在案涉房屋过户条件成就后，被告尹某祥和8名第三人具有协助原告陈某、原告王某学办理案涉房屋过户的义务，原告陈某、原告王某学的该项诉讼请求法院予以支持，8名第三人的抗辩意见均有悖诚信，故不予采纳；本案案涉房屋的物权变动产生在被告尹某祥与被告刘某桥婚姻关系存续期间，两原告要求被告刘某桥协助过户的主张法院亦予以支持；原告陈某、原告王某学要求确认其与被告尹某祥、被告刘某桥签订的房屋买卖合同有效，因该合同系尹某良作为出卖人与原告陈某作为买受人签订，两被告并非合同的相对方，故不予支持；关于原告陈某、原告王某学、被告尹某祥、被告刘某桥、第三人尹某方和第三人尹某书认为案涉房屋系尹某良赠与被告尹某祥的相关主张，各方均未提供证据予以证实，故不予支持。

编写人：湖北省武汉市武汉经济技术开发区人民法院　余燕

60

夫妻间签订房屋买卖合同的效力认定

——吕某玲诉李某房屋买卖合同案

【案件基本信息】

1. 裁判书字号

新疆生产建设兵团第八师中级人民法院（2019）兵08民终438号民事判决书

2. 案由：房屋买卖合同纠纷

3. 当事人

原告（上诉人）：吕某玲

被告（被上诉人）：李某

【基本案情】

2016年12月13日，李某国作为卖方（甲方）与作为买方（乙方）的原告吕某玲签订了一份《房屋买卖合同》，合同约定：（1）甲方所售房屋的基本情况为甲方所售房屋位于石河子市××小区××栋××号，房屋建筑面积为60.5平方米，用途为住宅；（2）房屋价格、其他费用及付款方式为：①甲方所售房屋总金额为（人民币）18万元、②交易税费由乙方缴纳，③付款方式为甲乙双方自本合同签订后一次性付清；（3）甲方在2016年12月13日将房屋交付乙方；……（6）本合同在履行中发生争议，由甲、乙双方协商解决，协商不成的，甲、乙双方可依法向该房屋所在地人民法院提起诉讼；（7）本合同自甲、乙双方签字后生效；（8）本合同一式三份，甲、乙双方各执一份，房屋登记部门存档一份。当日，李某国作为纳税人缴纳房屋转让所得的个人所得税1864.16元，原告吕某玲作为纳税人缴纳住房买卖契税5592.48元。2016年12月28日，石河子市房屋产权交易中心出具房屋交易与产权意见书（转移）一份，载明本案案涉房屋的具体情况及转出方李某国、转入方即原告吕某玲的身份信息。

本案案涉房屋石河子市××小区××栋××号一直由原告吕某玲居住，但其并未依合同约定支付房屋买卖对价18万元，并在庭审中陈述原告与李某国系夫妻，双方财产捆绑，加之原告自身有借款、同时要支付李某国就医的费用，故原告与李某国商定不再另行支付购房款，而是通过支付李某国医疗费的方式冲抵，但其未能提供证据予以证明。

另查明：(1) 案涉石河子市××小区××栋××号房屋系李某国的个人婚前财产。(2) 1998年7月23日，李某国与吕某玲登记结婚，婚后未生育子女。2017年2月6日，李某国因病死亡。李某国死亡后，法定继承人有其妻即原告吕某玲、其与前妻生育的儿子即被告李某，该两位法定继承人因李某国的遗产分割、抚恤金丧葬费问题产生纠纷，由李某作为原告将吕某玲诉至法院，但双方之间关于本案案涉房屋的继承问题仍在审理过程中。(3) 被告李某为视力残疾。

【案件焦点】

1. 案涉《房屋买卖合同》是否有效；2. 吕某玲主张由李某协助其办理案涉房屋过户手续是否应当得到支持。

【法院裁判要旨】

新疆维吾尔自治区石河子市人民法院经审理认为：关于争议焦点一，合同是平等主体的自然人、法人、其他组织之间设立、变更、终止民事权利义务关系的协议。签订合同的行为，是一种民事法律行为，是民事主体即平等主体的自然人、法人、其他组织通过意思表示设立、变更、终止民事法律关系的行为。法律规定，民事法律行为若为有效，必须具备的要件是行为人意思表示真实。行为人与相对人以虚假的意思表示实施的民事法律行为，依法应为无效。本案中，依查明事实可知，原告吕某玲和被告李某之父李某国虽然实施了买卖房屋的签约行为，但所谓买卖是双方为完成房屋过户手续的虚假意思表示，隐藏于买卖行为的表意之中，也就是说，双方的真意并非要进行真实的房屋买卖行为。因此，原告吕某玲和被告李某之父李某国实施的房屋买卖行为系无效法律行为。故对于原告主张确认案涉2016年12月13日原告和被告父亲李某国所签订的房屋买卖合同有效的诉讼请求，该院不予支持。关于争议焦点二，案涉房屋买卖合同系属无效，则原告主张由被告协助其办理案涉房屋过户手续的诉讼请求不符合法律规定，该院不予支持。

新疆维吾尔自治区石河子市人民法院依照《中华人民共和国民法总则》第一百四十三条、第一百四十六条，《中华人民共和国合同法》第二条，《中华人民共和国民事诉讼法》第六十四条第一款之规定，判决如下：

驳回原告吕某玲的诉讼请求。

吕某玲不服一审判决，提起上诉。

新疆生产建设兵团第八师中级人民法院经审理认为本案焦点问题为：（1）吕某玲与李某父亲李某国生前所签订的《房屋买卖合同》是否有效；（2）吕某玲主张由李某协助其办理案涉房屋过户手续应否支持。

关于焦点一，根据查明的事实，上诉人提交的与被上诉人父亲李某国生前所签订的《房屋买卖合同》系在石河子市不动产交易中心备案的合同，被上诉人亦认可《房屋买卖合同》中“李某国”的签名系其父亲本人所签，真实性应予确认。被上诉人主张签订合同时，其父亲李某国因病神志不清，合同内容非李某国真实意思表示，对此被上诉人负有举证责任。但在一审、二审中被上诉人均未举证证明，因此，对上诉人和李某国生前签订的并在石河子市不动产交易中心备案的《房屋买卖合同》的效力，法院予以认定。依法成立的合同受法律保护。李某国生前不仅与上诉人订立了房屋买卖合同，且已履行了交回原房产证及交纳契税和房屋转让所得税的手续。一审认定该合同无效不当，法院予以纠正。

关于焦点二，因上诉人与李某国生前签订的《房屋买卖合同》有效，故上诉人要求被上诉人作为李某国的继承人协助其办理该房屋过户手续合法有据，法院予以支持。如果双方当事人就房屋价款有争议，可另行解决。综上，吕某玲的上诉请求成立，应予支持。

新疆生产建设兵团第八师中级人民法院依照《中华人民共和国合同法》第八条、第四十四条、第六十条，《中华人民共和国民事诉讼法》第一百七十条第一款第二项之规定，判决如下：

一、撤销石河子市人民法院（2019）兵9001民初390号民事判决；

二、上诉人吕某玲与李某国生前于2016年12月13日签订的《房屋买卖合同》有效；

三、被上诉人李某于本判决生效后五日内协助上诉人吕某玲办理石河子市××小区××栋××号房屋的转让过户手续。

【法官后语】

在日常生活中，近亲属间尤其是夫妻之间互相买卖房屋的情形并不常见，关于该种房屋买卖合同相关的法律问题也鲜有人探讨。而在近几年，随着各地房价的不断攀升，在此种情形下的房屋买卖合同的效力问题显现出来，针对此类案件，不同的审判人员从不同角度，可能会有不同的审判思路和见解。本案中，原告吕某玲与被告李某之父李某国系夫妻关系，二人在婚姻关系存续期间签订了一份《房屋买卖合同》，约定李某国将其婚前所有的一套房产出售于原告吕某玲，购房款18万元，双方分别缴纳个人所得税和契税，共同居住于该房屋，吕某玲未向李某国支付房屋买卖对价18万元。此后，在办理过户手续过程中，李某国因病去世，吕某玲将李某国与前妻之子即被告李某诉至法院，要求被告李某协助其办理案涉房屋的过户手续。一审法院认为民事法律行为若为有效，必须具备的要件是行为人意思表示真实。行为人与相对人以虚假的意思表示实施的民事法律行为，依法应为无效。本案中，原告吕某玲和被告李某之父李某国虽然实施了买卖房屋的签约行为，但所谓买卖是双方为完成房屋过户手续的虚假意思表示，隐藏于买卖行为的表意之中，也就是说，双方的真意并非要进行真实的房屋买卖行为，因此，原告吕某玲和被告李某之父李某国实施的房屋买卖行为系无效法律行为。二审法院则认为房屋买卖合同系李某国本人与原告吕某玲签订，被告李某未有证据能证实合同内容非其父李某国的真实意思表示，且李某国已经履行了交回原房产证及交纳契税和房屋转让所得税的手续，故李某国与原告吕某玲签订的房屋买卖合同应为有效，至于房屋买卖对价18万元，双方若有争议，可另行解决。两审法院均对夫妻间相互进行房屋买卖行为的效力进行了分析，一审法院主要从房屋买卖合同自身特征及进行房屋买卖行为的当事人意思表示是否真实的角度进行分析论证，二审法院除对进行房屋买卖行为的当事人意思表示是否真实进行论证外，还关注了双方举证责任的分配及各证据证明力大小的问题，同时表示双方可就房屋买卖对价问题另行解决，从总体上更为全面地对夫妻间相互买卖房屋的效力问题进行了阐述，更具有说服力，也更易于被当事人接受，对于同类案件，具有较强的指导意义。

编写人：新疆维吾尔自治区石河子市人民法院　田丽丽

九、定金与违约金

61

拒绝签署与实际抵押状态不符网签合同的违约认定规则

——蒋某国诉李某房屋买卖合同案

【案件基本信息】

1. 裁判书字号

北京市第二中级人民法院（2019）京02民终7057号民事判决书

2. 案由：房屋买卖合同纠纷

3. 当事人

原告（反诉被告、上诉人）：蒋某国

被告（反诉原告、被上诉人）：李某

第三人（被上诉人）：我爱我家公司

【基本案情】

蒋某国、李某及我爱我家公司在《房屋买卖合同》中约定2018年11月12日前办理完抵押注销手续。合同签订当日李某向蒋某国支付定金，网签后7日内李某通过资金存款方式向蒋某国支付488万元。同日蒋某国、李某及伟嘉安捷公司签订《履约服务合同》，约定第三方垫资还款相关事宜。同时在《补充协议》中约定《买卖合同》《履约服务合同》《居间合同》的履行截止日期为2018年12月1日。蒋某国作为收受定金的一方，未能在协议约定日期前办理完解除抵押手续，并在2018年12月19日在案涉房屋上更换抵押权人。双方并未约定具体的网签时间，亦未就网签手续及办理抵押注销手续的履行顺序进行约定，在案证据亦无法显示双方就此达成一致意见。蒋某国认为履行期届满，李某没有申请贷款并配合办理网签手续，拒绝履行合同构成实质违约，请求法院判令解除三方签订的房屋买卖合同及补充协议，并要求李某向蒋某国支付违约金105.6万元。李某主张蒋某国没有按照合同约定在2018年11月12日前办理完解除抵押手续，且提供的房屋抵押状态信息与实际情况不符构成违约。我爱我家公司同意解除合同。诉讼过程中李某提起反诉请求：（1）解除三方签订的《房屋买卖合同》及《补充协议》；（2）判令蒋某国向李某双倍返还定金40万元；（3）判令蒋某国向李某支付居间服务费127170元；（4）判令我爱我家公司对第三项所述诉讼请求承担连带责任；蒋某国抗辩称李某签订网签合同后，第三方担保机构才可以办理解除抵押手续。签订网签合同系办理解除抵押手续的前置程序。我爱我家公司同意解除合同，但不同意连带承担居间服务费。二手房买卖交易合同履行不以解押为前提，过户前把抵押解除即可。中介机构称为节约时间让双方先签订无抵押的草拟网签合同。若出具“有抵押”网签，待解押完成需注销网签再重新进行网签，则无法在约定过户时间内完成过户。

【案件焦点】

1. 蒋某国未及时办理解押手续，并更换新抵押权人是否构成违约行为；2. 李某拒绝签署与实际抵押状态不符的网签合同的行为定性。

【法院裁判要旨】

北京市西城区人民法院经审理认为：《补充协议》中明确约定，蒋某国应在2018年11月12日前办理完解除抵押，以及逾期解除抵押蒋某国应当承担的相应责任。截至法院庭审辩论终结前，案涉房屋仍处于抵押状态；且于2018年12月19日在案涉房屋上设立新的他项权利，上述情形已经达到合同约定的不能履行的情形，故对李某要求解除合同及双倍返还定金的反诉请求予以支持。对于蒋某国以李某未按照约定进行网签、办理贷款等事宜，因双方未明确具体办理期间，且蒋某国提交的证据不足以证明第三方机构垫资解除抵押系以案涉房屋网签合同的签订为前提，在蒋某国未办理完毕案涉房屋解除抵押手续的情况下，同时结合我爱我家公司草拟的网签合同所记载的房屋抵押情形与实际不符的情况，李某拒绝进行网签存在合法依据，故法院对蒋某国的全部诉讼请求予以驳回。李某要求蒋某国与我爱我家公司承担连带居间服务费的诉讼请求，与本案并非同一法律关系，不予支持。综上，北京市西城区人民法院判决如下：

一、解除蒋某国与李某于 2018 年 4 月 27 日签订的《北京市存量房屋买卖合同》；

二、解除蒋某国、李某、我爱我家公司于 2018 年 4 月 27 日签订的《补充协议》；

三、自本判决生效之日起七日内，蒋某国返还李某定金 40 万元；

四、驳回蒋某国的全部诉讼请求；

五、驳回李某的其他诉讼请求。

蒋某国不服一审判决，提起上诉。

北京市第二中级人民法院经审理认为：根据《房屋买卖合同》及《补充协议》的约定，蒋某国承诺在 2018 年 11 月 12 日前办理完解除抵押手续，如蒋某国逾期则应按照《买卖合同》《履约服务合同》中违约条款的约定承担违约责任。《补充协议》第六条亦载明，本协议如有未尽之处，视为双方无约定或不需进行约定。上述合同签订后，李某如约支付 20 万元定金，现蒋某国作为收受定金的一方，未能在协议约定日期前办理完房屋解押手续，更于 2018 年 12 月 19 日在本案房屋上继续设立新的抵押权，违反双方协议约定，李某据此主张解除本案《房屋买卖合同》及《补充协议》，要求蒋某国双倍返还定金的诉讼请求，具有事实和法律依据，一审法院对此予以支持，处理正确，法院予以确认。

关于蒋某国抗辩主张其未能成功解押系因李某拒绝配合网签一节，经法院询问，蒋某国称其主张网签系解押前置流程的依据为《补充协议》第四条及《房屋买卖合同》第四条，同时该流程亦是我爱我家公司房屋买卖流程。经审查，上述合同条款并未就解押之前必须进行网签一事进行约定，在案证据亦无法显示双方就此达成一致意见，故李某在房屋仍设立有抵押的状态下拒绝签订与实际抵押情况不符的网签合同，并无不当。故针对蒋某国此项抗辩理由，法院不予采信。

关于蒋某国上诉称根据《房屋买卖合同》第五条的约定，李某未在约定时间内向银行申请贷款一节，经法院审查，上述条款适用情况为若李某因自身原因无法获得贷款机构批准贷款而继续申请贷款，该适用条件与本案情形不符，故法院对蒋某国此项上诉意见亦不予支持。

综上所述，蒋某国的上诉请求不能成立，应予驳回；一审判决认定事实清楚，适用法律正确，应予维持。依照《中华人民共和国民事诉讼法》第一百七十条第一款第一项之规定，判决如下：

驳回上诉，维持原判。

【法官后语】

因房源、付款方式的不同使得房屋买卖当事人在交易过程中承担的义务存在差异。在房屋买卖合同中，双方针对某交易流程明确约定履行期限时，履行义务人应在期限届满前勤勉、全面地履行其义务。若对方未按照合同条款或房屋交易流程、交易习惯履行合同义务构成违约的情况下，当事人依据《中华人民共和国合同法》的有关规定可享有履行抗辩权，据此认定对方违约责任，排除己方的违约责任。

本案中双方未就各购房流程的时间进行一一约定，只有两处约定了具体的时间：一处系蒋某国应于2018年11月12日前办理抵押注销手续；另一处系双方履约截止时间为2018年12月1日。另有一处可推定时间，即李某网签后7日内须向蒋某国通过资金存管方式划转488万元。对于签订网签合同及办理解除抵押手续的前后顺序没有明确约定，故双方应在合同履行期届满前各自履行其义务。履行期限届满后，蒋某国未办理解押手续，李某亦未签订网签合同。

法院审查认为蒋某国构成违约的具体裁判理由：（1）蒋某国未按照合同约定于2018年11月12日前办理完解除抵押手续；（2）合同履行期届满后，蒋某国于2018年12月19日在案涉房屋上更换新抵押权人，结合其于2018年4月27日与伟嘉安捷公司签订《履约服务合同》的约定，蒋某国再次更换新抵押权人的行为将导致第三方担保机构无法顺利完成垫资解除抵押事宜，从而认定蒋某国构成违约行为。

此案中李某是否有权拒绝签订与实际抵押状态不符的网签合同，值得探析。

自2008年北京市建设委员会发布《关于全面推行存量房买卖合同网上签约有关问题的通知》［京建交〔2008〕628号］规定，已取得房屋所有权证的存量房进行买卖的，当事人在申请转移登记前均需进行存量房买卖合同网上签约。房屋交易过程中就存在自签合同及网签合同并存的现状。通常情况下，网签合同与自签合同及实际情况一致，但存在差异时若当事人拒绝签署网签合同如何认定给司法实务造成了一定的困惑。结合此案例的分析，法院认定李某拒绝签署无抵押网签合同的行为不构成违约。我们主要从以下3个方面进行分析：

1. 当事人是否取得履行抗辩权

双务合同中抗辩权的行使系当事人的正当权利，并非违约，受法律保护。对方当事人拒绝或迟延履行其义务时，一方在享有先履行抗辩权或同时履行抗辩权时，当然有权拒绝签订网签合同。本案中蒋某国未注销抵押，并设立新的抵押权人构成违约的情况下，李某拒绝签署网签合同的行为系行使履行抗辩权，具有合法性。

2. 当事人签订与实际抵押状态不符的网签合同，是否符合自签合同的约定，即是否符合当事人的真实合意

这引申出自签合同与网签合同的效力问题，司法实践中一般认为网签合同的主要目的在于规范存量房交易市场，防止“一房二卖”交易的发生，更多强调的是备案性质，除非有充分证据证明自签合同违背当事人的真实意思表示。换言之，若双方在自签合同中明确约定网签时间早于注销抵押的时间，即使网签合同中的抵押状态显示无抵押，亦认为符合当事人的真实合意，拒绝签署构成违约。蒋某国主张进行网签系注销抵押的前置程序，但蒋某国与李某并未对此在自签合同中予以明确约定，所以李某拒绝签署网签合同并无不当。

3. 签订与实际抵押状态不符的网签合同，对签订主体是否可能构成重大利益损害

本案中双方约定，签订网签合同后李某应在7日内通过资金存管的方式向蒋某国支付488万元的购房款。也就是说，倘若李某签订与实际抵押状态不符的网签合同后，即负有短期内向蒋某国支付488万元购房款的合同义务。此时李某可能面临支付购房款后案涉房屋仍未解除抵押无法过户、甚至购房款无法追回的风险。此时要求李某签订网签合同导致双方权利义务严重不对等，不符合公平正义的核心法治追求。

编写人：北京市西城区人民法院　徐澜涛　姜洁

62

因同一持续性违约行为而分段主张违约金的认定

——韩某江诉正旭晶典公司商品房预售合同案

【案件基本信息】

1. 裁判书字号

北京市第三中级人民法院（2019）京03民终12248号民事判决书

2. 案由：商品房预售合同纠纷

3. 当事人

原告（被上诉人）：韩某江

被告（上诉人）：正旭晶典公司

【基本案情】

2007年7月20日，韩某江购买正旭晶典花园×层××商品房，并支付购房款3065549元。根据合同约定，正旭晶典公司应于2007年9月30日前交付房屋，所交付房屋应符合下列条件：（1）该商品房已经取得规划验收批准文件和建筑工程竣工验收备案表；（2）有资质的房产测绘机构出具的该商品房面积实测技术报告书等。但在交房时，正旭晶典公司未能提供合同第十一条交付条件中所列的规划验收批准文件、建筑工程竣工验收备案表、有资质机构出具的实测面积报告书等。2008年1月9日，双方签订《补充协议》，正旭晶典公司承诺于2008年3月1日、5月31日前提供合同第十一条中的所有正式文件，否则赔偿违约金。后韩某江多次催促，正旭晶典公司仍以各种理由拖延至今，故韩某江请求正旭晶典公司依照合同的约定承担违约责任，赔偿2016年7月19日至2018年8月20日逾期交付房屋入住手续违约金467803元及2009年1月9日至2018年9月21日逾期办理房屋产权转移登记手续违约金543062元。

【案件焦点】

1. 正旭晶典公司是否应支付 2016 年 7 月 19 日至 2018 年 8 月 20 日逾期交付房屋入住合格手续的违约金；2. 韩某江主张逾期办理房屋产权转移登记手续的违约金是否超过诉讼时效；3. 违约金的数额及标准问题应如何掌握。

【法院裁判要旨】

北京市朝阳区人民法院经审理认为：原、被告签订的《北京市商品房预售合同》及《补充协议》是双方真实意思表示，且不违反法律、行政法规的强制性规定，合法有效，双方均应遵照履行。任何一方不履行合同义务或者履行合同义务不符合约定的，守约方有权依照合同约定要求违约方承担违约责任。本案中，原、被告在履行房屋买卖合同的过程中，因同一违约行为已进行数次诉讼，人民法院业已对该合同违约方、主观过错及责任承担等明确予以界定，属已为人民法院发生法律效力的裁判所认定的事实。因卖方未依约履行义务，存在违约事实。故原告要求被告支付逾期交付房屋入住手续违约金的主张，于法有据，法院予以支持。

关于逾期办理房屋产权转移登记手续违约金，双方在《北京市商品房预售合同》中有明确约定，且《补充协议》并未对此进行变更或排除该条款的适用，故原告据此要求被告赔偿该项违约金符合法律规定和合同的约定，法院一并予以支持。

就诉讼时效问题。《中华人民共和国民法总则》施行之日，逾期交付房屋入住手续违约金诉讼时效期间尚未满二年，故根据原告主张可以适用三年诉讼时效的规定。因双方在合同中明确约定逾期办理房屋产权转移登记手续违约金支付时间为实际取得房屋所有权证书之日起 30 日，故时效应从原告取得房屋所有权证开始计算。综上，被告所述时效抗辩均缺乏依据，法院不予采纳。

需要说明的是，对于被告所述其涉诉另案与本案违约金相加明显过高的抗辩。首先，违约金具有惩罚性，被告违约行为至纠正前已经持续超过 10 年，违约金数额的累积是其持续违约的结果，无论累积至何种程度，均应在被告合理预期之内；其次，逾期交付房屋入住手续违约金标准系生效判决确定标准，该标准的一以贯之有利于促进被告履行自身合同义务。被告所述以累积到一定数额为标准确定违约金免除条件，从督促义务人履行义务角度看完全不具有合理性；最后，单纯从数额上看，生效判决确定的逾期办理房屋所在楼栋权属证明的违约金标准为以房款为基础的日万分之一，而原告在本案审理中明确表示放弃该项请求权，只要求被告按照日万分之零点五的标准赔偿逾期办理房屋产权转移登记手续违约金。原告自行选择标准较低的违约金赔偿项目，可以视为已经对违约金数额进行了减让。综上，法院对被告所述抗辩不予采信，对原告主张的违约金标准及数额不再进行调整。

综上，北京市朝阳区人民法院依照《中华人民共和国合同法》第六十条、第一百一十四条之规定，判决如下：

一、正旭晶典公司于本判决生效后七日内赔偿韩某江自2016年7月19日至2018年8月20日逾期交付房屋入住手续违约金467803元；

二、正旭晶典公司于本判决生效后七日内赔偿韩某江2009年1月9日至2018年9月21日逾期办理房屋产权转移登记手续违约金543062元。

正旭晶典公司不服原审判决，提起上诉。

北京市第三中级人民法院经审理认为：本案争议的焦点为：（1）正旭晶典公司是否应支付2016年7月19日至2018年8月20日逾期交付房屋入住合格手续的违约金；（2）一审法院所确定的违约金金额是否过高；（3）韩某江主张逾期办理房屋产权转移登记手续的违约金是否超过诉讼时效。

对于第一个争议焦点，法院认为本案系相同主体间基于同一持续性违约行为而分段主张违约金的诉讼，诉讼请求与前数次诉讼的诉讼请求同质，基本事实相同，因同一违约行为已进行数次诉讼，人民法院生效判决已对涉案合同违约方、主观过错及责任承担等明确予以界定，属已为人民法院发生法律效力的裁判所认定的事实。韩某江要求正旭晶典公司支付逾期交付房屋入住手续违约金的主张，于法有据，一审法院支持其该项主张正确，法院应予维持。

对于第二个争议焦点，法院认为，正旭晶典公司作为开发企业，在订立涉案协议时具有本身处于优势地位，对违反协议的法律后果具有较高预知与预见力。正旭晶典公司违约行为至纠正前已经持续超过10年，违约金数额的累积是其持续违约的结果，应在正旭晶典公司合理预期之内。正旭晶典公司上诉主张以累积到一定数额为标准确定违约金免除条件，从督促义务人履行义务角度出发则完全不具有合理性，故法院不予支持。

对于第三个争议焦点，双方在合同中明确约定逾期办理房屋产权转移登记手续违约金支付时间为实际取得房屋所有权证书之日起30日，诉讼时效应从韩某江取得房屋所有权证开始计算。一审认定韩某江主张逾期办理房屋产权转移登记手续的违约金未超过诉讼时效，并无不当。

综上，正旭晶典公司的上诉请求不能成立，应予驳回；一审判决认定事实清楚，适用法律正确，应予维持。北京市第三中级人民法院依据《中华人民共和国民事诉讼法》第一百七十条第一款第一项之规定，判决如下：

驳回上诉，维持原判。

【法官后语】

当前商品房交易市场蓬勃发展，买卖作为设立、变更、消灭当事人法律关系的手段之一，在商品经济发展中起着十分重要的作用。商品房预售合同较一般的买卖合同存在一定的特殊性，系指房地产开发企业（商品房预售方）将正在建设中的房屋预先出售给承购人，双方就上述行为所签订的合同。如一方未依约履行商品房预售合同，则会出现守约方要求违约方承担违约责任的情况。

本案系商品房预售合同中的相同主体间基于同一持续性违约行为而分段主张违约金的诉讼，原、被告在履行《北京市商品房预售合同》及《补充协议》的过程中，因正旭晶典公司的同一违约行为已进行数次诉讼，正旭晶典公司主张之前生效判决中支持韩某江分段主张的违约金足以弥补损失，不同意再向韩某江支付违约金。就本案违约金计算标准而言，卖方作为开发企业，在订立《补充协议》时本身处于优势地位，对违反协议的法律后果具有较高预知与预见力。综合买方的损失状况、合同的履行情况、当事人的过错程度以及预期利益等因素，且在第一次生效判决已调低违约金的计算标准减轻了违约方的违约责任的情形下，依据生效判决确定的裁判标准裁判不会产生实质不公正的结果。就本案违约金数额而言，由于正旭晶典公司的违约行为至纠正前已经持续超过10年，违约金数额的累积是其持续违约的结果，无论累积至何种程度，均应在其合理预期之内，且韩某江自行选择标准较低的违约金赔偿项目，可以视为已经对违约金数额进行了减让。

我国当下的违约金调整规则既认可违约金的赔偿性，又在一定范围内承认了违约金的惩罚性。由于商品房预售合同具有特殊性，买受人一般都是被动适用卖方提供的格式合同，而违约责任条款系对于双方当事人平等适用的，任何一方违约都应适用同样的违约金义务，尤其对于房地产公司而言，其对自身违约可能要承担的违约金风险应有充分的预估。故在认定商品房预售合同中的违约所造成的损失时，不应仅计算违约所造成的现有的实际损失，因为事实上，类似逾期办证这种违约行为，购房人确实难以举证其遭受的实际损失，更无法证明所受损失的具体数额。故在违约方申请调整降低违约金数额时，法院应根据双方约定违约金数额时的主观目的、违约者的主观过错程度、合同的履行状况和违约所造成的损害后果和合理的可期待利益等综合因素，进行合理裁量，才可能更加接近实体正义。

编写人：北京市朝阳区人民法院　张晨璐

63

因不可归责于双方当事人事由致无法订立本约时立约定金罚则的适用

——李某诉周某苓房屋买卖合同案

【案件基本信息】

1. 裁判书字号

重庆市第三中级人民法院（2019）渝03民终1440号民事判决书

2. 案由：房屋买卖合同纠纷

3. 当事人

原告（被上诉人）：李某

被告（上诉人）：周某苓

【基本案情】

2019年3月22日，李某为买周某苓的8套房屋支付周某苓定金20万元。周某苓出具的定金收条载明："今收到李某购买攀华国际广场×幢8套房屋的定金20万元（大写贰拾万元整）。如果卖方违约双倍返还定金给买方。以此为据，收款人：周某苓2019年3月22日。"该定金收条落款下面载明："补充协意：按4800元一平方米计算，另外加7万元的装修费。以此为据。这个价格是尽收价。”当日，双方在微信上约定于2019年3月25日交接房，签订房屋买卖合同。2019年3月25日，李某要求接房签房屋买卖合同，周某苓要求一次性付清8套房全款过户，双方为一次性付清房屋全款或是分期付清房屋价款产生争议并多次沟通协商。后周某苓明确表示愿意以市场价格将房屋出售给李某，不愿意以原双方约定的4800元/平方米的价格将房屋出售给李某。李某遂诉至法院，请求判令周某苓双倍返还定金计40万元。

【案件焦点】

案涉本约未订立时定金条款性质的认定及处理。

【法院裁判要旨】

重庆市涪陵区人民法院经审理认为：李某向周某苓交付定金的性质应为立约定金，李某向周某苓交付定金表示其有促成交易成立的积极愿望，也反映出李某以行为方式表明愿意遵守诚实信用原则。周某苓接受定金后，应当承担促成房屋买卖合同订立的义务。李某、周某苓多次协商未能签订房屋买卖合同，致使双方不能实现买卖房屋的合同目的的根本原因在于周某苓不将所出售的房屋解押，另一原因是周某苓变更定金收条约定的房屋价格为市场价格，周某苓违约应当适用定金罚则，双倍向李某返还定金。

重庆市涪陵区人民法院依照《中华人民共和国合同法》第一百零七条、《中华人民共和国担保法》第八十九条、《最高人民法院关于适用〈中华人民共和国担保法〉若干问题的解释》第一百一十五条之规定，判决如下：

周某苓于判决生效之日起十日内双倍返还李某定金40万元。

周某苓不服一审判决，提起上诉。

重庆市第三中级人民法院经审理认为：案涉定金的性质应为立约定金。现双方当事人举示的现有证据并不能充分证明系因哪一方的主要原因导致了案涉房屋买卖合同不能订立。因不可归责于双方当事人的事由，导致案涉房屋买卖合同未能订立的，不适用定金罚则，出卖人应将案涉定金返还给买受人。

重庆市第三中级人民法院依照《中华人民共和国民法通则》第一百零六条，《中华人民共和国合同法》第一百零七条、第一百一十五条，《中华人民共和国担保法》第八十九条，《最高人民法院关于适用〈中华人民共和国担保法〉若干问题的解释》第一百一十五条、第一百二十条，《中华人民共和国民事诉讼法》六十四条第一款、第一百七十条第一款第二项之规定，判决如下：

一、撤销重庆市涪陵区人民法院（2019）渝0102民初3603号民事判决；

二、周某苓于本判决生效之日起十日内返还李某定金20万元；

三、驳回李某的其他诉讼请求。

【法官后语】

实践中，在一些标的额比较大或者合同订立持续时间较长的民事交易中，当事人通常在预约合同中采用立约定金的形式来实现当事人间的相互信任，以求合同得到成功签订。即因一方当事人违约行为致使合同无法签订的，则适用定金罚则来弥补另一方当事人的损失。但本案的争议焦点在于，因不可归责于双方当事人的事由，导致约定立约定金的预约合同目的无法实现即无法订立本约的情况下，是否仍应适用定金罚则，具有一定的典型意义。

其一，案涉收条中的定金属于预约合同中的立约定金。立约定金常常与预约合同并存。立约定金是指在主合同订立前，当事人对于合同内容已基本取得一致，但因为存在一些未定情形无法订立合同的情况，通过交付、收取定金的方式来确保合同得到成功订立。预约合同也是一种合同类型，在签署某项合同的前提条件尚不具备时，当事人选择预先签署另一份合同约定未来签署某合同，此预约未来签署合同的合同则为预约合同。对于本案而言，根据周某苓出具的定金收条所载明的内容，李某与周某苓就案涉房屋买卖约定了定金，该收条虽然载明了案涉房屋的房号等基本情况以及价格等，但对房屋价款的支付方式等主要内容并未明确约定。故该定金的性质应为立约定金，载有该定金的收条性质为预约合同。

其二，司法解释对预约合同中的立约定金可适用定金罚则的情况有明确规定。《最高人民法院关于审理买卖合同纠纷案件适用法律问题的解释》（2012年）第二条①对预约合同作了明确规定，即“当事人签订认购书、订购书、预定书、意向书、备忘录等预约合同，约定在将来一定期限内订立买卖合同，一方不履行订立买

① 2020年该司法解释修正时，已删除本条。

卖合同的义务，对方请求其承担预约合同违约责任或者要求解除预约合同并主张损害赔偿的，人民法院应予支持”。《最高人民法院关于适用〈中华人民共和国担保法〉若干问题的解释》第一百一十五条对定金罚则的规定为：“当事人约定以交付定金作为订立主合同担保的，给付定金的一方拒绝订立主合同的，无权要求返还定金；收受定金的一方拒绝订立合同的，应当双倍返还定金。”由此，合同当事人可以约定一方向对方给付定金作为债权的担保，因一方不履行约定的债务的，另一方当事人可使用定金罚则要求其赔偿损失。而本案并不存在适用该定金罚则的情形。

其三，不可归责于合同当事人事由致使无法订立本约，不适用定金罚则。《最高人民法院关于适用〈中华人民共和国担保法〉若干问题的解释》第一百二十条第一款规定：“因当事人一方迟延履行或者其他违约行为，致使合同目的不能实现，可以适用定金罚则。但法律另有规定或者当事人另有约定的除外。”本案中，双方当事人举示的现有证据并不能充分证明系因哪一方的主要原因导致了案涉房屋买卖合同不能订立，也即现有证据不能充分证明本案存在因当事人一方迟延履行或者其他违约行为，致使合同目的不能实现的情形。本案是因不可归责于双方当事人的事由导致案涉房屋买卖合同未能订立，不应适用定金罚则。因此，出卖人周某苓应将案涉定金返还给买受人李某，而非承担双倍返还责任，方能彰显公平正义。

编写人：重庆市第三中级人民法院　黄琳熹　李健

64

商品房逾期办证违约金的认定标准

——邓某锦、黄某丹诉万豪公司商品房销售合同案

【案件基本信息】

1. 裁判书字号

福建省三明市中级人民法院（2019）闽04民终1867号民事判决书

2. 案由：商品房销售合同纠纷

3. 当事人

原告（上诉人）：邓某锦、黄某丹

被告（上诉人）：万豪公司

【基本案情】

2015年6月10日，邓某锦、黄某丹与万豪公司签订《商品房买卖合同（预售）》，主要约定：邓某锦、黄某丹向万豪公司购买一套位于沙县金古明珠的商品房，总价款5268177元。双方按该商品房对应的《房屋测绘报告》实际测量面积，按实结算房价，多还少补。若因出卖人的原因，买受人未能在该商品房交付之日起365日内取得该商品房的房屋所有权证书，则自买受人应当完成房屋所有权登记的期限届满之次日起实际完成房屋所有权登记之日止，出卖人按日计算向买受人全部房价款万分之零点五的违约金，违约金累加最高不超过商品房总价款的1%。合同签订后，邓某锦、黄某丹按约向万豪公司支付购房款568177元。2017年5月30日，万豪公司已将诉争商品房交付邓某锦、黄某丹使用。

按照合同约定，万豪公司应在商品房交付后365日内，为邓某锦、黄某丹办理不动产权证书并交付，至起诉之日（2019年5月13日）止，万豪公司尚未按照《商品房买卖合同（预售）》约定，为邓某锦、黄某丹办理不动产权登记证书。邓某锦、黄某丹遂诉至法院，要求万豪公司支付逾期办证违约金7386.3元（自2018年6月1日起暂计至2019年2月15日止）及自2019年2月16日起至实际办理好不动产权证书之日止按万分之0.5计算的违约金。

【案件焦点】

1. 万豪公司是否应承担逾期办证违约责任；2. 逾期办证违约金条款即《商品房买卖合同（预售）》第二十条是否属于无效的格式条款；3. 逾期办证违约金过高，已超过合同约定的限额如何处理。

【法院裁判要旨】

福建省三明市沙县人民法院经审理认为：万豪公司提供的证据不足以证明其逾期办理房屋所有权登记是由于行政部门拖延办理所致。且仅能证明其于案件起诉后通知邓某锦、黄某丹前往办理购房面积差价及购房税费差价的结算手续，并领取办理不动产权证的相关资料，故不存在产权登记办理等事宜期限应相应顺延的情形。根据合同约定，万豪公司存在逾期办证违约的行为，应当承担逾期办证违约责任。《商品房买卖合同（预售）》约定“违约金累加最高不超过商品房总价 1%”的条款虽是事先拟定并在房屋销售中重复使用的条款，但万豪公司在该条款下加下画线，应视为采取足以引起注意的方式对该条款予以说明。且该条款并未免除万豪公司责任，加重邓某锦、黄某丹责任，排除邓某锦、黄某丹主要权利，该条款合法有效。现双方已共同委托沙县诚信住房置换中心员工办理不动产权登记，亦不存在无限期拖延办证的情形。

综上所述，邓某锦、黄某丹与万豪公司签订的《商品房买卖合同（预售）》，系双方真实意思表示，内容没有违反法律、行政法规的强制性规定，合法有效，双方应按合同约定履行各自义务。邓某锦、黄某丹按约定付清了购房款，万豪公司于 2017 年 5 月 30 日前交付了商品房。依合同约定万豪公司应在商品房交付后 365 日内即 2018 年 5 月 30 日前向有关部门提交办理不动产权证书有关手续，双方于 2019 年 6 月 13 日共同委托沙县诚信住房置换中心办理不动产国有建设用地使用权及房屋所有权转移登记手续，万豪公司已构成违约。根据双方约定违约金累加最高不超过商品房总价款的 1%，涉案商品房总价款 570956 元的 1% 即 5709. 56 元。邓某锦、黄某丹主张的逾期办证违约金已超出合同约定，对超出部分，法院予以驳回。综上，福建省三明市沙县人民法院依照《中华人民共和国合同法》第四十条、第六十条、第一百一十四条规定，判决：一、沙县万豪房地产开发有限公司应于本判决生效之日起十日内向邓某锦、黄某丹支付逾期办理房屋权属证书的违约金 5709. 56 元；二、驳回邓某锦、黄某丹其他诉讼请求。

万豪公司、邓某锦、黄某丹不服一审判决，提起上诉。

福建省三明市中级人民法院经审理认为：万豪公司提出，其不能及时办理房屋权属登记的原因是有关部门未出具商品房的测绘成果审核意见及测绘报告所致，其不承担逾期办证违约责任的理由，均是万豪公司与有关部门之间所应解决的问题，并不能免除万豪公司作为《商品房买卖合同（预售）》的一方当事人所应履行的合同义务。故一审判决认定万豪公司应承担逾期办理房屋权属证书的违约责任，并无不当。万豪公司于 2017 年 5 月 30 日前交付了商品房，依合同约定应在 2018 年 5 月 30 日前办理不动产权登记有关手续，但万豪公司于 2018 年 12 月 6 日才办理完初始登记，万豪公司已构成违约。至于办理房屋权属通知问题，2019年5月17日《通知书》送达的时间、内容明确，双方当事人无异议，应予采信。而2019年1月15日《国内挂号信函收据》，尚无法证明邓某锦收到办理房屋权属的通知。《商品房买卖合同（预售）》虽约定了“违约金累加最高不超过商品房总价1%”的条款，但《中华人民共和国合同法》规定，“当事人可以约定一方违约时应当根据违约情况向对方支付一定数额的违约金，也可以约定因违约产生的损失赔偿额的计算方法。约定的违约金低于造成的损失的，当事人可以请求人民法院或者仲裁机构予以增加；约定的违约金过分高于造成的损失的，当事人可以请求人民法院或者仲裁机构予以适当减少”。故邓某锦、黄某丹提出，该约定明显减轻、免除了万豪公司的合同义务，缺乏事实和法律依据。

综上所述，万豪公司、邓某锦、黄某丹的上诉请求均不能成立，应予驳回。一审判决认定事实清楚，适用法律正确，应予维持。三明市中级人民法院依照《中华人民共和国民事诉讼法》第一百七十条第一款第一项之规定，判决如下：

驳回上诉，维持原判。

【法官后语】

近年来，“房子”仍是全社会持续关注的热点，买房可以说是很多人的头等大事，商品房买卖过程中常常出现开发商违约。商品房买卖合同纠纷中逾期办证要求支付违约金的案件更是层出不穷。

一般来说，这类案件存在以下两个特征：一是群体性诉讼大，社会影响力广。一旦出现逾期办证，往往都是整期工程或者整个小区，这就涉及很多业主及家庭。开发商若败诉，则面临巨额赔偿，而业主败诉，则可能引发舆论关注。二是案件难以一次性解决，后遗症多。逾期交房、办证是一种持续性行为，有的是买受人在提起诉讼纠纷时，房屋尚未交付使用，起诉之前开发商的违约交房行为已经存在，买受人要求开发商交付房屋，支付逾期交房违约金。调解结案后又出现逾期办证，问题反复出现，难以一次性解决。

本案中，签订《商品房买卖合同（预售）》是邓某锦、黄某丹经过充分、慎重的考虑后实施的行为，是双方真实意思的表示；且该条款并未免除万豪公司的责任，加重邓某锦、黄某丹的责任，排除邓某锦、黄某丹的主要权利，该条款合法有效。万豪公司提供的证据不足以证明其逾期办理房屋所有权登记是由于行政部门拖延办理所致，应当承担违约责任。法院依法判决开发商承担逾期办证的违约责任，既可以维护买房人的合法权益，又可以给开发商以警示，有利于促进开发商增强法治意识，遵守市场经济规则，减少纠纷的产生。因此，法院判决开发商违约，按合同约定支付违约金累加最高不超过商品房总价款的1%的判项合理。

此外，在处理该类案件的过程中，法官应当充分了解案件情况，多与当事人沟通，做好各方的思想工作，尽量将矛盾化小。起诉之前应联动当地各方力量，多方参与、多元化解，争取将矛盾化解在诉讼之前；已经进入诉讼程序的，也尽量以调解方式结案。同时，对于此类型案件的裁判，往往当事人双方对于违约金条款出现买受人认为赔偿过低，开发商认为赔偿过高的问题。法院裁判的过程中，要权衡双方当事人的利益，在双方签订的合同基础上，以法律为准绳，依法裁判。系列案件可以采取令状式裁判文书的模式，加快审理进度，提高审判质效。

编写人：福建省三明市沙县人民法院　肖星月

65

违约责任不对等的格式条款并不必然无效

——官某正诉海峡明珠公司商品房预售合同案

【案件基本信息】

1. 裁判书字号

福建省厦门市中级人民法院（2019）闽02民终5973号民事裁定书

2. 案由：商品房预售合同纠纷

3. 当事人

原告（被上诉人）：官某正

被告（上诉人）：海峡明珠公司

【基本案情】

2017年2月13日，官某正与海峡明珠公司签订《商品房买卖合同》，约定官某正向海峡明珠公司购买案涉房屋，总金额为5754306元，官某正应在规定时间内一次性付清全部购房款，海峡明珠公司应当在2017年8月31日前将符合各项约定条件的商品房交付官某正使用。

同日，官某正（乙方）与海峡明珠公司（甲方）签订《商品房买卖合同》附件六《合同补充协议》，其中第四条为关于房屋交付的补充约定，载明：1. 本合同第八条约定的该房屋交付时间为2017年8月31日之前……（8）甲方自身原因造成未在本合同约定期限内将该房屋交付乙方，则：①乙方给予甲方30日的宽展期。宽展期内，合同继续履行，甲方无须向乙方承担违约责任。②如宽展期届满后甲方仍未将该房屋交付乙方，自本合同约定的交付期限届满后第31日起至实际交付之日止，甲方应按日向乙方支付已交房价款万分之一的违约金，合同继续履行。第六条为关于办理产权登记手续的补充约定，载明：……6. 出卖人应当在商品房交付使用后365日内，将办理权属登记需由出卖人提供的资料报产权登记机关备案。如因出卖人的责任，买受人不能在规定期限内取得房地产权属证书的，买受人不退房，出卖人按已付房价款的0.005%向买受人支付违约金……9. 乙方同意：甲方在商品房交付使用后365日内将办理项目权属登记需由甲方提供的资料交权属登记机关备案的，即视为甲方按约履行办证义务、不承担逾期办证的责任；甲方未在商品房交付使用后365日内将办理项目权属登记需由甲方提供的资料交权属登记机关备案的，乙方不退房，甲方按主合同第十四条约定支付违约金，但甲方承担的违约金累计最多不超过乙方购房款的0.5%……

合同签订后，官某正向海峡明珠公司支付案涉房屋实际房款共计8343744元。2019年1月7日，海峡明珠公司向官某正交付案涉房屋。因对逾期交房等产生争议与海峡明珠公司协商无果，官某正诉至法院提出如上诉请。

【案件焦点】

商品房买卖合同中违约责任不对等的格式条款是否有效。

【法院裁判要旨】

福建省厦门市海沧区人民法院经审理认为：首先，官某正与海峡明珠公司所签订的《商品房买卖合同》及《合同补充协议》，系双方经过自愿协商所签订，内容体现双方真实意思表示。关于官某正所主张《合同补充协议》第4条第8款、第6条第6款及第6条第9款约定无效问题，法院认为，《合同补充协议》是对《商品房买卖合同》有关条款进行的额外补充，本身即为一种特别提示，官某正作为合同签约当事人应对补充协议内容进行认真审阅，如对内容持有异议，应在合理期限内提出，否则应当承担相应的不利后果。且官某正并未提供证据证明上述补充协议条款约定存在免除一方责任、加重对方责任、排除对方主要权利的情形，上述补充协议条款亦不具有《中华人民共合同合同法》第五十二条、第五十三条规定的无效情形。综上，《商品房买卖合同》及《合同补充协议》的内容不违反法律、行政法规的强制性规定，合法有效，对双方均有法律拘束力。官某正主张《合同补充协议》第4条第8款、第6条第6款及第6条第9款约定无效，缺乏事实和法律依据，不予采信。

其次，海峡明珠公司未在《商品房买卖合同》约定期限内交付案涉房屋的事实清楚，应依约向官某正支付逾期交房违约金。关于逾期交房违约金计算标准。如前所述《合同补充协议》第4条第8款为有效约定，故海峡明珠公司应按日向官某正支付已交房款万分之一标准的逾期交房违约金。官某正主张该条款无效，海峡明珠公司应参照官某正逾期收房的违约责任承担逾期交房责任，即海峡明珠公司按日向官某正支付购房款总价的万分之五作为违约金，依据不足，不予支持……

福建省厦门市海沧区人民法院依照《中华人民共和国合同法》第四十条、第五十二条、第六十条、第一百零七条，《中华人民共和国民事诉讼法》第六十四条第一款之规定，判决如下：

一、海峡明珠公司于本判决生效之日起十日内向官某正支付逾期交房违约金387149.72元；

二、海峡明珠公司于本判决生效之日起十日内向官某正支付保全申请费5000元；驳回官某正的其他诉讼请求。

海峡明珠公司提起上诉。但其未在法院通知的期限内预交二审案件受理费，也未提出缓交、减交、免交诉讼费的申请。故福建省厦门市中级人民法院于2019年12月10日作出（2019）闽02民终5973号民事裁定，按上诉人海峡明珠公司自动撤回上诉处理。

【法官后语】

当前，在商品房买卖过程中，合同文本多为房地产开发商提供，合同中对买受人违约责任的规定一般较重，对出卖人违约责任的规定相对较轻。当发生纠纷时，买受人往往主张违约条款属于无效的格式条款，出卖人则多抗辩合同是双方当事人真实意思表示。该类案件的审理思路和裁判要点在于如何把握格式条款并确定其效力。

所谓格式条款，又称为标准条款、标准合同、格式合同、定式合同、定型化合同等，按照《中华人民共和国合同法》第三十九条第二款的规定，是指“当事人为了重复使用而预先拟定，并在订立合同时未与对方协商的条款”。是否属于格式条款，主要应基于格式条款的特征进行确定，包括是否为预先拟定、是否为重复使用、是否为未经磋商而单方提出等。采用格式条款订立合同具有方便、简捷、省时的好处，但也存在弊端，主要是提供格式条款的一方当事人会尽量将有利于自己而不利于交易对方的内容纳入格式条款中，如违约金数额的约定不对等等。那么，当格式条款存在不对等约定时，是否必然无效。《中华人民共和国合同法》第四十条对格式条款的无效情形作了明确规定，只有具有下列三类情形的才会无效：第一，具有该法第五十二条规定情形的：(1) 一方以欺诈、胁迫的手段订立合同，损害国家利益；(2) 恶意串通，损害国家、集体或者第三人利益；(3) 以合法形式掩盖非法目的；(4) 损害社会公共利益；(5) 违反法律、行政法规的强制性规定。第二，具有该法第五十三条规定情形的，即合同中的下列免责条款无效：(1) 造成对方人身伤害的；(2) 因故意或者重大过失造成对方财产损失的。第三，提供格式条款一方免除其责任、加重对方责任、排除对方主要权利的。所以，即使是不对等格式条款，也只有在具有上述三类情形下才会无效。本案中，当事人签订的《商品房买卖合同》及《合同补充协议》系开发商提供的格式合同，该合同中关于双方逾期交房违约责任的条款存在不对等，如其约定“开发商原因导致逾期交房的，按日万分之一计付违约金；买受人原因导致逾期交房的，按日万分之五计付违约金”。然而，经审查，案涉格式条款并不存在《中华人民共和国合同法》第五十二条、第五十三条规定的无效情形，买受人亦不能举证证明其存在免除一方责任、加重对方责任、排除对方主要权利的情形，故其应为有效条款，对双方均有法律约束力。实践中，在意思自治的前提下，当事人对双方各自的违约责任做不同的约定大量存在，在其未违反法律、行政法规的强制性规定的情形下，应当尊重双方约定。

那么，当不对等格式条款为有效条款的情形下，当事人是否有其他救济途径。依照《中华人民共和国合同法》第一百一十四条第二款之规定，当事人在合同中约定的违约金低于造成的损失的，当事人可以请求人民法院或者仲裁机构予以增加；约定的违约金过分高于造成的损失的，当事人可以请求人民法院或者仲裁机构予以适当减少。《最高人民法院关于适用〈中华人民共和国合同法〉若干问题的解释（二）》对违约金的调整也作了具体规定，按照该司法解释第二十七条、第二十八条、第二十九条的规定，违约金的调整应以实际损失为基础。当事人约定的违约金超过造成损失的百分之三十的，一般可以认定为“过分高于造成的损失”。据此，当事人可通过请求对合同约定的违约金数额进行调整，来减少有效的不对等格式条款带来的损失，但需承担相应的举证责任。本案中，开发商逾期交房使得买受人不能及时得到房屋而失去占有、使用、收益的权益，使买受人失去的是应当收取的同期间同地段房屋租金利益或者丧失的该笔损失，故若买受人能举证证明合同约定的开发商逾期交房违约金低于逾期交付使用房屋期间同地段、同类房屋租金的，其可通过主张违约金数额的调整进行救济。

编写人：福建省厦门市海沧区人民法院　颜思远　陈纬纬

66

约定变更履行时间后的违约责任判断

——徐某彬诉丰沛公司商品房预约合同案

【案件基本信息】

1. 裁判书字号

重庆市第一中级人民法院（2018）渝 01 民终 2612 号民事判决书

2. 案由：商品房预约合同纠纷

3. 当事人

原告（被上诉人）：徐某彬

被告（上诉人）：丰沛公司

【基本案情】

2017年9月28日，丰沛公司取得光亮·天润城（一期）的商品房预售许可证。2017年11月25日，原、被告双方签订《商品房认购协议书》。约定原告徐某彬认购光亮·天润城（一期）×号楼×层×室商品房，建筑面积为86.46平方米（最终以产权登记面积为准），按揭付款建筑面积单价为7641元/平方米，总房价为660641元。第三条第一款约定，签署本协议书时，乙方须向甲方支付定金2万元。该定金在双方签署《重庆市商品房买卖合同》后自动转入首期房款。第二款约定，乙方应在签订本协议并付足定金起7日内到甲方售楼中心完成《重庆市商品房买卖合同》的正式签订并同时付清应付房款、大修基金及按揭办理手续费等乙方应付款项。第三款约定，乙方履行完本条第一款、第二款约定的事项后，乙方方可享受本协议约定的优惠政策，否则视为乙方放弃该优惠条件。第四款约定，若乙方逾期不签订或不按本协议约定的基本条件签订《重庆市商品房买卖合同》或不履行本协议中的任何条款时，则视为乙方单方面违约解除本协议，视为乙方已自动放弃本协议项下房屋之认购权利，乙方已交定金不予退还。同日，原告徐某彬向丰沛公司缴纳案涉房屋定金2万元。

【法院裁判要旨】

重庆市北碚区人民法院经审理认为：虽然双方在认购协议中有签订商品房买卖合同的截止时间的约定，但在具体履行该认购协议的过程中，双方均以其行为对上述签订商品房买卖合同时间的约定进行了变更。故对丰沛房地产公司辩称系徐某彬未能在认购协议约定的时间与丰沛房地产公司签订商品房买卖合同，因此，徐某彬首先违反协议约定的意见，不予支持。

丰沛房地产公司以徐某彬未缴清房款、大修基金及按揭办理手续费为由，拒绝与其签订商品房买卖合同的行为，违反协议约定，应当向徐某彬承担相应的违约责任。因本案丰沛房地产公司存在违约行为，故徐某彬诉称要求丰沛房地产公司双倍返还定金4万元的请求，符合法律规定，一审法院予以支持。从本案原告举示的微信聊天记录可知，被告的置业顾问于2017年12月28日同意原告前往其售楼中心签订商品房买卖合同，且从原告举示的录像资料中也可以看出，被告的置业顾问也在与原告签订包括签约和按揭须知、个人询问笔录、增量房交易契税、印花税税务代理协议等内容的合同。而关于被告为何在已经认为原告违反认购协议的约定，双方之间的认购协议已于2017年12月1日终止的前提下，还要与原告签订包括按揭须知、个人询问笔录、增量房交易契税、印花税税务代理协议等内容的协议，被告所作的“签订其他资料不能证明一定要签订正式的商品房买卖合同”的解释，明显不能自圆其说。故虽然双方在认购协议中有签订商品房买卖合同的截止时间的约定，但在具体履行该认购协议的过程中，双方均以其行为对上述签订商品房买卖合同时间的约定进行了变更。故对被告辩称系原告未能在认购协议约定的时间与被告签订商品房买卖合同，因此，原告首先违反协议约定的意见，法院不予支持。

重庆市北碚区人民法院依照《中华人民共和国合同法》第八条、第五十二条，《最高人民法院关于适用〈中华人民共和国担保法〉若干问题的解释》第一百一十五条，《最高人民法院关于审理商品房买卖合同纠纷案件适用法律若干问题的解释》第四条，《中华人民共和国民事诉讼法》第六十四条之规定，判决如下：

被告丰沛公司于本判决书生效之日起十日内返还原告徐某彬定金4万元。

丰沛公司提起上诉。

重庆市第一中级人民法院经审理认为：丰沛公司以徐某彬未缴清房款、大修基金及按揭办理手续费为由，拒绝与其签订商品房买卖合同的行为，违反协议约定，存在主观过错，故徐某彬提出的丰沛公司双倍返还定金4万元的请求，符合前述规定，一审法院予以支持并无不当。

重庆市第一中级人民法院依照《中华人民共和国民事诉讼法》第一百七十条第一款第一项之规定，判决如下：

驳回上诉，维持原判。

【法官后语】

认购协议虽然并非正式买卖合同，但仍然系双方真实意思的表示，且不违反法律法规的禁止性规定，该合同当属合法有效。双方当事人均应按照协议书的内容履行各自的权利和义务。在认购协议约定的商品房买卖合同签订截止日期达至之后，买方仍未与卖方签订正式合同，而卖方以续签其他协议等形式就正式合同签订与买方保持意思联络，应认定双方在认购协议履行过程中就原合同签订时间进行了合意变更。

在证明合意变更的过程中，法院依法采信微信聊天记录、录像等电子、视频资料证据，符合证据审核的规定。基于该合意变更，双方之间形成了新的约定，应当按照约定的内容完成正式的缔约，一方不得任意拒绝履行。虽然被告辩称是因原告未缴清房款、大修基金及按揭办理手续费，才拒绝与其签订商品房买卖合同的，但该理由不能成立，由于被告违反协议约定，被法院判决承担相应的违约责任。原告虽然未能在认购协议约定的时间内与被告签订商品房买卖合同，但根据变更后的合意内容，不构成违约。

编写人：重庆市北碚区人民法院　黄飞

十、房屋借贷与担保纠纷

67

出卖人隐瞒抵押事实转让不动产的，买受人能否主张撤销合同

——吴某强、吴某峰、吴某英诉胡某兰房屋买卖合同案

【案件基本信息】

1. 裁判书字号

广西壮族自治区南宁市中级人民法院（2019）桂01民终2300号民事判决书

2. 案由：房屋买卖合同

3. 当事人

原告（反诉被告、上诉人）：吴某强、吴某峰、吴某英

被告（反诉原告、被上诉人）：胡某兰

【基本案情】

2017年4月25日，原告（反诉被告）吴某强、吴某峰、吴某英（甲方）与被告（反诉原告）胡某兰（乙方）签订《房屋买卖合同》，主要约定：甲方将南宁市兴宁区朝阳路×号一层××号、二层××号出售给乙方，成交总价为2050万元；乙方应于签订合同之日起65日内分五期付清全部房款；甲方在乙方付清全部房款后于2017年7月1日起15日内将房屋交付给乙方；双方在乙方付清全部房款后于90日内办理房产过户手续；乙方不按合同约定支付房款的，每逾期一日按应付未付款总额的千分之五向甲方支付违约金，超过60天仍未支付的甲方有权解除合同

并扣除购房款总额的20%作为违约金。被告已于2017年4月26日向三名原告支付购房定金50万元，后未再继续付款。三原告遂诉至法院，主张解除合同并由被告支付违约金、赔偿房屋减值损失。

另查明，诉争房产所位于的南宁市兴宁区朝阳路76号商场由三原告经法院裁决取得所有权，该商场自2016年起发生多起因房屋买卖合同纠纷引发的买受人集体维权事件。三原告分别于2016年11月7日、2017年10月30日、2018年10月24日三次与广西农村信用社南宁市区农村信用合作联社签署《抵押担保合同》及《流动资金借款合同》，向该社借款并以诉争房产提供抵押担保。该抵押登记至今尚未涂销、《房屋所有权证》附记部分也未记载有抵押情况。

【案件焦点】

1. 被告在履行合同过程中是否构成根本违约，合同应否解除；2. 三原告在签订合同过程中是否故意隐瞒涉案房产存在抵押的情况、合同应否撤销。

【法院裁判要旨】

广西壮族自治区南宁市兴宁区人民法院经审理认为：诉争房产在双方签订《房屋买卖合同》之前已由三原告用于借款抵押并设定抵押权，且双方均未就房屋转让一事征得抵押权人同意的事实清楚，根据债权和物权的两分原则，三原告转让诉争房屋虽未经抵押权人同意，但其与被告签订的《房屋买卖合同》仍为合法有效。

《房屋买卖合同》对于被告先付清房款、原告后交付房屋及办理过户登记的合同义务履行顺序约定虽然明确，但其成立前提应基于房屋无权利瑕疵的基础上。原告在向被告收受购房定金、签订《房屋买卖合同》时均未主动告知诉争房产存在未涂销的抵押登记，其提供给被告的《房屋所有权证》亦未记载有抵押登记情况，故意隐瞒了诉争房产设有抵押登记的事实且存在无法办理过户的客观情况，故被告基于其他买受人已经发生的维权情况，以三原告无法保证受让房产能够过户为由中止履行其付款义务，系行使不安抗辩权的表现，并未构成违约，原告主张被告违约主张解除合同、被告向原告支付违约金并赔偿损失理据不足。而原告隐瞒所售房屋设有抵押登记致使被告陷于错误判断而作出错误的购房意思表示，原告的行为已构成欺诈。现被告以三原告签订合同时存在欺诈为由主张撤销合同，应予支持。合同被撤销后，三原告因该合同取得的50万元购房定金应当返还被告。

综上，广西壮族自治区南宁市兴宁区人民法院依照《中华人民共和国民法总则》第一百四十八条，《中华人民共和国合同法》第五十四条第二款、第五十八条、第六十八条，《中华人民共和国物权法》第一百九十一条第二款之规定，判决如下：

一、撤销三原告与被告签订的《房屋买卖合同》；

二、三原告向被告胡某兰返还购房定金50万元；

三、驳回三原告的诉讼请求。

三原告不服一审判决，向广西壮族自治区南宁市中级人民法院提出上诉。

广西壮族自治区南宁市中级人民法院经审理认为：同意一审法院裁判意见。广西壮族自治区南宁市中级人民法院依照《中华人民共和国民事诉讼法》第一百七十条第一款第一项之规定，判决如下：

驳回上诉，维持原判。

【法官后语】

按照日常生活经验及二手房屋买卖交易惯例，房屋在交易前是否设有未涂销的抵押登记，将会对买受人的购房意愿、转让价格、付款方式等产生实质性影响，从而影响买受人的缔约基础，应属于出卖人需要披露的重要信息。在审理存在未涤除的抵押登记房屋买卖合同纠纷案件时，当事人对于合同是否解除、撤销和继续履行等方面往往存在较大争议，对于此类案件，我们认为应当重点审查买受方在签订转让合同时是否清楚知晓该不动产设有抵押登记、双方是否曾就抵押权的涤除问题进行过约定这一关键事实，鉴别合同履行过程中的守约者与违约者，勿使违约者获利、守约者吃亏。此类案件主要有以下三种具体情况：

第一种情况，当事人就抵押权的涤除问题进行了明确约定，因未经抵押权人同意的转让合同有效（《第八次全国法院民事商事审判工作会议（民事部分）纪要》第十四条），故人民法院根据当事人的约定加以处理即可。在合同履行过程中，如卖方因房屋价格上涨不愿继续出卖房屋、涤除抵押权，则卖方构成违约，应承担相应的违约责任；如买方因房屋价格下跌不愿继续履行先行付款义务，则买方构成违约，应承担相应的违约责任。

第二种情况，当事人未就抵押权的涤除问题进行过明确约定，则应当审查在双方达成房屋买卖合意的过程中，买受人是否知晓该抵押登记情况。如买受人知晓买卖房屋设有抵押登记，即使合同中未约定由谁履行抵押权涤除义务，也可根据双方对于合同义务的履行顺序、房屋总价款的约定并结合房屋买卖交易惯例对履行解除抵押登记义务的责任方进行认定，并根据合同约定加以处理。

第三种情况，当事人未就抵押权的涤除问题进行约定，也无证据证明买方在签约时知晓房屋抵押登记情况，由于房屋处分权因抵押登记未涤除而受限，客观上存在办理过户登记的履约障碍，此时应侧重考虑买受人对于合同履行的选择意愿。如果买受人在得知抵押登记情况后，仍然愿意继续履行房屋买卖合同的，则应考虑支持其选择，出卖人不得以未经抵押权人同意转让房屋为由恶意违约，双方可以另行约定由转让人清偿债务或受让人代为清偿债务涤除抵押权、消灭过户障碍；如果买受人在得知抵押登记情况后不愿意继续交易，则应当重点审查出卖人在签订合同时是否故意隐瞒了抵押登记情况并致使买受人违背其真实意愿做出错误的购买意思表示，如果隐瞒属实，则买受人作为受欺诈方有权依据《中华人民共和国民法总则》第一百四十八条（《中华人民共和国民法典》第一百四十八条）之规定主张撤销合同，及时维护自身合法权益。

具体到本案，原告方在向被告收受购房定金、签订《房屋买卖合同》时均未主动告知诉争房产存在未涂销的抵押登记，而该房所有权证书附记部分亦未记载有抵押登记情况，故被告作为普通购房人已足以对原告就诉争房产享有完全处分权产生足够信任。现因原告故意隐瞒诉争房产设有抵押登记的事实，致使被告陷于错误判断并基于该错误判断作出错误的意思表示，即以全额付款、先付款再交房然后再办理房屋过户手续的方式向被告购买诉争房屋，而对于涂销抵押登记的义务履行主体却未作出明确约定，故原告的行为构成欺诈。被告自2018年3月12日首次查档时才明确知晓诉争房屋存在抵押事实，据此在本案中提出反诉主张撤销双方签订的《房屋买卖合同》，未超过法定的除斥期限，故一审法院依法予以支持。

编写人：广西壮族自治区南宁市兴宁区人民法院　吴腾睿

68

专业金融机构抵押权善意取得的认定

——王某生诉潘某胜等房屋买卖合同案

【案件基本信息】

1. 裁判书字号

江苏省南京市中级人民法院（2019）苏01民终297号民事判决书

2. 案由：房屋买卖合同纠纷

3. 当事人

原告（被上诉人）：王某生

被告（上诉人）：龚某

被告：潘某胜

被告：中国建设银行江宁支行（以下简称建行江宁支行）

【基本案情】

2004年3月11日，王某生与潘某胜签订《买卖房屋协议书》，约定潘某胜将殷巷复建小区××幢中套××室（含储藏室），出售给王某生，房价为14.65万元，王某生一次性给付潘某胜购房款，该房产权等一切全归王某生所有。当日，潘某胜出具购房款收条并将房屋交付给王某生，王某生对房屋进行了装修，出租给他人使用。

2012年2月27日，潘某胜向南京市江宁区人民法院提起诉讼，请求确认其与王某生签订的买卖房屋协议无效，并要求王某生返还案涉房屋。江宁区人民法院作出（2012）江宁民初字第943号民事判决书，判决潘某胜与王某生于2004年3月11日签订的买卖房屋协议书无效。鉴于王某生已全额支付了购房款，潘某胜亦已交付了讼争房屋，且长达数年，王某生已对房屋进行了装修，并将该房屋出租给案外人使用，不适宜返还。

2017年11月23日，王某生起诉潘某胜，要求潘某胜协助将案涉房屋过户其名下，但潘某胜陈述已将房屋出售给龚某，与龚某不存在亲属关系，后王某生自愿撤回该案诉讼。

龚某与案外人潘某（系潘某胜女儿）于2008年11月结婚，2017年8月8日龚某与潘某离婚。2017年8月，潘某胜领取案涉房屋不动产证书。2017年8月10日，潘某胜与龚某就案涉房屋签订《南京市存量房交易合同》，约定购房款为90万元。2017年8月15日，龚某取得该房屋的不动产权证，房屋建筑面积为93.65平方米。

2017年9月15日，龚某与建行江宁支行签订《个人住房（商业用房）借款合同》和《南京市江宁区房地产抵押合同》，约定龚某向建行江宁支行借款50万元，用于支付房款汇入潘某胜银行账户，以案涉房屋设定抵押。建行江宁支行于2017年9月28日取得案涉房屋的抵押权证书。龚某按约向建行江宁支行还款。

【案件焦点】

1. 王某生是否具有原告主体资格；2. 潘某胜和龚某之间关于案涉房屋的买卖合同是否无效；3. 建行江宁支行是否取得抵押权。

【法院裁判要旨】

江苏省南京市江宁区人民法院经审理认为：建行江宁支行作为专业的金融机构在对房屋等不动产设定抵押权时，在风险评估上，应对房屋的借款和抵押可能导致的风险应当有所预见，更应在行为上谨慎加以防范，在行为上应对不动产的权属情况进行审慎的审查，审查交易是否真实、抵押物的存续状态和真实完整的产权状况，在必要时实地勘察房屋，对抵押物的存续状态和真实产权状况进行全面细致了解。建行江宁支行在与龚某签订抵押合同设定抵押时，仅对案涉房屋的产权进行了形式上的审查，在有机会、有义务、也有能力对案涉房屋的实际权属情况进行核实的情况下，未全面细致地了解抵押对象，不符合建行自行制定的《加快二手房贷款业务发展的实施意见》对交易的真实性和抵押的有效性进行审查的要求，亦不符合建设部、中国人民银行、中国银行业监督管理委员会发布的文件对抵押物实地查勘并拍摄照片的规定，未履行审慎审查的义务，存在重大过失，故建行江宁支行不能被认定为善意第三人，不能取得案涉房屋的抵押权，因此，建行江宁支行和龚某应将案涉房屋的抵押予以注销。

江苏省南京市江宁区人民法院依照《中华人民共和国担保法》第四十九条，《中华人民共和国合同法》第一百一十条，《中华人民共和国民事诉讼法》第六十四条、第一百四十四条之规定，判决如下：

一、确认被告潘某胜与被告龚某于2017年8月10日就江宁区秣陵街道殷华街××号殷巷新寓××幢××室签订的《南京市存量房交易合同》无效；

二、被告龚某和被告建行江宁支行于本判决发生法律效力之日起十日内注销江宁区秣陵街道殷华街××号殷巷新寓××幢××室的抵押登记；

三、驳回原告王某生其他诉讼请求。

龚某不服一审判决，提起上诉。

江苏省南京市中级人民法院经审理认为：案涉房屋已经人民法院生效民事判决认定不宜返还潘某胜，潘某胜虽于其后领取了不动产权证书，但并不实际具有对案涉房屋占有、使用、收益的权利，即不具有完整的所有权。潘某胜和龚某均明知潘某胜不具备对案涉房屋处分的权能，且案涉房屋的买卖无法完成交付，却签订案涉房屋的买卖合同并以案涉房屋设立抵押，损害了王某生对案涉房屋占有、使用、收益的权利。一审法院认定潘某胜和龚某恶意串通订立虚假买卖合同并设立抵押，并据此判决确认潘某胜和龚某之间关于案涉房屋的《南京市存量房交易合同》无效，具有事实和法律依据。建行江宁支行作为专业的金融机构，未对案涉房屋的权属情况进行审慎的审查，在潘某胜不具备对案涉房屋处分权的情况下，对案涉房屋设定抵押权，故一审法院认定建行江宁支行不能作为善意第三人取得案涉房屋的抵押权，建行江宁支行和龚某应将案涉房屋的抵押予以注销，并无不当。因此，龚某的上诉理由缺乏事实和法律依据，法院不予采纳。

综上所述，龚某的上诉请求不能成立，应予驳回；一审判决认定事实清楚，适用法律正确，应予维持。依照《中华人民共和国民事诉讼法》第一百七十条第一款第一项之规定，判决如下：

驳回上诉，维持原判。

【法官后语】

抵押权的设立是在债务人不能偿还到期债务或者发生特定的情形时，债权人得以通过支配该不动产的交换价值实现债权的一种保障手段。实践中，多数抵押权为不动产抵押，此种保障手段比起动产质权、动产抵押权的设立，其风险更小，债务得到清偿的可能性更大，因而在实践交易中十分常见，成为一种普遍的担保方式。在办理抵押权登记时，涉及对不动产权属的审查，也涉及对不动产登记簿记载事实之认定。不动产抵押权设立过程中存在诸多复杂情形，实践中，由不动产抵押权引起的纠纷层出不穷，而在司法裁判中，不动产抵押权能否善意取得的判断尤为典型。因此，不动产交易的需要促使善意取得向不动产抵押领域扩张。

在司法实践中，不动产抵押权的善意要注重区分不同主体，即区分一般民事主体和商事主体的善意判断。根据《中华人民共和国民法典》的规定，民法调整平等主体的自然人、法人和非法人组织之间的人身关系和财产关系。一般民事主体主要指自然人，在上述案例的基础上讨论的商事主体主要指专业金融机构，例如，金融银行、担保公司、信托公司等。一般民事主体虽然也会从事交易行为，但其目的往往不是资产的保值增值，而是维持个人或者家庭的生活需要，商事主体比较起一般民事主体来说具有从事不动产领域交易的优势，具有审查方面的程序和能力。

商事主体应当发挥其自身具有的审查条件和能力进行相关查证，尤其是专业金融机构，在对房屋等不动产设定抵押权时，对某些特殊种类的房屋涉及的借款和抵押可能导致的风险应当有所预见，更应在行为上谨慎加以防范，应认真审查交易背景，判断交易的真实性，应通过上门查勘等方式对抵押物的存续状态和真实产权状况进行全面细致的了解，确认抵押物完好无损和产权不存在争议，以便维护金融安全，维持社会稳定秩序。根据自然公示的法理，与不动产状况有关的一些情况可能在登记簿中并未被登记，但这些状况的存在可能对不动产物权权属的完整性产生重要影响，如果受让人没有调查这些不动产的状况，那么就不能主张他是善意的。因此，金融机构在有机会、有义务、也有能力对案涉房屋的实际权属情况进行全面了解的情况下，而未通过调查去细致核实真实产权状况，未履行审慎审查的义务，应认定为存在重大过失，不能被认定为善意第三人。综合本案情况，本案建行江宁分行未对产权真实情况进行核查，未尽合理的审查义务，客观上存在重大过失，不符合法律规定的善意要件，不能依据不动产抵押权善意取得制度获得涉案房产的抵押权。

编写人：江苏省南京市江宁区人民法院　逯雅娟

69

物权期待权人有权请求涂销成立在后的抵押权

——龚某兰、李某诉中国农业银行重庆沙坪坝支行、大豪公司房屋买卖合同案

【案件基本信息】

1. 裁判书字号

重庆市第一中级人民法院（2019）渝01民终5241号民事判决书

2. 案由：房屋买卖合同纠纷

3. 当事人

原告（上诉人）：龚某兰、李某

被告（被上诉人）：中国农业银行重庆沙坪坝支行（以下简称农行沙坪坝支行）、大豪公司

【基本案情】

2005年8月10日，大豪公司作为出卖人，与龚某兰、李某签订两份《重庆市房屋买卖合同》，与龚某兰签订两份《重庆市房屋买卖合同》，出让涉案4套房屋。同年，龚某兰、李某向大豪公司支付房屋价款42万元后入住使用，并经多次要求及催告，大豪公司均以各种理由推托办理过户手续。2013年6月，案涉房屋由大豪公司为他人借款设定抵押且办理抵押登记，抵押权人为农行沙坪坝支行。该借款案经过重庆市第一中院人民法院（以下简称一中院）审理作出〔2014〕渝一中法民初字第01119号判决并进入执行程序，于是一中院查封了案涉房屋。2016年11月20日，龚某兰、李某向一中院提起执行异议，一中院以〔2017〕渝01执异1529号裁定支持了龚某兰、李某提出的异议申请，裁定中止对案涉房屋的执行。现龚某兰、李某向人民法院起诉，请求判决案涉房屋归其所有，判决农行沙坪坝支行、大豪公司共同解除案涉房屋设定的抵押登记并由大豪公司配合办理过户。

【案件焦点】

成立在先的不动产买卖合同产生的物权期待权，排除成立在后的抵押权的执行后，能否请求涂销该抵押权。

【法院裁判要旨】

重庆市沙坪坝区人民法院经审理认为：涉案4份《重庆市房屋买卖合同》是双方当事人真实意思表示，内容不违反法律、行政法规的强制性规定，属有效合同，当事人应该按照合同的约定全面履行自己的义务。〔2014〕渝一中法民初字第01119号的生效判决书中已认定案涉房屋设立的抵押已依法成立，且未出现法律明确规定的解除抵押权的相关情形，因此，对于龚某兰、李某请求判令大豪公司和农行沙坪坝支行共同解除案涉房屋的抵押登记的诉讼请求不予支持，故判决驳回龚某兰、李某的诉讼请求。

龚某兰、李某不服一审判决，提起上诉。

重庆市第一中级人民法院经审理认为：本案的争议焦点为是否有权请求涂销抵押权登记，以及案涉房屋是否应确认为龚某兰、李某所有。

对于第一个焦点，《最高人民法院关于人民法院办理执行异议和复议案件若干问题的规定》第二十八条规定似乎仅赋予买受人消极排除他人对买卖合同项下不动产进行强制执行的权利，并未明确买受人能否积极行使权利，排除第三人的权利主张，将不动产过户登记至自己名下。但是，基于对该条文的目的解释，以及实现对物权纠纷的定分止争、促进物的最大化利用，应支持买受人的诉讼请求。该条作出例外规定，赋予其优先效力，优先于其他权利人，特别保护买受人的物权期待权。本案中已生效的执行异议之诉判决亦明确龚某兰、李某的权利可以对抗抵押权，买受人债权优先于抵押权获得保护，龚某兰、李某有权请求涂销抵押权登记。同时，《中华人民共和国物权法》的功能在于定分止争，促进物的最大化利用，若判决驳回买受人的请求，将使得权利陷入对决的僵局，并不利于解决纠纷。与此类似法理的情形有，《中华人民共和国物权法》第二百零二条规定，抵押权人在主债权诉讼时效完成后请求实行抵押权的，人民法院不予支持。但司法实践中，对于抵押人在主债权诉讼时效届满后，能否请求涂销抵押权登记一直存在争议。最高人民法院2019年《全国法院民商事审判工作会议纪要》第五十九条规定，因抵押权人在主债权诉讼时效届满前未行使抵押权，抵押人在主债权诉讼时效届满后请求涂销抵押权登记的，人民法院判决支持抵押人涤除抵押权的诉讼请求。该项裁判规则最终对抵押人提供了积极救济。综合以上理由，尽管本案抵押权没有法定消灭的事由，为使抵押物发挥其价值，对买受人要求涂销抵押权的诉请，法院予以支持。

对于第二个焦点，《中华人民共和国物权法》第三十三条规定："因物权的归属、内容发生争议的，利害关系人可以请求确认权利。"根据龚某兰、李某提出该诉请所依据的事实及理由，本案系商品房买卖合同纠纷，所涉争议应为合同的效力与合同的履行问题。当事人之间签订房屋买卖合同只是房屋物权变动的原因，物权是否能够发生变动则属于物权变动的结果。由此可见，本案并非因物权的归属、内容发生争议，故龚某兰、李某请求确权于法无据，法院不予支持。

综上，重庆市第一中级人民法院依照《中华人民共和国物权法》第三十三条，《最高人民法院关于人民法院办理执行异议和复议案件若干问题的规定》第二十八条，《中华人民共和国民事诉讼法》第五十二条、第一百七十条第一款第二项之规定，判决如下：

一、撤销重庆市沙坪坝区人民法院（2019）渝0106民初4313号民事判决；

二、由农行沙坪坝支行、大豪公司共同涂销案涉房屋抵押登记并由大豪公司配合办理过户；

三、驳回原告的其他诉讼请求。

【法官后语】

本案形成的裁判规则为：不动产买卖合同出卖人未按约定办理过户登记，又以该不动产设定抵押且办理抵押登记，相关情形符合《最高人民法院关于人民法院办理执行异议和复议案件若干问题的规定》第二十八条规定排除执行的，买受人请求出卖人和抵押权人涂销抵押权登记的，人民法院依法予以支持。

1. 当前法律缺失、适用分歧与物权僵局

成立在先的不动产买卖合同产生的物权期待权，排除成立在后的抵押权的执行后，能否请求涂销抵押权，相关法律并未没有明确规定。《中华人民共和国物权法》规定不动产物权变动采用登记制，自记载于不动产登记簿时发生效力。《中华人民共和国民法典》沿袭了这一规定，《最高人民法院关于人民法院办理执行异议和复议案件若干问题的规定》第二十八条属于当事人执行程序上的救济，旨在解决程序上的问题，该条仅赋予买受人消极排除他人对不动产进行强制执行的权利，但并未明确规定买受人可以请求将不动产过户登记至自己名下的积极权利。对于人民法院生效文书确定排除执行后，当事人是否有权进一步请求涂销抵押权登记，并办理过户登记，相关法律规范的模糊，导致实践中的理解分歧。

有观点认为，从现有立法的规定来看，并不能得出“有权请求涂销抵押权”这一结论。在认可特权期待权可以作为排除执行的事由的情况下，并不必然导致抵押权“失效”，请求判决过户显然存在法律上的障碍，并且从最高人民法院会议纪要精神来看，相关情形应当从严把握，因此不能涂销抵押权。还有观点认为，无过错不动产买受人排除对其买受不动产进行强制执行的权利后，抵押权事实上已毫无价值，原告诉请涤除抵押权符合相关物权法和相关司法解释的立法意旨，人民法院予以支持。两种不同的理解导致实践中司法裁判的混乱，如果认为此种情形不能涂销抵押权，还导致双方处于对决的物权僵局。

一方面，抵押权人虽然享有登记的抵押权，但人民法院判决书已经确定其无法处分抵押物以清偿其债权。包括抵押权在内的担保物权的效力主要在于，以担保物的交易价值优先清偿债权，但因买受人权利获得优先保护，抵押权人已无法强制处分案涉房屋用于清偿债务。另一方面，买受人的权利虽然获得优先保护，但永远无法取得所有权。排除强制执行后，买受人对案涉房屋可以行使占有、使用和收益的权能，但不能享有处分的权能，如此，双方永远存续的权利冲突导致双方陷入对决的物权僵局，直接严重地妨碍物的充分利用。

2. 涂销抵押权登记可打破物权僵局，实现物尽其用的立法意旨

本案裁判思路从物权法和抵押登记的立法主旨出发，参照类似法理情形，认为当事人有权请求涂销抵押权登记并办理过户登记，实现不动产经济效益的最大化，促进物的利用，定分止争，维护当事人的合法权益。《中华人民共和国物权法》第一条（现《中华人民共和国民法典》第一条）规定了“明确物的归属，发挥物的效用”的立法目的。《中华人民共和国物权法》第一百七十条（现《中华人民共和国民法典》第一百七十条）规定，担保物权人在债权人不履行到期债务或者发生当事人约定的实现担保物权的情形，依法享有就担保财产优先受偿的权利。由此可见，抵押权作为一种担保物权，其主要效力在于，以担保物的交易价值优先清偿债权。最高人民法院在（2018）最高法民申774号裁定中指出，在我国现有民事法律

的程序设计中，执行异议是执行异议之诉的前置程序，二者是相互衔接的。前者属于强制执行过程中的救济程序，后者属于民事诉讼的实体审理程序。《最高人民法院关于人民法院办理执行异议和复议案件若干问题的规定》适用于执行异议和复议程序，基于执行阶段效率优先、兼顾公平的价值考量，该规定确立了以形式审查为主的同时，还规定了实质审查为辅的部分条款。虽然执行异议之诉和执行异议程序性质上的差异决定了审查标准本应有不同，但鉴于二者均具有审查案外人对执行标的是否享有足以排除强制执行的民事权益的功能，因此，《最高人民法院关于人民法院办理执行异议和复议案件若干问题的规定》中属于实质审查的条款，可以作为实体案件审理的参照。《最高人民法院关于人民法院办理执行异议和复议案件若干问题的规定》第二十八条赋予了无过错不动产买受人排除对其买受不动产进行强制执行的权利，且相关生效判决也据此确认了强制执行的权利，抵押权事实上已毫无价值。此时，抵押权作为担保物权的根本功能已经丧失，与其说登记的是优先清偿担保的抵押权，还不如说是不动产物尽其用的枷锁。赋予当事人请求涂销抵押权的权利，打破双方对决的物权僵局，在抵押权人事实上已经无法通过执行担保物的交易价值实现优先清偿的担保目的初衷情况下，与其双方角力陷入僵持局面，不如赋予无过错的不动产买受人涂销抵押权登记的权利，打开不动产处分流转的枷锁，促进物尽其用，保护当事人合法权益，符合相关法律规范的立法意旨。

3. 涂销抵押权登记有类似法理可循

《中华人民共和国物权法》第二百零二条规定，抵押权人在主债权诉讼时效完成后请求实行抵押权的，人民法院不予支持。但司法实践中，对于抵押人在主债权诉讼时效届满后，能否请求涂销抵押权登记一直存在争议。2019 年最高人民法院《全国法院民商事审判工作会议纪要》第五十九条规定，因抵押权人在主债权诉讼时效届满前未行使抵押权，抵押人在主债权诉讼时效届满后请求涂销抵押权登记的，人民法院判决支持抵押人涤除抵押权的诉讼请求。《中华人民共和国物权法》仅仅消极确认了抵押权人在主债权诉讼时效完成后不能请求实行抵押权，但《全国法院民商事审判工作会议纪要》第五十九条却赋予了作为另一方的抵押人有权请求涂销抵押权登记的积极救济权。循此法理，《最高人民法院关于人民法院办理执行异议和复议案件若干问题的规定》第二十八条仅仅消极排除了抵押权人对不动产的执行权，但是同样也应该赋予买受人请求涂销抵押权登记的积极救济权。

编写人：重庆市第一中级人民法院 陈瑜 李遵礼

70

抵押优先权与物权期待权的冲突解决

——乐仁堂公司诉中坤锦绣公司商品房销售合同案

【案件基本信息】

1. 裁判书字号

北京市海淀区人民法院（2019）京0108民初10866号民事判决书

2. 案由：商品房销售合同纠纷

3. 当事人

原告：乐仁堂公司

被告：中坤锦绣公司

第三人：东方资产重庆分公司

【基本案情】

2011年10月24日，中坤锦绣公司以其开发建设的位于海淀区头堆村碧河花园一期工程A区工程向东方资产重庆分公司提供抵押，后双方到相关政府机关办理了抵押登记手续，东方资产重庆分公司取得了他项权证，抵押范围为：3079、3195部分在建工程及分摊相应土地13084.1平方米。该小区楼房建成后，双方将在建工程抵押转为现房抵押。2012年11月5日，东方资产重庆分公司向北京市海淀区建设委员会（房屋管理局）出具《抵押权人同意抵押房屋销售的证明》，主要内容为：抵押权人同意在建工程抵押和现房抵押的房屋全部进行销售。2014年7月14日，乐仁堂公司与中坤锦绣公司签订《北京市商品房现房买卖合同》。该合同约定，中坤锦绣公司将该公司位于北京市海淀区高梁桥斜街××号院（头堆村碧河花园一期A区）5号和6号楼地下车库-2层××号车位出售给乐仁堂公司，房屋总价款为49万元。该合同第十八条约定："买受人未能在商品房交付之日起720个工作日内取得房屋所有权证书，买受人不退房的，自买受人应当取得房屋所有权证书的期限届满之次日起至实际取得房屋所有权证书之日止，出卖人按日计算向买受人支付全部已付款万分之一的违约金。”合同签订后，双方办理了网签手续，东方资产重庆分公司出具的《抵押权人同意抵押房屋销售的证明》为该合同的附件。中坤锦绣公司已将涉案车位交付乐仁堂公司使用。2013 年 4 月 15 日，中坤锦绣公司向乐仁堂公司出具了案涉房屋全款购房发票。另查明，北京市海淀区高梁桥斜街××号院 5 号和 6 号楼地下车库 -2 层××号车位包含在他项权证所载的抵押物中。现原告乐仁堂公司向法院提出诉讼请求：判令中坤锦绣公司与东方资产重庆分公司解除北京市海淀区高梁桥斜街××号院 5 号和 6 号楼地下车库 -2 层××号车位以及对应的土地使用权抵押。

【案件焦点】

1. 原告要求被告及第三人解除房屋抵押已办理房屋转移登记手续，有无相应的法律依据；2. 原告所享有的物权期待权与第三人享有的抵押权冲突时，应如何有效保护双方利益。

【法院裁判要旨】

北京市海淀区人民法院经审理认为：《中华人民共和国物权法》第一百九十一条规定：“抵押期间，抵押人经抵押权人同意转让抵押财产的，应当将转让所得的价款向抵押权人提前清偿债务或者提存……抵押人未经抵押权人同意，不得转让抵押财产，但受让人代为清偿债务消灭抵押权的除外。”根据上述规定可知，我国遵循“抵押财产经抵押权人同意方可转让”的原则。而抵押权人同意转让后，则会产生抵押财产所有权发生变动的法律后果。

本案中，乐仁堂公司与中坤锦绣公司签订商品房买卖合同之前，东方资产重庆分公司出具了同意销售抵押物的证明。东方资产重庆分公司作为抵押权人，明确同意抵押人销售抵押物，应视为其同意抵押人将抵押财产进行转让，且上述同意销售抵押物的证明已向北京市海淀区城乡建设委员会、北京市海淀区房屋管理局公示。在此情况下，买受人乐仁堂公司已基于抵押权人东方资产重庆分公司的上述行为，产生了对购买案涉房屋后案涉房屋所有权可以依法变更的合理的信赖利益。由于中坤锦绣公司和东方资产重庆分公司的原因，导致东方资产重庆分公司的抵押权与乐仁堂公司的物权期待权产生冲突。而此时，因东方资产重庆分公司已同意抵押人转让抵押财产，故东方资产重庆分公司已不再享有以抵押权对抗买受人的物权期待权的权利，其只能主张由抵押人以转让所得价款清偿债务的债权。

基于此，乐仁堂公司购买案涉房屋后，需要办理权属转移登记，而抵押登记的存在阻碍了乐仁堂公司取得案涉房屋的所有权，故东方资产重庆分公司、中坤锦绣公司分别作为抵押权人和抵押人，负有涂销抵押登记的义务。北京市海淀区人民法院依据《中华人民共和国物权法》第一百七十九条、第一百八十二条、第一百九十一条，《中华人民共和国合同法》第一百零七条之规定，判决如下：

中坤锦绣公司与东方资产公司重庆分公司于本判决生效后十日内将北京市海淀区高梁桥斜街××号院5号和6号楼地下车库-2层××号车位以及对应的土地使用权抵押解除。

【法官后语】

《中华人民共和国物权法》第一百九十一条规定："抵押期间，抵押人经抵押权人同意转让抵押财产的，应当将转让所得的价款向抵押权人提前清偿债务或者提存……抵押人未经抵押权人同意，不得转让抵押财产，但受让人代为清偿债务消灭抵押权的除外。"根据上述规定可知，我国遵循"抵押财产经抵押权人同意方可转让"的原则。而抵押权人同意转让后，则会产生抵押财产所有权发生变动的法律后果。根据抵押权的规则，抵押权人对抵押物有优先受偿的权利。这条规则是针对同一债务人有两个或两个以上债权人时在债权受偿时的位序权，但债务人出售抵押物时形成的债权债务关系，则是另一性质的法律关系。

本案中，抵押权人向北京市海淀区建设委员会（房屋管理局）出具《抵押权人同意抵押房屋销售的证明》。该证明具有公示效力，买受人在签订商品房买卖合同时，知悉该证明的存在。买受人基于对该证明的合理信赖，而与出卖人签订的房屋买卖合同合法有效，并由此形成了物权期待权。物权期待权是买受人履行了合同约定的付款义务后，享有的将来取得或实现物权转移登记，产生物权效力的权利。这一权利与抵押权人的优先受偿权不属于同一性质的权利。抵押权人的优先受偿权只能在同一性质多个债权人的情况下享有优先权，并只能向债务人行使。因此，抵押权人的债权优先受偿权不能对抗买受人的物权期待权。作为抵押权人，在同意出售抵押物时可通过在同意出售的证明中明确付款账号等方式避免抵押人违约的风险。在抵押权人未明确付款账户的情况下，买受人可根据出卖人的要求付款。基于这种情形，抵押权人的优先受偿权没有适用的余地。同意出售抵押物后，抵押人未将买受人支付的购房款向抵押权人支付的风险，应当由抵押权人自行承担，买受人没有为其不慎重承担风险的义务。如果买受人没有付清购房款，则抵押权人亦可通过法律途径，要求买受人将剩余购房款向其支付或提存。在买受人付清全部购房款的情况下，抵押权人的优先受偿权对买受人再无任何约束力。综上，抵押权人同意出售抵押物后，其抵押权即失去了对抗第三人的效力。买受人在付清全部购房款后，享有物权期待权。在抵押权人设立的抵押登记阻碍买受人实现物权期待权的情况下，抵押权人有涂销抵押登记的义务。

编写人：北京市海淀区人民法院　王喜

71

名为买卖实为借款设定担保的认定与处理

——水工公司诉阜泰公司商品房销售合同案

【案件基本信息】

1. 裁判书字号

重庆市高级人民法院（2019）渝民再218号民事判决书

2. 案由：商品房销售合同纠纷

3. 当事人

原告（被上诉人、再审被申请人）：水工公司

被告（上诉人、再审申请人）：阜泰公司

【基本案情】

2008年9月4日，借款人水工公司、贷款人万某均及阜泰公司三方签订的《借款协议》约定，万某均用其挂靠于阜泰公司开发的重庆市江津区丽景东城商住楼中的26套房屋作为水工公司借款抵押担保物。同日，阜泰公司与水工公司签订了26

份《商品房预售（预购）合同》。2010年9月3日，阜泰公司收回上述26份《商品房预售（预购）合同》后，又与水工公司针对重庆市江津区丽景东城一层房屋、负一层房屋（本案讼争房屋）分别签订了《商品房预售（预购）合同》。当日，阜泰公司向水工公司出具了金额为3758510元、2171452.8元的购房款收据两份。李某系水工公司的法定代表人。2013年10月22日，万某均向李某偿还1000万元借款本息后，李某向万某均出具《收条》载明："今收到万某均归还欠款1000万元……原江津水工与阜泰建设集团签订的丽景东城一层的售房合同作废。"同日，李某与万某均签订的《借款协议》载明："本借款在2014年10月30日前如未能将本息全额还清，则无条件给李某办理丽景东城车库房产证。"

2018年1月11日，重庆市江津区人民法院针对李某与万某均之间的民间借贷纠纷作出（2017）渝0116民初9820号民事判决：万某均偿还李某借款本金33332元及利息。该判决已于2018年1月31日生效。2018年3月3日，万某均向李某支付该判决确认的欠款本息68108元。2018年2月2日，水工公司提起本案一审诉讼，要求阜泰公司将讼争房屋交付水工公司，并协助办理过户登记手续。

【案件焦点】

阜泰公司与水工公司签订《商品房预售（预购）合同》是为借款提供担保还是买卖房屋。

【法院裁判要旨】

重庆市江津区人民法院经审理认为：水工公司与阜泰公司签订的《商品房预售（预购）合同》具备《商品房销售管理办法》第十六条规定的商品房买卖合同的主要内容，应当认定为有效的商品房买卖合同。阜泰公司向水工公司出具了购房款收据，说明水工公司已履行了合同约定的付款义务。阜泰公司也应按合同约定履行交付房屋并应协助水工公司办理过户登记。

重庆市江津区人民法院判决：

一、阜泰公司在判决生效后十日内将位于重庆市江津区鼎山街道江州大道××号丽景东城×幢－负1－车库交付水工公司；

二、阜泰公司将上述房屋协助过户登记给水工公司。

阜泰公司不服一审判决，提起上诉。

重庆市第五中级人民法院以与一审基本相同的理由判决：驳回上诉，维持原判。

阜泰公司不服二审判决，申请再审。

重庆市高级人民法院经审理认为：2013 年 10 月 22 日李某和万某均签订的《借款协议》约定“本借款在 2014 年 10 月 30 日前如未能将本息全额还清，则无条件给李某办理丽景东城车库房产证。”由此可知，李某与万某均已合意将是否按期归还借款作为阜泰公司履行《商品房预售（预购）合同》的前提。阜泰公司与水工公司在此前即存在通过签订《商品房预售（预购）合同》为借款设定担保的交易方式，结合水工公司并未对 217 万余元购房款的交付情况作合理说明，以及水工公司直至万某均与李某之间民间借贷纠纷判决生效后才提起本案诉讼的事实，应当认定水工公司与阜泰公司签订案涉《商品房预售（预购）合同》的目的并非买卖房屋而是为借款提供担保。

根据《最高人民法院关于审理民间借贷案件适用法律若干问题的规定》第二十四条第一款的规定，对名为买卖实为借款设定担保的案件，应按照民间借贷法律关系审理，并向当事人释明变更诉讼请求。当事人拒绝变更的，人民法院裁定驳回起诉。本案中，民间借贷纠纷已经法院审理并作出生效判决，双方借款法律关系的权利义务内容已经明确，人民法院已无按照民间借贷法律关系审理并向当事人释明变更诉讼请求的必要。

重庆市高级人民法院依照《最高人民法院关于审理民间借贷案件适用法律若干问题的规定》第二十四条，《中华人民共和国民事诉讼法》第二百零七条第一款、第一百七十条第一款第二项之规定，判决如下：

一、撤销重庆市第五中级人民法院（2018）渝 05 民终 4036 号民事判决及重庆市江津区人民法院（2018）渝 0116 民初 2226 号民事判决；

二、驳回水工公司的诉讼请求。

【法官后语】

借贷双方签订借款合同后，为了保证出借款项能够按时收回，除《中华人民共和国民法典》担保有关规定明确作出的典型担保方式外，债权人还会通过让与担保、签订买卖合同等非典型担保方式为借款设定担保。因法律禁止借贷双方签订流质契约，名为买卖实为借款设定担保往往具有一定的隐蔽性。签订买卖合同的目的是为借款设定担保还是买卖房屋，应当透过双方订立买卖合同的外在表现形式，探究当事人的真实意思。要准确判断当事人的真实意思，应注意考察以下事项：(1) 当事人是否将借款归还情况作为履行买卖合同的前提。若合同明确约定债务人不能清偿债务时买卖合同的标的物归债权人所有，则当事人的真实目的是为借款提供担保而非通过支付对价获得标的物。(2) 当事人之间的交易方式。当事人之间存在通过签订买卖合同为借款设定担保的交易惯例，或者买卖合同的内容随借款和还款情况变化发生增减，能够印证名为买卖实为借款设定担保的事实。(3) 价款支付和标的物交付等合同实际履行情况。买方是否向卖方支付对价或表现出积极要求卖方交付标的物的行为，对准确判断当事人的真实目的具有重要参考价值。

按照《最高人民法院关于审理民间借贷案件适用法律若干问题的规定》(2020年) 第二十四条第一款的规定，对名为买卖实为借款设定担保的买卖合同纠纷，应当按照民间借贷法律关系审理，并向当事人释明变更诉讼请求。当事人拒绝变更的，人民法院裁定驳回起诉。然而，若当事人之间的民间借贷纠纷已经法院审理，基础法律关系已经确定，审理买卖合同纠纷不存在事实不清的障碍，则没有向当事人释明变更诉讼请求的必要。为避免当事人讼累和提升诉讼效率，人民法院可直接针对双方是否存在真实的买卖关系进行审理和判决。因买卖双方的真实目的是为借款设定担保而非买卖标的物，买方要求对方交付标的物的基础并不存在，故其请求卖方履行合同约定义务的诉讼请求应当驳回。

需要说明的是，买卖型担保和让与担保的目的都是担保债权的实现，其意思表示形式均体现为以物抵债协议，但两者亦存在显著区别，让与担保已将标的物所有权转移给债权人，而买卖型担保是通过签订买卖合同的方式为借款设定担保，并未转移标的物所有权。由此导致的法律后果是，让与担保能够产生类似于担保物权的物权效力，债权人根据《最高人民法院关于审理民间借贷案件适用法律若干问题的规定》第二十四条第二款的规定，对标的物拍卖、变卖、折价所得价款可优先受偿，而买卖型担保因标的物所有权并未发生转移，没有产生公示公信的法律效力，债权人对拍卖房屋所得价款不享有优先受偿权。

编写人：重庆市高级人民法院　杨渠波　代温世

72

房屋买卖合同关系与为民间借贷担保关系的区分认定

——高某强诉万利公司房屋买卖合同案

【案件基本信息】

1. 裁判书字号

北京市第三中级人民法院（2019）京 03 民终 1315 号民事裁定书

2. 案由：房屋买卖合同纠纷

3. 当事人

原告（上诉人）：高某强

被告（被上诉人）：万利公司

【基本案情】

2015 年 6 月 27 日，高某强与万利公司签订《购房协议》，合同约定高某强购买万利公司开发建设的位于北京市密云区密云镇季庄村万利花园小区第 3 座 2 单元 302 室，建筑面积 139 平方米，房款 100 万元……该合同并就付款方式及期限、交付期限、交接、产权登记、保修责任等事项进行了约定。合同签订当日，万利公司向高某强出具 100 万元购房款、物业管理费、首季度取暖费、电费、装修押金、装修管理费、公共维修费用等收据。

法院同时受理高某强诉万利公司的同类案件共 6 件，除本案案涉房屋外，另外 5 个案件的案涉房屋为不同面积，但约定的房款均为 100 万元。其中万利公司向高某强出具的 2015 年 6 月 13 日签订的两套房屋的收据编号分别为 0696423、0696424。万利公司向高某强出具的 2015 年 6 月 27 日签订的两套房屋的收据编号分别为 0696401、0696402。

【案件焦点】

高某强与万利公司关于诉争房屋所签订的《购房协议》如何认定。

【法院裁判要旨】

北京市密云区人民法院经审理认为：根据《中华人民共和国合同法》第一百三十条规定，买卖合同是出卖人转移标的物的所有权于买受人，买受人支付价款的合同。买受人支付房屋对价的目的在于取得房屋所有权是房屋买卖合同关系的基本法律特征。由于本案双方对签订的房屋买卖合同外观形式表现的法律关系是否与双方真实意思表示一致存在争议，故本案需基于在案证据能够证明的双方签订的相关合同情况、约定的权利义务内容及履行等双方交易的事实并结合各自主张的法律关系特征进行综合审查判断，认定双方签订房屋买卖合同的真实意思及双方之间的法律关系性质。

根据本案查明的事实，本案诉争房屋的《购房协议》与以支付购房款取得房屋所有权为目的的房屋买卖合同关系的法律特征不符，而与民间借贷中以签订房屋买卖合同为借贷提供担保的通常做法相吻合，故高某强与万利公司之间应不属于真实的房屋买卖合同关系，应为以案涉房屋的买卖合同为担保的借贷法律关系。理由如下：第一，涉诉的6套房屋虽面积不同，合同签订时间不同，但房屋总价均为100万元，双方签订的其他认购合同房屋总价亦均为100万元，房屋总价款“一刀切”的特点不符合正常的房屋买卖情形，且单价明显不符合房屋买卖交易中开发商通常能够让利的幅度，反而与民间借贷用于担保的房屋作价通常低于实际市场出售价格的特点吻合；第二，自2013年左右，双方开始存在民间借贷关系，双方曾存在以案涉房屋所在小区的房屋进行借款担保及房屋回购的情形，且目前双方的民间借贷纠纷正在审理中，而万利公司未取得案涉房屋预售许可证明、竣工验收证明的事实已经持续很长时间，高某强在明知案涉房屋未取得预售许可证明、竣工验收证明的情况下，仍然与万利公司签订《购房协议》，此不符合一般购房人特征；第三，高某强称购买涉诉6套房屋支付房款的方式均为现金，此不符合一般情形下购房人支付房款的方式；第四，在北京市限购政策下，高某强与万利公司签署如此多的购房协议，明显不符合一般人的购房特征。依照《中华人民共和国合同法》第一百三十条、《最高人民法院关于审理民间借贷案件适用法律若干问题的规定》第二十四条、《中华人民共和国民事诉讼法》第一百五十四条第一款第三项之规定，裁定驳回原告高某强的起诉。

高某强不服原审裁定，提起上诉。

北京市第三中级人民法院经审理认为：一审法院认定事实清楚，适用法律正确，依照《中华人民共和国民事诉讼法》第一百七十条第一款第一项、第一百七十一条之规定，裁定如下：

驳回上诉，维持原裁定。

【法官后语】

本案的争议焦点为高某强与万利公司关于诉争房屋所签订的《购房协议》如何认定。高某强主张与万利公司之间系房屋买卖合同关系，万利公司主张与高某强签订《购房协议》系对双方之间民间借贷的担保。

《中华人民共和国合同法》第一百三十条规定：买卖合同是出卖人转移标的物的所有权于买受人，买受人支付价款的合同。买受人支付房屋对价的目的在于取得房屋所有权是房屋买卖合同关系的基本法律特征。由于本案双方对签订的房屋买卖合同外观形式表现的法律关系是否与双方真实意思表示一致存在争议，故本案需基于在案证据能够证明的双方签订的相关合同情况、约定的权利义务内容及履行等双方交易的事实并结合各自主张的法律关系特征进行综合审查判断，认定双方签订房屋买卖合同的真实意思及双方之间的法律关系性质。

如何认定双方对签订的房屋买卖合同外观形式表现的法律关系是否与双方真实意思表示一致。如何区分房屋买卖合同关系与为借贷提供担保的关系。宜从以下几个方面判定：(1) 付款方式。房屋买卖合同关系通常为转账，而为借贷提供担保多以现金为主。本案中高某强购买涉诉6套房屋支付房款的方式均为现金，此不符合一般情形下购房人支付房款的方式。(2) 实际付款数额与约定付款数额是否一致。正常的房屋买卖合同关系双方都会按照合同约定履行自己的义务，交付足额购房款。而为借贷提供担保的实际交付款项与约定的购房款数额不一致，例如，有些以转账的方式支付款项，但扣除了本月的利息，符合民间借贷支付利息的情形。(3) 双方约定房屋价格是否符合买卖房屋交易习惯。房屋买卖关系会按照市场价值约定房屋单价。而为借贷提供担保的关系往往会约定较低的单价，单价明显不符合房屋买卖交易中开发商通常能够让利的幅度，借贷用于担保的房屋作价通常低于实际市场出售价格。本案中涉诉的6套房屋虽面积不同，合同签订时间不同，但房屋总价均为100万元，双方签订的其他认购合同房屋总价亦均为100万元，房屋总价款“一刀切”的特点不符合正常的房屋买卖情形。（4）双方是否有其他借贷关系。本案中自2013年左右，双方开始存在民间借贷关系，双方曾存在以案涉房屋所在小区的房屋进行借款担保及房屋回购的情形，且目前双方的民间借贷纠纷正在审理中。（5）是否一次性购买多套房屋。在北京市限购政策下，高某强与万利公司签署如此多的购房协议，行为本身并不属于通常情形下自然人为使用或投资进行商品房买卖的情形。即使其系以炒房为目的，但在案涉房屋尚没有开发完成，万利公司未取得案涉房屋预售许可证明、竣工验收证明的事实已经持续很长时间的情形下，高某强在明知案涉房屋未取得预售许可证明、竣工验收证明的情况下购买多套商品房并现金全额支付购房款，从该交易本身的商业风险考虑亦具有一定不符合常理之处。（6）双方是否存在回购的情形。如双方在签订房屋买卖合同后又签订回购合同的情形，房屋出卖方，在购房人已经全额支付了购房款的情形下仍保有通过回购的方式将房屋取回的权利，与房屋买卖合同关系中买受人付清购房款后，出卖方即负有交付房屋并办理产权过户义务的通常权利义务内容不相符，也不具有合理性。

编写人：北京市密云区人民法院　黄杰

十一、其他

73

抵款协议不具备商品房买卖合同的主要内容，协议一方不能依此享有对房屋的物权期待权

——付某容等诉君融公司房屋买卖合同案

【案件基本信息】

1. 裁判书字号

重庆市第五中级人民法院（2019）渝05民终6740号民事判决书

2. 案由：房屋买卖合同纠纷

3. 当事人

原告（上诉人）：付某容、荣申建材经营部

原告：渝鸿建材厂

被告（被上诉人）：君融公司

【基本案情】

2017年2月8日，君融公司作为甲方与渝鸿建材厂、荣申建材经营部作为乙方，付某容作为丙方签订了抵款协议，约定：甲方将自有住宅冲抵乙方承接甲方花溪半岛款一事达成如下协议：（1）房屋标的及状态：甲方抵扣的房屋位于重庆市巴南区李家沱街道典雅花溪半岛的住宅，面积为78.12平方米，房价（未含税、费等）552050元，税费等代收费42976.1元，合计595026.1元。（2）房屋抵扣价格：乙方全额抵扣房屋房款及代收费，互补差价。（3）抵扣方式及其他：①乙方指定丙

方为上述房屋权利人，甲方与丙方签订商品房买卖合同手续；②本协议签订后，丙方应前往甲方花溪半岛销售中心签订《商品房买卖合同》；③乙方须于本协议签订之日起的一段时间内向甲方开具抵扣部分金额的货款发票；④甲方向乙方开具抵扣房屋全额发票；⑤所列房屋均因在建工程设置抵押。同年6月27日，君融公司向付某容出具缴款单两张，金额分别为552050元、42976.1元。

2016年11月3日，重庆市巴南不动产登记中心受理了金唐公司与被告君融公司的不动产登记申请，登记类型为在建工程抵押权，不动产坐落于巴南区花溪街道花溪半岛×5幢，2019年2月15日，金唐公司申请在建工程抵押权注销登记，不动产坐落于巴南区花溪街道花溪半岛×5幢、巴南区花溪街道花溪半岛×6幢。

2017年3月21日，重庆市第五中级人民法院查封包括案涉房屋在内的多套房屋，2018年1月16日，市五中法院解除查封。

2017年7月24日，市五中法院裁定受理金唐公司对君融公司的破产重整申请，并交由重庆市巴南区人民法院审理。本案审理中，君融公司破产管理人称案涉房屋已纳入破产财产范围。

【案件焦点】

抵款协议是否具有商品房买卖合同效力。

【法院裁判要旨】

重庆市巴南区人民法院经审理认为：抵款协议系各方就君融公司欠付渝鸿建材厂、荣申建材经营部的款项所作的处置方案，本质上仍属于三方之间的债权债务关系。抵款协议中指定付某容为案涉房屋权利人，约定付某容在协议签订后与君融公司签订商品房买卖合同。在未建立商品房买卖合同关系之前，抵款协议并不能等同于商品房买卖合同。付某容与君融公司未就案涉房屋签订商品房买卖合同相关事宜协商达成一致，付某容不能享有对案涉房屋的物权期待权，无权要求君融公司交付案涉房屋并将产权转移登记至其名下。付某容、渝鸿建材厂、荣申建材经营部可自行就君融公司欠付款项申报破产债权而获得救济。综上，依照《最高人民法院关于适用〈中华人民共和国民事诉讼法〉的解释》第九十条之规定，判决如下：

驳回付某容、渝鸿建材厂、荣申建材经营部的诉讼请求。

付某容、荣申建材经营部不服一审判决，提起上诉。

重庆市第五中级人民法院经审理认为：抵款协议可以确认，案涉房屋系君融公司冲抵荣申建材经营部向其提供建材款之标的物，而非商品房买卖合同的标的物。抵款协议实质上属于以物抵债协议，而非商品房买卖合同。双方签订抵款协议以消灭君融公司欠付荣申建材经营部货款债务为目的，交付房屋及变更登记系抵款协议确定的实际履行方式，较之消费者基于商品房买卖合同而产生的物权期待权具有基础性的区别。因而，付某容虽享有依据抵款协议拟受让案涉房屋的权利，但在完成该房屋法定登记之前，其并不足以形成优先于一般债权的利益。君融公司已经破产，其财产已无法全额清偿债务。君融公司继续履行抵款协议，实质将导致对付某容、荣申建材经营部的普通债权在破产程序之外给予全额、个别清偿，将损害君融公司其余债权人的利益。有违《中华人民共和国企业破产法》第十六条有关人民法院受理破产财产申请后，债务人不得对个别债权人为债务清偿之规定。综上，重庆市第五中级人民法院依照《中华人民共和国民事诉讼法》第一百七十条第一款第一项之规定，判决如下：

驳回上诉，维持原判。

【法官后语】

本案重点在于抵款协议是否具有商品房买卖合同效力。根据《最高人民法院关于审理商品房买卖合同纠纷案件适用法律若干问题的解释》第五条的规定，商品房的认购、订购、预订等协议具备《商品房销售管理办法》第十六规定的商品房买卖合同的主要内容，并且出卖人已经按照约定收受购房款的，该协议应当认定为商品房买卖合同。《商品房销售管理办法》第十六条规定，商品房销售时，房地产开发企业和买受人应当订立书面商品房买卖合同。商品房买卖合同应当明确以下主要内容：(1) 当事人名称或者姓名和住所；(2) 商品房基本状况；(3) 商品房的销售方式；(4) 商品房价款的确定方式及总价款、付款方式、付款时间；(5) 交付使用条件及日期；(6) 装饰、设备标准承诺；…… (8) 公共配套建筑的产权归属；……”《商品房销售管理办法》是建设部颁布的规章，对商品房买卖合同当事人具有约束力，属强制性规范。

具体到本案，虽然抵款协议对抵款房屋及状态、抵款价格、抵扣方式进行了约定，并指定付某容为房屋权利登记人还要求付某容与君融公司签订《商品房买卖合同》，且嗣后君融公司向付某容出具了缴款单，但协议并未对房屋的价款确定方式、交付使用条件及日期等作出约定，故不能将该抵款协议认定为商品房买卖合同。抵款协议中还约定由付某容与君融公司签订《商品房买卖合同》，故协议中的内容包含付某容与君融公司签订《商品房买卖合同》的预约意思表示。实际上，付某容未与君融公司签订《商品房买卖合同》，双方未建立商品房买卖合同关系。

付某容要求君融公司将案涉房屋产权转移登记至其名下，其应对自己提出的诉讼请求所依据的事实提供证据加以证明。抵款协议不能被认定为商品房买卖合同，付某容又未与君融公司签订商品房买卖合同，付某容也未举示其与君融公司订立商品房买卖合同相关的证据，故付某容不具备相应的物权期待权，其诉请不应得到主张。

君融公司破产重整后，其破产管理人已将案涉房屋纳入破产财产范围。付某容、渝鸿建材厂、荣申建材经营部可自行就君融公司欠款申报破产债权而获得救济。

编写人：重庆市巴南区人民法院　宋刚

74

电商费在房屋买卖合同纠纷中的认定

——刘某娟诉达成公司、瑞悦公司房屋买卖合同案

【案件基本信息】

1. 裁判书字号

北京市第三中级人民法院（2019）京03民申701号民事裁定书

2. 案由：房屋买卖合同纠纷

3. 当事人

原告（再审申请人）：刘某娟

被告（被申请人）：达成公司、瑞悦公司

【基本案情】

达成公司与瑞悦公司构成商品房报销承销关系。2016 年 9 月 13 日，刘某娟以刷卡方式向瑞悦公司支付 40 万元定金，2016 年 9 月 26 日，再次通过刷卡方式向瑞悦公司支付 50 万元和 177403 元。刘某娟刷卡凭条上显示商户名称均为“瑞悦公司”。

刘某娟签署了一份《旭辉 26 街区客户认购、签约须知》，《北京市商品房认购书补充协议》与《认购签约信息确认单》等：约定按照套内建筑面积计算，该商品房单价每平方米 48386.07 元，总价款为 767403 元，于签署合同当日即 2016 年 9 月 26 日支付全部房款的 100%，金额为 767403 元。

达成公司于 2016 年 9 月 26 日为刘某娟出具《收据》一张，内容为“交款单位刘某娟，收款方式电汇，人民币柒拾陆万柒仟肆佰零叁元整，767403 元，收款事由 26 街区 × ×号房屋首付购房款”。

瑞悦公司于 2016 年 9 月 26 日为刘某娟出具《收据》一张，内容为“今收到刘某娟认购旭辉 26 街区 × ×号房屋交来电商费 31 万元”，该收据下方写有“电商 31 万抵 43 万”，交款人刘某娟，收款人李某强，并加盖瑞悦公司财务章。

刘某娟称其是先交付的款项，收据是在签署协议后才给的刘某娟，故其此前并不知晓电商费的存在，在发现签署的合同价格与其所交款项不一致时，销售人员解释有 31 万元电商费，并给了收据，刘某娟是坚持要买房并且认可合同价格，所以签署了合同，但最开始谈时就是购房款 100 多万元，全款是有优惠的，优惠的数额也不多，就是贷款和全款有点差别，没有提过电商费抵扣的优惠。刘某娟向法院提出诉讼请求：（1）依法判令二被告连带返还原告购房款 31 万元，并以 31 万元为基数按照中国人民银行同期贷款利率支付自 2016 年 9 月 26 日起至实际返还日止的利息；（2）诉讼费用由二被告共同承担。

【案件焦点】

刘某娟是否可以要求达成公司返还电商费。

【法院裁判要旨】

北京市顺义区人民法院经审理认为：刘某娟与达成公司之间签订了《北京市商品房预售合同》，双方之间形成房屋买卖合同关系，对此，一审法院予以确认。根据该合同、发票、双方提交的收据以及当事人陈述，达成公司系按双方合同约定收取的款项，刘某娟主张达成公司返还31万元并给付利息，缺乏依据，一审法院不予支持。根据达成公司与瑞悦公司之间签订的《旭辉26街区房屋买卖框架协议》、双方当事人和证人陈述的该项目的房屋销售情况，达成公司与瑞悦公司就涉诉房屋实际形成的是一种包销合同关系，达成公司通过瑞悦公司将涉诉房屋出售给刘某娟，实质的房屋买卖合同关系是在达成公司与刘某娟之间形成的，而瑞悦公司与刘某娟之间并非房屋买卖合同关系，现刘某娟基于房屋买卖合同关系要求瑞悦公司返还其收取的31万元，刘某娟主张的法律关系不当，法院亦难以支持。北京市顺义区人民法院判决如下：

驳回原告刘某娟的诉讼请求。

后刘某娟因不服原审判决，根据《中华人民共和国民事诉讼法》第二百条第二项和第六项申请再审。

北京市第三中级人民法院经审理认为：原审法院依据刘某娟与达成公司签订的《北京市商品房预售合同》，认定双方形成房屋买卖合同关系，并无不当。原审法院依据达成公司和瑞悦公司之间的《旭辉26街区房屋买卖框架协议》、两公司之间的汇款记录、证人证言等认定达成公司和瑞悦公司形成包销合同关系，亦并无不当。本案的焦点问题在于：再审申请人刘某娟是否可以要求达成公司返还电商费。根据刘某娟的汇款记录与当事人陈述，刘某娟为购买案涉房屋与达成公司和瑞悦公司就支付对价款等主要权利义务达成了意思表示一致，并且达成公司、瑞悦公司分别履行了相应的义务。因此，在未解除房屋买卖合同的前提下，刘某娟要求返还31万元，缺乏事实及法律依据。故原审法院判决驳回其相关诉讼请求并无不当。另外，再审申请人能上诉而未通过上诉程序救济权利，而使得再审这一特殊救济程序异化为普通二审程序，有违二审终审制原则。因此，再审申请人的再审申请不成立，应予驳回。北京市第三中级人民法院依照《中华人民共和国民事诉讼法》第二百零四条第一款，《最高人民法院关于适用〈中华人民共和国民事诉讼法〉的解释》第三百九十五条第二款之规定，裁定如下：

驳回刘某娟的再审申请。

【法官后语】

本案的焦点问题在于电商费是否应该返还的问题。电商费曾是房屋买卖过程中产生的一笔费用，在买房之前支付，这笔款项不能抵扣房款，也不会在购房合同中体现。因为买房交款通常是通过电子支付的手段，很少有全款现金支付的情况，因此在开发商与第三方电商平台的合作过程中，衍生了电商费。起初是运用电商平台需要支付的费用，一般是和优惠政策相互绑定的。就类似于上述案例中的“电商31万抵43万”，因此有些地方也称电商费为团购费。实际上，运用电商平台不需要支付几十万元的相应费用，所以电商费实际成为房地产开发商或者承销商一种变相涨价的手段。

为了进一步规范商品房交易，住房和城乡建设部于2016年10月10日出台了《住房和城乡建设部关于进一步规范房地产开发企业经营行为维护房地产市场秩序的通知》，规定了九种房地产开发企业为了追求不正当利益，存在违法违规等不正当经营行为，其中即有“商品房销售不予明码标价，在标价之外加价出售房屋或者收取未标明的费用”的条款。之后各地方政府和工商行政部门陆续制定相应政策法规，加大打击力度，遏制了商品房买卖过程中，开发商或者承销商收取电商费的行为，其目的在于规范商品房交易市场，促进商品房交易价格稳定。

电商费的产生根源在于房地产市场过热形成的卖方市场。由于近些年来房地产价格走势上涨，购房者既存在需求也有投资预期造成商品房交易的火爆现象。面临价格管控，开发商和承销商为了追逐经济利益就通过“电商费”和“团购费”的方式变相提高商品房的总价格。购房者为了能够购买到房屋，也认可了这样的收费标准。这属于是市场规律导致的一种现象。

如今的电商费已经成为一种不正当经营的行为，购房者在购房过程中如果遇到收取电商费的行为，可以通过向工商管理部门举报等方式维权。在解除房屋买卖合同的时候，电商费虽然没有体现在购房合同当中，也应该返还给购房者。但是在未有相应政策管控的前提下，购房者取得了购买的房屋，也实际享受了电商费所带来的优惠，在不解除房屋买卖合同的前提下，仅要求退还电商费这样的诉求难以支持。首先，购房者在缔结房屋买卖合同当中，对于价款与开发商或承销商进行过沟通，对于房屋买卖的合同总价达成了合意。其次，购房者支付电商费的目的在于获取优惠和购买到心仪的房屋。购房者对于电商费的价格是明知的，也是自愿支付电商费，其本质属于房屋总价款的一部分。最后，市场交易具有一定的风险性，电商费是房地产市场过热的一种产物，在稳控房价的今天，由于房屋自然增值未到购房者预期的程度而仅要求退还电商费来弥补损失，缺乏事实和法律依据，与再审审查救济严重失衡的权利，纠正背离公平正义的错误判决的精神也是背道而驰的。

编写人：北京市第三中级人民法院　李娉婷

图书在版编目（CIP）数据

中国法院2021年度案例．房屋买卖合同纠纷/国家法官学院，最高人民法院司法案例研究院编．—北京：中国法制出版社，2021.4

ISBN 978-7-5216-1711-5

Ⅰ．①中…　Ⅱ．①国…②最…　Ⅲ．①房地产-买卖合同-经济纠纷-案例-汇编-中国　Ⅳ．①D920.5

中国版本图书馆CIP数据核字（2021）第045806号

策划编辑：李小草（lixiaocao2008@sina.cn）

责任编辑：韩璐玮　孙静　　封面设计：温培英　李宁

中国法院2021年度案例．房屋买卖合同纠纷

ZHONGGUO FAYUAN 2021 NIANDU ANLI. FANGWU MAIMAI HETONG JIUFEN

编者/国家法官学院，最高人民法院司法案例研究院

经销/新华书店

印刷/三河市紫恒印装有限公司

开本/730毫米×1030毫米　16开　　印张/19.5　字数/256千

版次/2021年4月第1版　　2021年4月第1次印刷

中国法制出版社出版

书号 ISBN 978-7-5216-1711-5　　定价：68.00元

北京西单横二条2号

邮政编码 100031　　传真：010-66031119

网址：http：//www.zgfzs.com　　**编辑部电话：010-66070046**

市场营销部电话：010-66033393　　**邮购部电话：010-66033288**

（如有印装质量问题，请与本社印务部联系调换。电话：010-66032926）

中国法院2012～2021年度案例系列

国家法官学院　最高人民法院司法案例研究院　编

简便易用、权威实用——打造“好读有用”的案例

1. 权威的作者：国家法官学院自2012年起推出《中国法院年度案例》丛书，至今已有10年，旨在探索编辑案例的新方法、新模式，以弥补当前各种案例书的不足。自2020年起，丛书由国家法官学院与最高人民法院司法案例研究院共同编辑，每年年初定期出版。

2. 强大的规模：2012、2013年各推出15本，2014年推出18本，2015年推出19本，2016年推出20本，2017年推出21本，自2018年起推出23本，含传统和新近的所有热点纠纷，这些案例是从全国各地法院收集到的上一年度审结的近万件典型案例中挑选出来的，具有广泛的选编基础和较强的代表性。

3. 独特的内容：不再有繁杂的案情，高度提炼案情和裁判要旨，突出争议焦点问题。不再有冗长的分析，主审法官撰写“法官后语”，展现裁判思路方法。

4. 数据库增值服务：2021年继续推出数据库增值服务，凡购买本书，扫描前勒口二维码，即可在本年度免费使用往年同类案例数据库，并可免费下载民法典全文及新旧对照。

1. 婚姻家庭与继承纠纷
2. 物权纠纷
3. 土地纠纷（含林地纠纷）
4. 房屋买卖合同纠纷
5. 合同纠纷
6. 买卖合同纠纷
7. 借款担保纠纷
8. 民间借贷纠纷
9. 侵权赔偿纠纷
10. 道路交通纠纷
11. 雇员受害赔偿纠纷（含帮工受害纠纷）
12. 人格权纠纷（含生命、健康、身体、名誉、姓名、肖像、一般人格权纠纷）
13. 劳动纠纷（含社会保险纠纷）
14. 公司纠纷
15. 保险纠纷
16. 金融纠纷
17. 知识产权纠纷
18. 行政纠纷
19. 刑事案例一
20. 刑事案例二
21. 刑事案例三
22. 刑事案例四
23. 执行案例

最高人民法院指导性案例裁判规则理解与适用系列

公司卷二	98 元	物权卷	88 元
公司卷（第三版）（上下册）	139 元	婚姻家庭卷（第二版）	68 元
民事诉讼卷（第二版）（上下册）	145 元	合同卷四（第二版）	98 元
侵权赔偿卷二	69 元	合同卷三（第二版）	98 元
侵权赔偿卷一	69 元	合同卷二（第二版）	108 元
房地产卷	98 元	合同卷一（第二版）	108 元
劳动争议卷	58 元	担保卷（第二版）（上下册）	139 元

民法典时代

民法典新规则案例适用	108 元
中华人民共和国民法典释义与案例评注：总则编	125 元
中华人民共和国民法典释义与案例评注：物权编	156 元
中华人民共和国民法典释义与案例评注：人格权编	65 元
中华人民共和国民法典释义与案例评注：婚姻家庭编	68 元
中华人民共和国民法典释义与案例评注：继承编	65 元
中华人民共和国民法典释义与案例评注：侵权责任编	108 元
中华人民共和国民法典释义与案例评注：合同编	246 元
中华人民共和国民法典总则编释义	158 元
中华人民共和国民法典合同编释义	228 元
中华人民共和国民法典人格权与侵权责任编释义	158 元
中华人民共和国民法典婚姻家庭编与继承释义	98 元
中华人民共和国民法典物权编释义	138 元（估）

最高人民法院知识产权要案典丛

最高人民法院知识产权要案典丛·综合卷	258 元
最高人民法院知识产权要案典丛·著作权卷	78 元
最高人民法院知识产权要案典丛·专利卷	405 元
最高人民法院知识产权要案典丛·商标卷	239 元